ΣBEST シグマベスト

JN056352

大学入試 柳生好之の

現代文

CROSS LECTURE

クロスレクチャー 解法編

柳生好之

文英堂

はじめに

数ある現代文の参考書の中から本書を手に取ってくださった皆さん、ありがとうございます。

ぼくは現代文講師の柳生好之といいます。

これまで、さまざまな塾や予備校で現代文を教えてきました。現在は、日本最大級のオンライン学習システム「スタディサプリ」で全国の皆さんに授業を届けています。

大学入試の現代文の試験では、ある程度まとまった字数の文章を読んでいく必要がありますが、現代文が苦手な人にとっては、そこに並んだ文字がまるで高い壁のように目の前に立ちはだかります。頑張って文章を読んでも内容がまったく頭に入ってこない、試験時間だけが過ぎていく、ようやく選んだ答えはことごとく不正解……。そんなことがあって、「現代文で点数を取るのはあきらめた」「どうせ現代文はできるようにならないんだ」と考えてしまった人もいるかもしれません。何を隠そう、ぼく自身もそういう人間の一人でした。

では、**現代文が「できる」人と「できない」人の違いは、どこにあるのでしょうか**？

よく「現代文はセンスの科目だ」などと言われますが、ぼくは、本書の中でこれを明確に否定しています。どんなに現代文が「できる」人でも、文章を読まずに内容が理解できるわけではないですし、何もせずに正解がわかるわけではないのです。現代文が「できる」人も「できない」人も、文章を一行目から読み、一つずつ問題に答えるという点では、何も違いはありません。

しかし、現代文が「できる」人は、長い文章の中で**「目をつけるべきポイント」**を知っています。そして、それぞれの問題タイプごとに**「確実に正解するための手順」**を知っているのです。

ですから、現代文を「できる」ようにするためには、「目をつけるべきポイント」と「確実に正解するための手順」を知り、「できる」人と同じような**「目の動かし方」**と**「手の動かし方」**ができるようになればよいのです。塾や予備校では、皆さんがそのようになることを目指して授業が行われています。

ぼくはさまざまな塾や予備校で現代文の授業をしてきたと言いましたが、その中で、授業の形態によって、この「目の動かし方」と「手の動かし方」の定着度合いが異なることがわかってきました。

教室で多くの生徒に対して黒板を使って授業を行う、いわゆる「生授業」には、生徒一人ひとりの反応を見ながら授業を展開していけるというよさはもちろんあるのですが、ぼくは現代文の生授業に一つの課題を感じていました。それは、現代文の文章を読んで問題を解くときの「目の動かし方」と「手の動かし方」をダイレクトに伝えられないということです。現代文の文章は長いので、英語や古文や漢文のように、黒板に文章を書いて、それをもとに解説するということができません。ですから、重要なポイントだけを黒板に書き、口頭で解説をするという形で授業を進めていたのですが、ぼくが文章を読んでいるときの「目の動かし方」と「手の動かし方」をもっとリアルに見てもらうことはできないものかと、模索は続きました。

そして、**映像授業をすることになったときに、ぼくの中で「革命」が起きました。**文章を映し出して、そこに書き込みをしながら解説することができるようになったのです。現代文が「できる」人がどのように文章を読み、線を引いているのか、そして、どのような手順で問題を解いているのか、「手元」を映して解説しているので、「目の動かし方」も「手の動かし方」もまさに一目瞭然です。生徒のほうも、自分自身で正しい読み方と解き方を再現しやすくなりました。

もちろん、これまでの授業でも「わかった」ということは十分に達成できていたと思いますが、実際の「手元」を見せられるようになったことで「わかった」だけでなく「できた」まで確実に導くことができるようになりました。その経験は、現在の「スタディサプリ」でも存分に発揮されており、全国の受講生から、とても高い満足度評価をいただいています。

しかし、今回は、もう一つの**「革命」**が起こります。

本書は、**「映像授業」つきの現代文「参考書」**です。このような本を世に出すのには意味があります。「映像授業」では、ぼくが実際に文章を読んで問題を解きながら解説をしていきますので、**読み方と解き方のプロセスをリアルに体験できます。**「映像授業」を通して、正しい「目の動かし方」と「手の動かし方」を効率的に身につけられるようになっています。

一方で、これが「参考書」であることにも大きな意味があります。本書では、現代文の読解をする際に必ず知っておいてほしいことを、［第1講］から［第8講］に分け、体系立てて学べるように構成しています。特に重要なポイントはTIPSとして示し、さらに、各講義の最後で要点をまとめています。「映像授業」の弱点をあえて挙げるならば、復習したい箇所にすばやくアクセスしづらいということがありますが、**本書では、重要なポイントを「参考書」としてまとめているので、必要なときにいつでも参照することができます**。「映像授業」で学んだことを確実に定着させるために、存分に活用してください。

「映像授業」で
読み方と解き方のプロセスをつかむ

×

「参考書」で
重要なポイントを確実に定着させる

「映像授業」と「参考書」。これらのいいとこ取りをした最先端の講義という意味を込めて、本書のタイトルを**「クロスレクチャー」**としました。

「レクチャー」の語源は、ラテン語の「Lectio（レクティオ）」＝「読む」で、「読み聞かせる」ということから「講義」という意味になりました。つまり、「レクチャー」とは「本を読む」ことであり、また「講義を聞く」ことでもあったのです。

本書は「レクチャー」の本来の姿を実現し、最先端の形に仕上げたものになりました。**まだ誰も体験したことのない新しい「レクチャー」を、最高に楽しんでください。**

本書の構成と効果的な使い方

本書は、**「映像授業」**×**「参考書」**の相乗効果により、最も効率よく現代文の力がつけられるようになっています。

別冊 大学入試問題をベースにした「問題」を収録しています［全8問］
本冊 映像授業を含む講義（別冊の問題の読み方と解き方）を収録しています［全8講］

INTRODUCTION **本冊**「解き方の大前提」を確認する

現代文の解き方を学ぶ前に必ず知っておいてほしいことを、Q&Aの形でまとめました。

この大前提を知っているのと知らないのとでは学習効果が大きく変わってくるので、学習を始める前に確認しておきましょう。

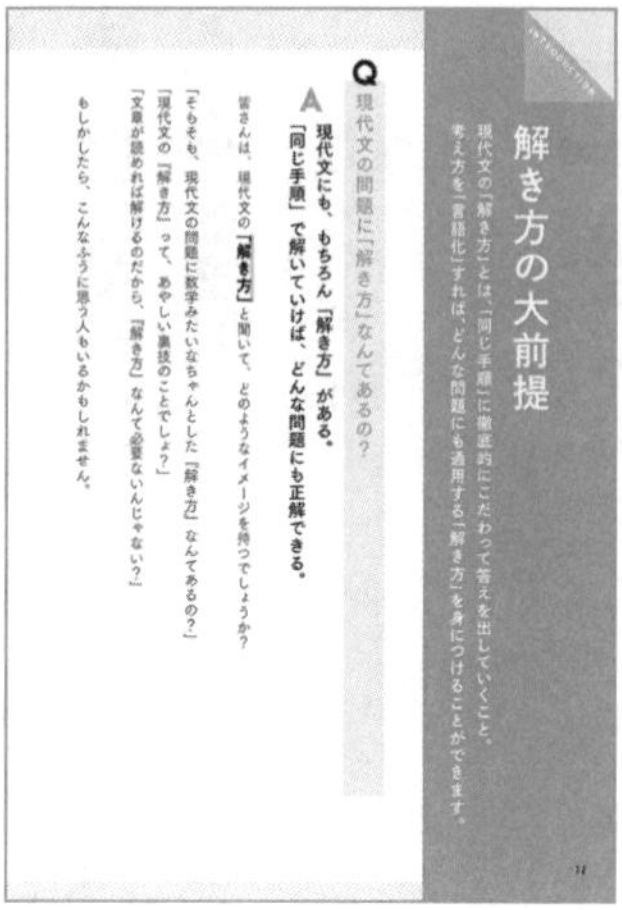
解き方の大前提
現代文の「解き方」とは、「同じ手順」に徹底的にこだわって答えを出していくこと。
考え方を「言語化」すれば、どんな問題にも通用する「解き方」を身につけることができます。

Q 現代文の問題に「解き方」なんてあるの？
A **現代文にも、もちろん「解き方」がある。**
「同じ手順」で解いていけば、どんな問題にも正解できる。

皆さんは、現代文の**「解き方」**と聞いて、どのようなイメージを持つでしょうか？

「そもそも、現代文の問題に数学みたいなちゃんとした『解き方』なんてあるの？」

「現代文の『解き方』って、あやしい裏技のことでしょ？」

「文章が読めれば解けるのだから、『解き方』なんて必要ないんじゃない？」

もしかしたら、こんなふうに思う人もいるかもしれません。

1

本冊 ダイジェスト・レクチャーで「講義の概要」をつかむ

第1講
傍線部の「内容」を説明する問題

サクッとわかる! ダイジェスト・レクチャー
MOVIE
重要ポイントをギュッと凝縮した講義動画にアクセス!
K1-01

各講義の冒頭には、「ダイジェスト・レクチャー」という、その講義の重要なポイントをギュッと凝縮した講義動画を用意しています。まずはこれを視聴して、講義の概要をつかみましょう。

2

別冊 「問題」を解く

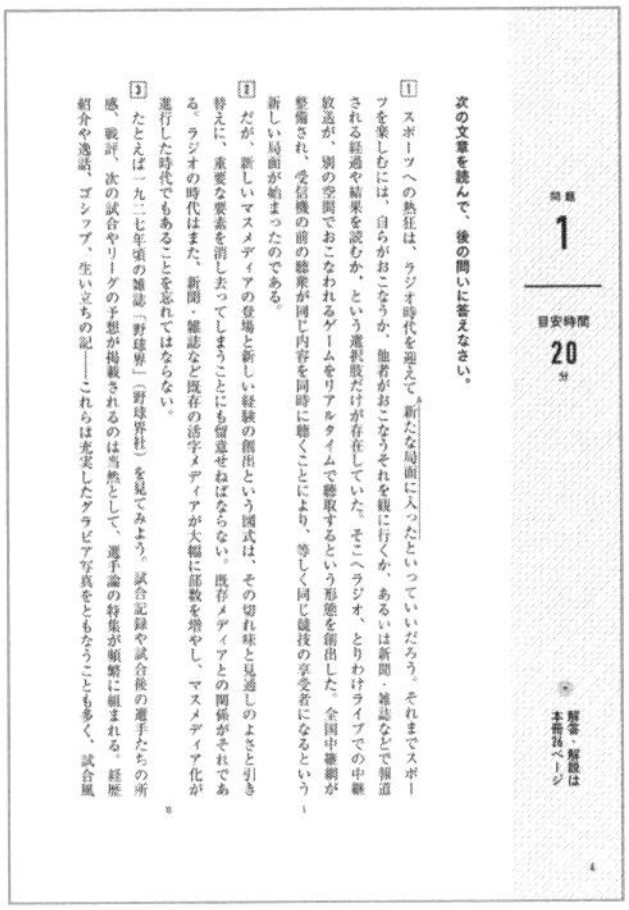

問題 1
目安時間 20分

次の文章を読んで、後の問いに答えなさい。

1 スポーツへの熱狂は、ラジオ時代を迎えて新たな局面に入ったといっていいだろう。それまでスポーツを楽しむには、自らがおこなうか、他者がおこなうそれを観に行くか、あるいは新聞・雑誌などで報道される経過や結果を読むか、という選択肢だけが存在していた。そこへラジオ、とりわけライブでの中継放送が、別の空間でおこなわれるゲームをリアルタイムで聴取するという形態を創出した。全国中継網が整備され、受信機の前の聴衆が同じ内容を同時に聴くことにより、等しく同じ競技の享受者になるという新しい局面が始まったのである。

2 だが、新しいマスメディアの登場と新しい経験の創出という図式は、その切れ味と見通しのよさと引き替えに、重要な要素を消し去ってしまうことにも留意せねばならない。既存メディアとの関係がそれである。ラジオの時代はまた、新聞・雑誌など既存の活字メディアが大幅に部数を増やし、マスメディア化が進行した時代でもあることを忘れてはならない。

3 たとえば一九二七年頃の雑誌「野球界」(野球界社)を見てみよう。試合記録や試合後の選手たちの所感、戦評、次の試合やリーグの予想が掲載されるのは当然として、選手論の特集が頻繁に組まれる。経歴紹介や逸話、ゴシップ、生い立ちの記——これらは充実したグラビア写真をともなうことも多く、試合風

解答・解説は本冊26ページ

4

別冊の「問題」は、大学入試問題を効率よく学習できるように編集しています。問題を解く際には、目安時間を意識しながら取り組みましょう。

現代文が得意な場合や、実力試しをしたい場合には、「ダイジェスト・レクチャー」の動画を視聴する前に別冊の「問題」に取り組んでもかまいません。

3 本冊 講義動画と詳しい解説で「読み方」と「解き方」を学ぶ

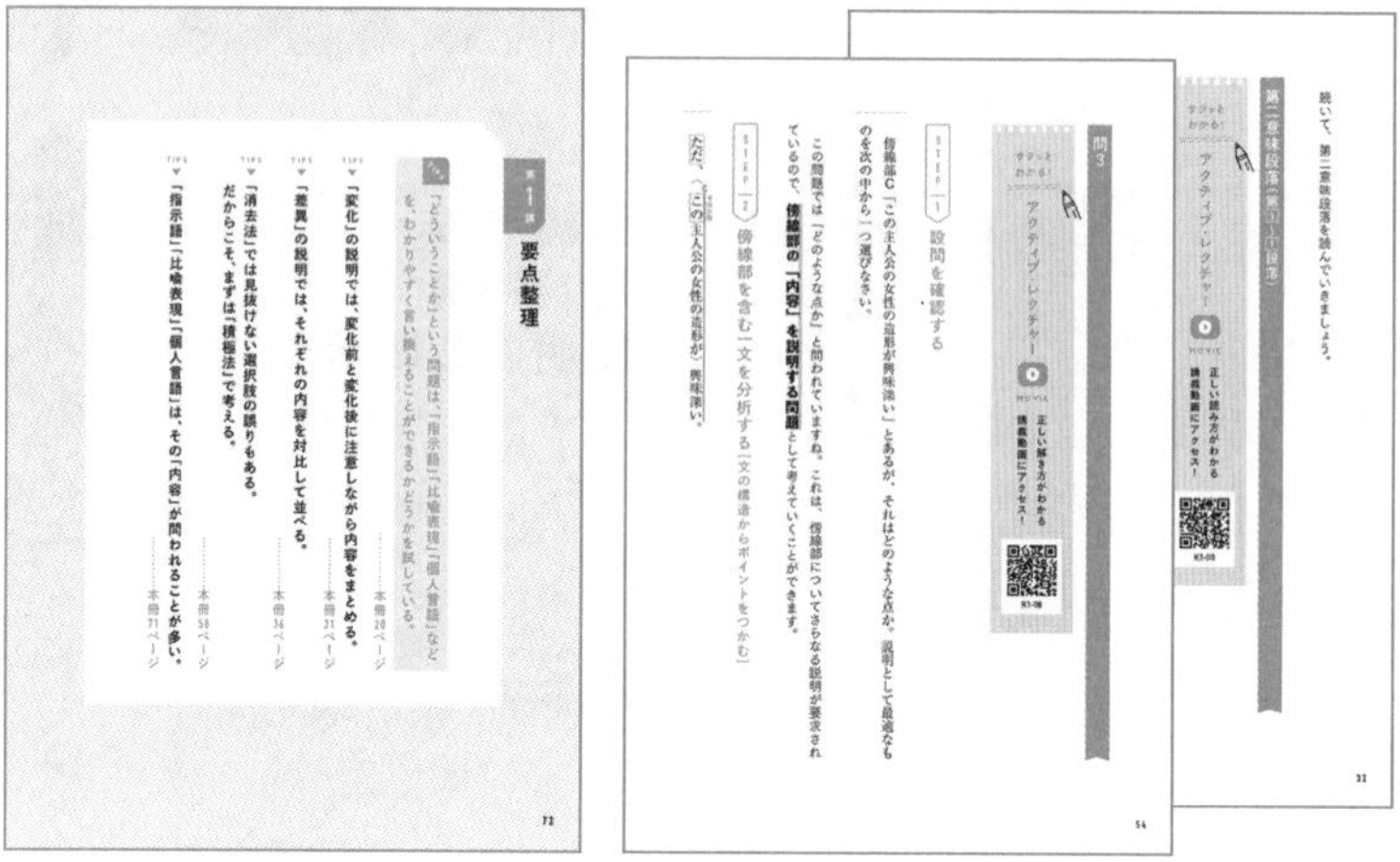

文章の「読み方」と問題の「解き方」を、講義動画と詳しい解説で学ぶことができるようになっています。読み方は意味段落ごとに、解き方は設問ごとに、講義動画がついています。5分程度の動画なので、隙間時間にも手軽に視聴することができます。また、問題文の中の重要な部分に印をつけながら解説しているので、ポイントが一目でわかります。解説中に用いられている主な記号は次の通りです。

- □…筆者の主張や人物の心情などの最も重要な部分
- 〈　〉…主語（主部）
- □…指示語・接続表現など

講義の最後にある「要点整理」には、その回の講義で学んだ重要なポイントを一覧にしてまとめています。解説が掲載されているページもわかるので、復習と定着に役立ちます。

MOVIE

動画の視聴方法

本書は、すべての問題を動画で解説しています。

スマートフォン・タブレットをお使いの方

QRコードを読み込み、講義動画にアクセスしてください。

パソコンをお使いの方

文英堂のウェブサイト

https://www.bun-eido.co.jp

にアクセスしてください。

『柳生好之の 現代文クロスレクチャー 解法編』の特集ページを開き、動画リストからご覧になりたい動画の番号をクリックしてください。特集ページにアクセスする際には、以下のパスワードが必要になります。

yycrossk

ご注意

・動画は無料でご視聴いただけますが、通信料金はお客様のご負担となります。
・すべての機器での動作を保証するものではありません。
・やむを得ずサービス内容に変更が生じる場合があります。

※QRコードは(株)デンソーウェーブの登録商標です。

CONTENTS

シリーズ『柳生好之の現代文クロスレクチャー 読解編』の内容

INTRODUCTION

解き方の大前提

現代文の「解き方」とは、「同じ手順」に徹底的にこだわって答えを出していくこと。

考え方を「言語化」すれば、どんな問題にも通用する「解き方」を身につけることができます。

Q 現代文の問題に「解き方」なんてあるの？

A 現代文にも、もちろん「解き方」がある。「同じ手順」で解いていけば、どんな問題にも正解できる。

皆さんは、現代文の**「解き方」**と聞いて、どのようなイメージを持つでしょうか？


「そもそも、現代文の問題に数学みたいなちゃんとした『解き方』なんてあるの？」

「現代文の『解き方』って、あやしい裏技のことでしょ？」

「文章が読めれば解けるのだから、『解き方』なんて必要ないんじゃない？」


もしかしたら、こんなふうに思う人もいるかもしれません。

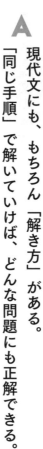

たしかに、かつて「現代文の解法（公式）」が広まった時期がありました。そして、その多くが「ある特定の問題には通用するが、それ以外には通用しない」というものだったのです。中には、「文章を読まなくても解ける」という魔法のような、とんでもない「解法」が存在したこともあります。

しかし、本書で説明する「解き方」は、そのようなものではありません。本書の「解き方」は、**あらゆる現代文の問題に通用する方法**です。

現代文の問題を解いていくときに最も大切なことは、**決まったプロセスを経て答えを出していく**ことです。この「プロセス」は「手順」と言い換えてもよいでしょう。「どういうことか」と問われている問題は必ずこの手順で解く、文章中の空所を埋める問題は必ずこの手順で解く、というように**「同じ手順」に徹底的にこだわる**ことが重要です。

「同じ手順」で答えを出していくことで**「再現性」**を確保できます。「再現性」とは、たとえば科学実験などにおいて、同じ条件や手順で実験を行った場合、同じ結果が得られることを意味します。

ぼくが本書で解説する「解き方」もこれと同様です。「同じ手順」で答えを出していくので、**誰でも真似ができる**のです。これが現代文の「解き方」における「再現性」です。

もちろん、答えを出していくときの手順は、ぼくが独自に開発したものではありません。「文法」や「論理」といった、誰が読んでも同じ結果になる**客観的なルール**をもとにしたものです。

客観的なルールにしたがって「同じ手順」で解いていけば、どんな問題にも正解できます。

ぼくはこのことをずっと自らの授業や著書で証明してきました。もちろん、本書でもそれは変わりません。

最初は「現代文の問題に『解き方』なんてあるの？」と思っていた人でも、本書を読めば、「同じ手順」に徹底的にこだわれば、あらゆる現代文の問題が解けるようになるということを実感してくれるはずです。

客観的なルールにもとづいた「再現性」の高い「解き方」を、一緒に身につけていきましょう。

Q 「文章が読めれば解ける」って、本当なの？

A 現代文は、「読めた」だけでは不十分。「問いに正しく答える」ことで初めて得点になる。

現代文は、現代の日本語で書かれた文章なので、「文章が読めれば解ける」と考える人もいますが、ぼくは、この考え方は必ずしも正しくないと思っています。

正しくは、**「読めなければ解けない」**です。文章が読めることは問題を解くために必要なことではありますが、文章が「読め」たら必ず問題が「解け」るかといったら、必ずしもそうではありません。問題に正解するためには、文章を読めるだけでなく、**問いに正しく答える**ことが必要です。つまり、設問が何を求めているのかを正しくつかむ必要があるのです。

たとえば、「どういうことか」と問われていれば、「傍線部のわかりにくい表現をわかりやすく言い換える」ことが求められていますし、「なぜか」と問われていれば、「傍線部の根拠を答える」ことが求められています。このように、各設問にはそれぞれの意図があります。ですから、**問題を解くときには、その意図を正しくつかんで答えなくては正解できません**。

このことをさらに理解してもらうために、現代文の問題の作り方について説明します。

大学入試の現代文の問題は、本や論文の一部分を切り取って素材文とし、その素材文に傍線を引いたり空所を作ったりして作成されます。ここで注意したいことは、素材文を書いた人（＝筆者）と問題を作った人（＝出題者）は、別の人物だということです。文章が「読めた」というのは、「筆者」の言いたいことを正しくつかめたということです。しかし、現代文の問題ではそれだけでは不十分で、問題に正解することによって初めて得点になります。逆に言うと、いくら文章が「読めた」と思っても、問題が解けなければ点数は取れないのです。ですから、「出題者」の意図をつかむことは、「筆者」の言いたいことをつかむのと同じくらい大切なことなのです。

話をまとめると、現代文の問題は「読めなければ解けない」ので、「読む」ことはもちろん大事なのですが、**読めたことを得点に反映させるためには、設問の意図を正しくつかんで「解く」ということが欠かせない**のです。

現代文の点数が安定しない人の中には、「読む」ことはできていても「解く」ことができていない人が多くいます。現代文を得点源にするために、「解く」ための手順をしっかり身につけていきましょう。

Q 現代文の「センス」がない人は、どうやって点数を取ればいいの？

A 「センス」がない人のために「解き方」がある。「解き方」を学べば、「センス」がある人よりも国語ができるようになる。

現代文の学習においてよく聞く言葉の一つに**「センス」**というものがあります。ここで言う「センス」とは、多くの場合、幼い頃からの読書経験によって培われた語彙力やたくさんの文章を読んできたことによる経験値などのことを指しています。

皆さんも、「こんなの読めば答えがわかるじゃん」「全然勉強してないのにいつも点数が取れるんだよね」などという同級生の言葉を聞いたことがあるかもしれません。こういうことを言われると、やっぱり「センス」はあるんだなと思ってしまうかもしれませんが、これは要するに、語彙力や経験値を無意識のうちに使って問題を解いているというだけのことなのです。

本書のシリーズである［読解編］でもお話ししましたが、ぼく自身、国語そして現代文の「センス」がまったくない人間でした。そして、それは国語を仕事としている者として「異端」であるという自覚もあります。

国語を仕事にしている人たち、たとえば学校の先生や塾・予備校の先生には、「センス」があって、特に勉強をしなくても国語ができたという人がたくさんいます。そんな人が多い中で、「異端」であるぼくが国語を教える意味は、「センス」がなくても解けるということを一人でも多くの人に伝えることだと思っています。

ハッキリ言います。

ぼくの「解き方」を学んだ人は、「センス」がある人よりも国語ができるようになります。

なぜなら、国語力というのは**「言語化」するスキル**だからです。

「センス」がある人は、「なぜ自分ができるのか」「できない人には何が足りないのか」を「言語化」する必要がないのです。試しに「センス」がある人に「あなたはなぜ国語ができるのか？」と聞いてみてください。「自分でもよくわからないけど、なぜかできるんだよね」と答えることが多いのではないかと思います。

それは「言語化」をサボっているからです。

「センス」がない人は、国語ができるようになるために、「なぜ自分ができないのか」「できない自分には何が足りないのか」「どうすればできるようになるのか」を徹底的に「言語化」する習慣がつきます。もちろん、問題を解くときにも「〇〇と問われているから、このようにして、次はこのように解いていく」というように、**考え方が「言語化」できているので、「再現性」のある解き方ができる**のです。

ぼくの人生の哲学は**「言語で世界を変える」**です。

現代文に関する考え方を余すところなく「言語化」して、現代文の世界を、そしてみなさんの世界を変えるお手伝いをします。

「センス」などなくてもいいのです。むしろ、**「センス」がないことを強みにして、誰よりも現代文をできるようにしていきましょう**。

第1講

傍線部の「内容」を説明する問題

サクッとわかる!

ダイジェスト・レクチャー

MOVIE

重要ポイントを
ギュッと凝縮した
講義動画にアクセス!

K1-01

「どういうことか」って、どういうこと？

TIPS

「どういうことか」という問題は、「指示語」「比喩表現」「個人言語」などを、わかりやすく言い換えることができるかどうかを試している。

それでは、さっそく問題の**「解き方」**について解説していきましょう。

今回考えていきたいのは、**「どういうことか」と問われている問題**です。大学入試で最もよく問われる問題なのですが、そもそも「どういうことか」という問いは、何を聞いているのでしょうか。

ぼくが予備校の講師を始めた頃、同僚の英語の講師から「柳生先生、現代文っていうのはワケのわからん科目ですな。こんなの、読んで字のごとくじゃないですか。文章の中に書かれていること以上に、どうやって説明したらいいんですか？」と言われたことがあります。

現代文の講師であるぼくにケンカでも売りたいのかな、と思ったのですが、たしかに言いたいことはわかります。たとえば、英語であれば英語を日本語に訳すという設問があります。また、古文も古語を現代語に訳すという設問があります。そのような科目を教えている先生からすると、現代日本語を現代日本語に訳す、つまり「言い換える」ことを求めている現代文は、変な科目に思えるのです。

しかし、現代文の「どういうことか」という問題の「言い換える」は、じつはかなり奥が深いものなのです。

たとえば、ぼくがいきなり「このタイプの問題はこうやって解いてね」と発言したら、皆さんは、その発言の内容を理解できるでしょうか？　日本語なのに、何を言っているのかわかりませんね。それは、この発言の中に「この」「こう」という**「指示語」**が使われているからです。指示語の指し示している言葉がわからなければ、内容を理解するのは難しいはずです。

また、「現代文の勉強は雨だれが岩を穿《うが》つようにやるんだよ」と言われても、すぐには理解できないかもしれません。それは、**「比喩表現」**が使われているからです。

もしくは、「『どういうことか』と問われている問題では、パロールをラングに言い換えればいいんだよ」と言われても、理解できる人はほとんどないでしょう。それは「パロール」「ラング」という言葉が、特殊な意味を込めて使われている言葉だからです。このような言葉を**「個人言語」**と言います。

つまり、「どういうことか」という問題で問われている部分（＝傍線部）は、「指示語」「比喩表現」「個人言語」などの**「前後の文脈がないと理解できない言葉」**で書かれているということです。それらの言葉を、**「文脈がなくても理解できる言葉」**に言い換えることができるかどうかを試すのが、「どういうことか」という問題なのです。

このことを踏まえて、ここからは「どういうことか」という問題を解く手順を説明していきましょう。

「どういうことか」という問題、つまり**傍線部の「内容」を説明する問題**は、以下の手順で解いていきます。

STEP 1 設問を確認する

STEP 2 傍線部を含む一文を分析する［文の構造からポイントをつかむ］

STEP 3 解答の根拠をとらえる［周囲を見る］

STEP 4 解答の根拠をまとめる

STEP 5 解答する［選択肢を選ぶ］

それぞれ、詳しく説明していきましょう。

STEP 1 設問を確認する

設問で**「どういうことか」「どのようなことか」「どのようなことを意味しているか」**などと問われていたら、傍線部の「内容」を説明する問題だと考えてよいでしょう。**「傍線部の説明として最もふさわしいものを次の中から選びなさい」**という聞き方をしているものも、傍線部の「内容」を説明する問題です。

STEP 2 傍線部を含む一文を分析する［文の構造からポイントをつかむ］

最初は**「傍線部を含む一文の分析」からスタートします**。

まずは、「主語（主部）→述語（述部）」「修飾語（修飾部）→被修飾語（被修飾部）」といった**「係り受け」**に注目しましょう。係り受けをしっかり把握することで、どこがどこの説明になっているのかがわかります。

たとえば、「柳生好之は、現代文の講師だ」という場合には、主語である「柳生好之」がテーマとなり、「現代文の講師だ」という述部がその説明になっているとわかります。

次に、傍線部の中に**「指示語」「比喩表現」「個人言語」**を探しましょう。

「指示語」は、「これ」「それ」「この」「その」などですね。

「比喩表現」は、あるものをイメージしやすくするために似たようなものを使ってたとえることです。「〜ようだ」「〜ような」などの言葉が使われていれば「直喩（明喩）」ですので、すぐにわかりますね。たとえになっていれば、その部分は「比喩表現」です。

もしも「指示語」や「比喩表現」がなければ、「個人言語」が使われていると考えてみるようにしましょう。

STEP 3 解答の根拠をとらえる［周囲を見る］

「傍線部を含む一文の分析」が終わったら、**本文中で「解答の根拠」を探していきます**。「指示語」や「接続表現」などの「文と文の関係を示す言葉」に注意しながら、傍線部の前後を見ていきましょう。このときには、いきなり離れたところを見るのではなく、**「近くから遠くへ」**と目を動かし、少しずつ視野を広げていくようにしてください。

STEP 4 解答の根拠をまとめる

「解答の根拠」をとらえたら、**ポイントを整理していきます**。「指示語の指示内容」や「比喩表現の意味内容」や「個人言語の定義」などを、ポイントごとに整理します。問題によってポイントが一つの場合もあれば、二つ、三つある場合もあります。もしも選択肢が選びきれないようなら、ポイントが不足している可能性がありますので、STEP 1 〜 STEP 3 をやり直すようにしましょう。

STEP 5 解答する［選択肢を選ぶ］

最後に、STEP 4でまとめたポイントを参照しながら、**選択肢を選びましょう**。

選び方はなるべく**「積極法」**を採用したいところです。「積極法」とは、文章でとらえたポイントがすべて入っているものを正解として選ぶ方法です。誤りの選択肢は、ポイントが入っていなかったり、ポイントと矛盾があったりします。その他にも、ポイントが不足していたり、余計な情報がつけ加えられていたりすることもありますが、いずれにしても、ポイントが正しく入っていないものは正解にならないので、きちんとポイントを確認したうえで、まずは「積極法」で解答を選ぶようにしましょう。

場合によっては、選択肢の中で誤っている箇所を探す「消去法」という方法を使うこともありますが、使い方には注意が必要です。あくまでも、ポイントが入っていない、ポイントと矛盾がある、あるいはポイントが不足している、余計な情報がつけ加えられているなど、**ポイント中心で考える**ことが重要です。出題者は、受験生が文章を正しく読めているかどうかを試そうとしているのですから、あえてポイントと無関係の部分を誤りにすることはあまりありません。この「消去法」が有効な問題ももちろんありますが、すべてに通用する解き方ではありません。また、時間も余計にかかってしまいます。

必ずポイント中心で考えて、選択肢が選びきれない場合はSTEP 1〜STEP 3の手順に戻るようにしましょう。

問題は別冊4ページ

読み方

今回の文章は、冒頭の「ラジオ時代を迎えて」という部分から、今現在の話ではなく戦前の話であることがわかりますね。ちなみに、日本初のラジオ放送が行われたのは一九二五年です。

これを踏まえて、本文の内容を確認していきましょう。

第一意味段落（第1～4段落）

サクッとわかる！
アクティブ・レクチャー
MOVIE
正しい読み方がわかる講義動画にアクセス！
K1-02

まずは、第1段落から見ていきます。

1 ◀主部〈スポーツへの熱狂は〉、ラジオ時代を迎えてA新たな局面に入ったといっていいだろう。それまでスポーツを楽しむには、自らがおこなうか、他者がおこなうそれを観に行くか、あるいは新聞・雑誌などで報道される経過や結果を読むか、という選択肢だけが存在していた。そこへラジオ、とりわけライブでの中継放送が、別の空間でおこなわれるゲームをリアルタイムで聴取するという形態を創出した。全国中継網が整備され、受信機の前の聴衆が同じ内容を同時に聴くことにより、等しく同じ競技の享受者になるという新しい局面が始まったのである。

ここでは、「スポーツへの熱狂は」が主部になっています。その説明として「ラジオ時代」を迎えて「新たな局面に入った」とあることから、**「変化」**が起こったのだと考えることができますね。「それまで」の部分には変化前のことが書かれていて、「そこへ」以降の部分には変化後のことが書かれています。

それまでは、「自らがおこなう」「他者がおこなうそれを観に行く」「新聞・雑誌などで報道される経過や結果を読む」という選択肢だけが存在していたのですが、これは、競技がおこなわれる空間の中と外では、スポーツの熱狂を享受するのに時間差があったということを意味します。それが、ラジオで全国にライブ中継されるようになったことで、競技がおこなわれる空間の中と外で同時に熱狂を享受することができるようになったのです。

読解の際には、**「変化」は重要なポイントになりますので、整理しておきましょう。**

それまで

「自らがおこなう」「他者がおこなうそれを観に行く」「新聞・雑誌などで報道される経過や結果を読む」

……競技がおこなわれる空間の中と外では、熱狂を享受するのに時間差がある

←変化

ラジオ時代

ラジオで全国にライブ中継されるようになった

……競技がおこなわれる空間の中と外で、熱狂を同時に享受する

続いて、第2段落を見ていきましょう。

2 だが、〈新しいマスメディアの登場と新しい経験の創出という図式は〉、その切れ味と見通しのよさと引き替えに、重要な要素を消し去ってしまうことにも留意せねばならない。既存メディアとの関係がそれである。ラジオの時代はまた、新聞・雑誌など既存の活字メディアが大幅に部数を増やし、マスメディア化が進行した時代でもあることを忘れてはならない。

第2段落では、「新しいマスメディアの登場と新しい経験の創出という図式」という表現で、第1段落に登場した内容を言い換えています。競技がおこなわれる空間の外でも中と同時に熱狂できることが「新しい経験」としてもたらされましたが、「新聞・雑誌など既存の活字メディア」との関係も変わってしまったのです。

ここからは、「スポーツを享受する人々」と「新聞・雑誌など既存の活字メディア」との関係がどのように変わってしまったのかを考えながら読んでいくようにしましょう。

---

3 ◀具体例（たとえば 一九二七年頃の雑誌「野球界」（野球界社）を見てみよう。試合記録や試合後の選手たちの所感、戦評、次の試合やリーグの予想が掲載されるのは当然として、選手論の特集が頻繁に組まれる。経歴紹介や逸話、ゴシップ、生い立ちの記――これらは充実したグラビア写真をともなうことも多く、試合風景やプレーする姿のみならず、顔や手、全身像、はたまた合宿所の私室でくつろぐ姿までもが掲載される。）

第3段落には、ラジオが登場した後に、「新聞・雑誌など既存の活字メディア」にどういう情報が掲載されるようになったのかという**「具体例」**が書かれています。従来は「試合記録や試合後の選手たちの所感、戦評、次の試合やリーグの予想」といった「試合に関する情報」だけが載っていたのでしょう。ところが、ラジオを聴けば、そのような「試合に関する情報」はリアルタイムで受け取ることができます。ですから、ラジオを聴いている「スポーツ・ファン」に、さらに新聞や雑誌を買ってもらうためには、試合に関する情報だけでなく、「選手論」の情報が必要になるのです。この「選手論」が盛んになったために、「既存の活字メディア」が大幅に部数を増やしたと考えることができますね。

4 大多数の聴取者たちの脳裏には、多かれ少なかれ◀指示語こうしたさまざまな情報が蓄積されていたはずである。（◀具体例「野球界」などの専門誌を見ずとも、六大学野球などの人気スポーツにまつわる記事は、この時期の通俗的な娯楽雑誌や新聞の運動欄に盛んに掲載されていた。）ラジオを聞くスポーツ・ファンはこれらの記事を読み、B自分なりのデータベースや物語を構築しながら、そのときどきのゲームの展開のなかに差し挟み、総体として一つの奥行きのある仮想空間を随時構築していたはずである。

まずは、「こうしたさまざまな情報」という形で、第3段落の具体例をまとめています。「新聞・雑誌など既存の活字メディア」に掲載された「選手論」を情報として蓄積している大多数の聴取者は、自分なりのデータベースや物語を作りながら、「一つの奥行きのある仮想空間」を構築し、スポーツを楽しんでいたのです。

この時点では、「一つの奥行きのある仮想空間」とはいったい何のことなのか、いまいちピンとこない人もいると思います。そういうときに、**文章から離れて自分で勝手な想像をしてはいけません**。この時点ではよくわからないことも、先まで読んでみると、その意味がわかるようになっていることがほとんどです。わからないところがあったら、立ち止まって考えるのではなく、**わかるまで読み進める**ようにしていきましょう。ぼくですら、文章の途中では言いたいことがわからないこともあります。ですから、「わからない」ということを過度に恐れる必要はないのです。

それでは、ここで第一意味段落の内容をまとめておきましょう。人々とメディアの関係の「変化」を整理します。

第一意味段落（第1～4段落）まとめ

話題
スポーツへの熱狂は、ラジオ時代を迎えて新たな局面に入った（＝変化）

それまで
競技がおこなわれる空間の中と外では、熱狂を享受するのに時間差がある

↑変化

ラジオ時代
競技がおこなわれる空間の中と外で、熱狂を同時に享受する
……既存メディアは「試合」だけでなく「選手」に関する情報を提供するようになった
人々は、現実の「試合」に「選手」の物語を差し挟んで「仮想空間」を構築するようになった

このように、**「変化」を説明する際には、「それまで（＝変化前）」と「それから（＝変化後）」に注意しながら内容をまとめていくようにします**。

TIPS
「変化」の説明では、変化前と変化後に注意しながら内容をまとめる。

続いて、第二意味段落を読んでいきましょう。

第二意味段落（第5〜9段落）

サクッとわかる！
アクティブ・レクチャー
MOVIE
正しい読み方がわかる
講義動画にアクセス！
K1-03

5 ◀具体例（モダニズム作家の楢崎勤に「野球と護謨菓子《ちういん・がむ》」（「文藝春秋　オール讀物」一九三一年十一月号、文藝春秋）という小品がある。慶応―帝大戦のスタジアムで、主人公の女性がかつて少しだけ個人的な関係をもった男性の弟とめぐり逢い、追憶と感慨にうたれる、という他愛もないコントである。ただ、この主人公の女性の造形が興味深い。）

この第5段落では、「野球と護謨菓子」という作品が紹介されています。これは、「一つの奥行きのある仮想空間」をわかりやすく説明するために挙げられた**「具体例」**ですね。

この後の第6段落で、その内容を確認していきましょう。

6 （引用）（斎藤夫人には、子供はなかつたし、閑があるので、スポオツといふスポオツにひどく興味をもつやうになつてゐた。だから、朝の新聞をひろげて先づ最初に読む記事は、決して、一面の政治欄でもなければ、三面の社会欄でもなかつた。だといつて、評判のいい連載小説でもなかつた。運動欄だつた。例へば、野球の試合経過の記事が出てゐると、斎藤夫人は、その前日に、ラヂオでその経過を聴いてゐるのだつたが、改めて叮嚀《ていねい》に、そのチイムのメムバアから、経過を見直すのだつた。そして、誰が過失をしたとか、誰が安打を何本打つたとか云ふことで、興味をおぼえた。そして夫人は白い球がぐんぐんのびて、外野席の塀にとどくやうな三塁打に、どんなに観衆が熱狂したらうかとか、投手の暴投で、折角の機会を、むざむざと逸して敗けたチームにひどく同情するのだつた。）

ここでは、「野球と護謨菓子」の一部が**「引用」**されていますね。引用部分では、その中身を深く理解することはあまり重要ではありません。それよりも、「引用」部分を通して筆者が何を説明しようとしているのか、つまり**「筆者の主張」を考えていく**ことのほうが大切です。「筆者の主張」は「引用」の前後に書かれることが多いので、続けて第7段落を読んでいきましょう。

7 この斎藤夫人の造形は、スポーツ・ファンがどのように〈スポーツ空間〉を創り上げていたのかを物語ってくれる。夫人は、ゲームを単独のメディアで一度だけ享受するのではない。彼女はまずラジオで野球放送を聴く。その翌日、新聞記事により、さらにそのゲームを反復して享受すると同時に、チームのメンバー構成やエラー、安打といったスコアからその試合を再度吟味する。球場に足を運ぶ彼女は「気のせゐか今日の前田にはコントロオルがあるやうに思はれた」という判断を下しており、相当な見識をもったファンであるらしい。すなわち彼女はこうした反復的なゲームの享受を日常的におこなっており、その脳裏にはさまざまなチームや選手の成績や背景、調子、戦歴などのデータが蓄積されていると見ていいだろう。彼女が実際に球場に足を運ぶにせよ、ラジオに耳を傾けるにせよ、そこで展開されるゲームは、彼女の手持ちの情報あるいは参照可能となっている外部の情報によって肉付けされながら、より深みのある〈スポーツ空間〉を形作っているはずである。であるからこそ彼女は、たんに試合の結果を欲するだけでなく、「敗けたチームにひどく同情」したりもするのである。

ここまでくれば、「一つの奥行きのある仮想空間」というのが何だかわかってきますね。この段落では、「一つの奥行きのある仮想空間」が「より深みのある〈スポーツ空間〉」という表現に言い換えられています。この「より深みのある〈スポーツ空間〉」というのは、筆者が特殊な意味を込めて使っている**「個人言語」**ですね。「彼女」は、ゲームを「単独のメディアで一度だけ享受する」のではなく、まず「ラジオ」で野球放送を聴き、その翌日の「新聞記事」により反復しつつ再度吟味して、「手持ちの情報あるいは参照可能となっている外部の情報」と結びつけています。このようにして形作られたものを、ここでは「より深みのある〈スポーツ空間〉」と表現しているのです。

ここから、第6段落にあった**「引用」**は、この「より深みのある〈スポーツ空間〉」をわかりやすく説明するためのものであったことがわかります。

「より深みのある〈スポーツ空間〉」について、ここで少し補足しておきます。たとえば、あなたが「けがをしたサッカー選手が長い期間リハビリに取り組んでいた」という内容の記事を読んだとしましょう。その選手がやっと試合に出られるようになってゴールを決めた瞬間、つらいリハビリに耐えた過去のシーンをイメージして、「よかったね」と涙する。「より深みのある〈スポーツ空間〉」を構築するというのは、こういうことなのです。そして、多かれ少なかれ、スポーツを観る人はこのようなことをやっているでしょう。でも、これって、純粋に試合を楽しんでいるというのとは少し違っていて、本当は「けがをした選手がつらいリハビリを乗り越えて復活する」という「物語」を楽しんでいるのです。

それでは、第8段落を読んでいきましょう。

8 ここで注意しておくべきなのは、彼女の振る舞いのなかに、人々が自然におこなっていたであろうラジオと活字との使い分けが見て取れることである。この時期のラジオは広範な同時伝達性をもって登場した新しいテクノロジーではあったが、一方、録音することはかなわない、はかない媒体であった。それゆえ聴衆は耳を傾ける間、そのライブ性を堪能しながらも、停止不能で不可逆的な時間を生きねばならなかった。これに対比したとき、紙媒体のもつ蓄積性と縦覧性という特色が際立つ。戦歴や勝率などのデータ、さらには視覚的なイメージが紙面に載せられてファンの手元に届き、長くとどまる。それは貯め置かれ、繰り返し参照される知の貯蔵庫として機能する。

ここで「ラジオ」と「活字（＝既存メディア）」の使い分けが説明されます。それぞれのメディアには異なる特長があるので、人々はそれらを使い分けることで、「より深みのある〈スポーツ空間〉」を作っていったのです。ここでは、メディアの**「違い（＝差異）」**に注意しながら整理していきましょう。

ラジオ
不可逆性＝ライブ性はあるが、そのときにしか聴くことができない
↔差異
活字（既存メディア＝新聞・雑誌）
蓄積性と縦覧性＝貯め置かれて、繰り返し参照することができる

「差異」を説明するときには、それぞれの内容を対比して並べるようにします。今回なら、スポーツの熱狂を「その場限り」で享受するのか、「繰り返し」享受するのかという点が「差異」になっています。

TIPS
「差異」の説明では、それぞれの内容を対比して並べる。

続いて、第9段落を読んでいきましょう。

9 〈スポーツ空間〉の構築は、こうした複数の異なるメディアの異なる利用の乗算として現出する。そしてもちろん、**その空間の構築には各種情報を掛け合わせていく**、斎藤夫人のような能動的なオーディエンスが必要である。

指示語

この段落では、「〈スポーツ空間〉の構築」のまとめがなされています。〈スポーツ空間〉は、「複数の異なるメディア」を利用することで作られるということです。そして、そのような〈スポーツ空間〉を構築できるのは、「能動的なオーディエンス」であると説明されます。第6段落に登場した「斎藤夫人」は、「能動的なオーディエンス」を説明するための**「具体例」**だったのですね。「斎藤夫人」の行動をもとにすると、「能動的なオーディエンス」とは、「複数の異なるメディア」を利用して〈スポーツ空間〉を構築する人のことだとわかります。

それでは、第二意味段落の内容をまとめてみましょう。

第二意味段落（5〜9）まとめ

ラジオ

不可逆性＝ライブ性はあるが、そのときにしか聴くことができない

↔差異

活字（既存メディア＝新聞・雑誌）

蓄積性と縦覧性＝貯め置かれて、繰り返し参照することができる

「能動的なオーディエンス」

「複数の異なるメディア」を利用して〈スポーツ空間〉を構築する人

第二意味段落では、「ラジオ」と「活字」の**「差異」**を取り上げたうえで、これらのメディアを掛け合わせて「より深みのある〈スポーツ空間〉」を構築するのが「能動的なオーディエンス」なのだと説明していました。

それでは、最後の第三意味段落に進みましょう。

第三意味段落（第10～13段落）

サクッとわかる！
アクティブ・レクチャー
MOVIE
正しい読み方がわかる講義動画にアクセス！
K1-04

10 ところが人々の欲望は、〈空間〉の構築と消費だけにとどまるわけではない。D本物の試合を、選手を見たいという欲求を、複製という存在自体が高めるからである。

第10段落の冒頭には、「ところが」という逆接の接続表現があります。さらに、「とどまるわけではない」という表現があることから、人々が「〈空間〉の構築と消費」に加えて「本物の試合を、選手を見たいという欲求」を持つようになったのだということがわかります。ここからは、「本物の試合」の話が始まります。

続いて、第11段落を見ていきます。

11 今日でも球場に足を運べば、目の前で試合が繰り広げられているにもかかわらず、ラジオを持ち込んで同時に聞いているファン（昨今では携帯式テレビもだろうか）をしばしば眼にする。

ここで、まず気をつけなければならないのは、これまでは「ラジオ」と「活字」の組み合わせの話をしていたのに、この段落では「本物の試合」と「ラジオ」の組み合わせの話になっているという点です。これは、今までの〈スポーツ空間〉の説明とは違う内容になりそうですね。この点に注意しながら次に進みましょう。

12 ◀譲歩（なるほど、本物は見てみたい。）だが、その本物がいつも期待に違わぬ輝きを放っているとは限らない。球場にラジオを持ち運ぶファンは、本物であるはずの眼前のゲームを、その表象であり再現であり複製である媒介物なしには見られないのである。この風景は、E《媒介》を経ない生のゲームがいかに冗漫かということを逆説的に証している。◀具体例（攻守の交代は長く、選手は遠く、周囲の観客はうるさく、そして頭上には何もない空がそっけなく広がっている。）

第12段落では、まずは**「譲歩」**のカタチを使いながら、本物がいつも期待通りとは限らないということを説明しています。「ラジオ」は、本物の「表象であり再現であり複製である媒介物」なのですが、それなしには「本物」を見られないのだというのです。

この段落の最後の部分は、本物の試合は「冗漫」なのだということを説明するための**「具体例」**ですね。

いよいよ、最後の第13段落です。「筆者の主張」に注意しながら読んでいきましょう。

13 アナウンサーの魔術が何であるのか、ここで気づくことができる。それは散漫な情景に色づけを施していく修辞と散漫さそのものを滅しさる消去である。そして本物のゲームを不可知なままにして伝達する隠蔽である。オーディエンスは、飾られ、冗漫さを消された複製品をもとに〈スポーツ空間〉を創る。熱狂はこの操作ゆえに加速するのであり、F幻像は複製の向こうの本物が不可知であるがゆえに持続する。

ここではまず、「アナウンサーの魔術」という表現が登場します。これは、アナウンサーが「散漫な情景」を飾り、「散漫さ」を消し去ってくれることをたとえているのですが、これによって、「本物のゲーム」は隠されてしまうのです。

そして、オーディエンスは、この「複製品」をもとに〈スポーツ空間〉を創っていき、この〈スポーツ空間〉によって「熱狂」は加速していきます。「複製品」→〈スポーツ空間〉→「熱狂」という流れですね。

そして、この段落の最後では、本物の「冗漫さ」が知られずにいるからこそ、「幻像」＝〈スポーツ空間〉は存在し続けることができるのだということが述べられています。

ここでやっと、第1段落の「スポーツへの熱狂」の「新たな局面」が意味するところがわかりました。

これをもとに、第三意味段落の内容を整理します。

第三意味段落（10〜13）まとめ

本物の試合

冗漫＝くどくて長たらしい

←（アナウンサーの魔術）

幻像＝〈スポーツ空間〉

飾られ、冗漫さを消された「複製品」によって創られたもの

←

人々の「スポーツへの熱狂」は加速する

「筆者の主張」の内容がわかったところで、続いて、本文の全体像をまとめていきましょう。

サクッとわかる!
アクティブ・レクチャー
MOVIE
正しい読み方がわかる
講義動画にアクセス!
K1-05

第一意味段落(第1~4段落)……話題・変化

話題
スポーツへの熱狂は、ラジオ時代を迎えて新たな局面に入った(=変化)

それまで
競技がおこなわれる空間の中と外では、熱狂を享受するのに時間差がある
←変化

ラジオ時代
競技がおこなわれる空間の中と外で、熱狂を同時に享受する
……既存メディアは「試合」だけでなく「選手」に関する情報を提供するようになった
人々は、現実の「試合」に「選手」の物語を差し挟んで「仮想空間」を構築するようになった

第二意味段落（第5～9段落）……差異

ラジオ

不可逆性＝ライブ性はあるが、そのときにしか聴くことができない

↔差異

活字（既存メディア＝新聞・雑誌）

蓄積性と縦覧性＝貯め置かれて、繰り返し参照することができる

「能動的なオーディエンス」

「複数の異なるメディア」を利用して〈スポーツ空間〉を構築する人

第三意味段落（第10～13段落）……筆者の主張

本物の試合

冗漫＝くどくて長たらしい

←（アナウンサーの魔術）

幻像＝〈スポーツ空間〉

飾られ、冗漫さを消された「複製品」によって創られたもの

←

人々の「スポーツへの熱狂」は加速する

これで、文章全体の内容を把握することができました。さらに詳しく考えることが必要な部分は問題として問われるので、設問で問われていることを確認しながら、ていねいに解釈していくようにします。

解き方

それでは、ここからは問題の「解き方」を解説していきましょう。

この講義の冒頭でも説明したように、**傍線部の「内容」を説明する問題**は、以下の手順（ステップ）で解いていきます。

- STEP 1 設問を確認する
- STEP 2 傍線部を含む一文を分析する［文の構造からポイントをつかむ］
- STEP 3 解答の根拠をとらえる［周囲を見る］
- STEP 4 解答の根拠をまとめる
- STEP 5 解答する［選択肢を選ぶ］

この手順（ステップ）に沿って解説していきますので、同じように解けたかどうかを確認するようにしましょう。

問1

サクッとわかる！
アクティブ・レクチャー
MOVIE
正しい解き方がわかる
講義動画にアクセス！
K1-06

STEP 1 設問を確認する

傍線部A「新たな局面に入った」の説明として最適なものを次の中から一つ選びなさい。

この問題では、「傍線部」の「説明」が求められているので、**傍線部の「内容」を説明する問題**だということがわかりますね。

それでは続いて、**傍線部が含まれている一文をよく見て、解答の根拠となる部分を本文中から探していきましょう。**

STEP 2 傍線部を含む一文を分析する［文の構造からポイントをつかむ］

◀主部〈スポーツへの熱狂は〉、ラジオ時代を迎えてＡ新たな局面に入ったといっていいだろう。

第一意味段落を読んだときに確認したように、この一文の主部は「スポーツへの熱狂は」で、傍線部Ａの「新たな局面に入った」はその説明になっていますね。

続いて、「ラジオ時代」という言葉に注目しましょう。「ラジオ時代」という言葉は、一般に広く使われている言葉ではありませんので、筆者が特殊な意味を込めて使っている**「個人言語」**だということがわかります。その「ラジオ時代」が「新たな局面に入った」と言われても、何のことかわかりませんね。ですから、傍線部Ａの「新たな局面に入った」も**「個人言語」**だと考えます。これらを**「文脈がなくても理解できる言葉」に言い換える**ために、これらの言葉の説明をしている部分を本文で探していきましょう。

STEP 3 解答の根拠をとらえる［周囲を見る］

1 ◀主部〈スポーツへの熱狂は〉、ラジオ時代を迎えてＡ新たな局面に入ったといっていいだろう。［それまで］スポーツを楽しむには、自らがおこなうか、他者がおこなうそれを観に行くか、あるいは新聞・雑誌などで報道される経過や結果を読むか、という選択肢だけが存在していた。［そこへ］ラジオ、［とりわけ］ライブでの中継放送が、別の空間でおこなわれるゲームをリアルタイムで聴取するという形態を創出した。全国中継網が整備され、受信機の前の聴衆が同じ内容を同時に聴くことにより、等しく同じ競技の享受者になるという新しい局面が始まったのである。

まずは、「ラジオ」について説明している箇所を探します。すると、3～4行目に「そこへラジオ、とりわけライブでの中継放送が、別の空間でおこなわれるゲームをリアルタイムで聴取するという形態を創出した」とあるため、「ラジオ時代」とは、ラジオの中継放送によってゲームをリアルタイムで聴取することができるようになった時代のことであるとわかりました。

続いて、第1段落の最後の部分を見ると、「全国中継網が整備され、受信機の前の聴衆が同じ内容を同時に聴くことにより、等しく同じ競技の享受者になるという新しい局面が始まった」とあり、これが「新たな局面に入った」ことの説明であるとわかります。

これで、「ラジオ時代」を迎えて「新たな局面に入った」という「個人言語」の意味がつかめました。

ここまでできたら、**解答の根拠（正解の選択肢だと判断するために注目すべきポイント）をまとめましょう。**

STEP 4 解答の根拠をまとめる

先ほどの STEP 3 でとらえた解答の根拠は以下の通りです。

「（ラジオ時代を迎えて）新たな局面に入った」
＝（ラジオのライブ中継放送によって）聴衆が同じ内容を同時に聴くことになった

このポイントを正しく説明できている選択肢を選んでいきましょう。

STEP 5 解答する［選択肢を選ぶ］

正解は、⑤の「人々が同じ競技内容を同時に聴く時代となった。」ですね。「同じ内容を同時に聴く」というポイントがしっかり入っています。「解答の根拠」としてこの点をつかめていれば、すぐに正解が選べたのではないかと思います。

基本的には、他の選択肢は「同じ内容を同時に聴く」というポイントがないから誤り、と考えてかまいません。他の選択肢についてもどこが誤っているのかを解説していきますが、くれぐれも「間違い探し」に終始する解き方をしないように気をつけましょう。選択肢の誤りをいちいち探すのではなく、**正解のポイントが正しく入っているかどうかを見抜くという解き方をしていくことが重要です。**

①は、「スポーツの能動的な楽しみ方が受動的なものに変わった。」となっていますが、本文で確認した「新たな局面に入った」の内容は、「能動的↓受動的」という変化ではありませんでした。そのため、これは誤りなのです。確かに、第9段落には「斎藤夫人」のような「能動的なオーディエンス」が誕生したことが説明されていたので、「能動的↓受動的」という選択肢の説明はおかしい、というように誤りの根拠を見つ

けることはできます。しかし、そのやり方だと時間がかかりすぎてしまうので、今回とらえた「同じ内容を同時に聴く」というポイントがないから誤りであるという判断ができたら、もうそれ以上は本文で誤りの根拠を探す必要はありません。これが**判断スピードを上げて時間内に問題を解き切るコツ**です。

②は、「新聞・雑誌の報道」に関する説明になっている点が誤りです。「新しい局面」は、「ラジオ」によってもたらされているのです。

③は、「活字の情報が声としても聴取できる」という部分が誤りです。ラジオの説明になっている点はよいのですが、「同時に」というポイントが説明できていません。

④は、「スポーツの情報が誰にとっても平等になった」が誤りです。「スポーツの情報」という表現だと、「試合」だけに限らず「選手」に関するさまざまな情報も含まれることになります。それらは「活字（＝既存メディア）」によるものでした。そのため、これも正解になりません。

繰り返しになりますが、選択問題は、文章でとらえた「ポイント」がすべて入っているものを正解として選ぶ**「積極法」**で解いていくことが基本です。そのためには、STEP 1～STEP 3の手順をきちんと踏んで「ポイント」を正しくつかむことが欠かせません。**選択問題で正解するためには、答えを「選ぶ」ことよりも、その前の準備をしっかり行うことのほうがずっと重要なのです。**

問2

サクッとわかる！
アクティブ・レクチャー
MOVIE
正しい解き方がわかる講義動画にアクセス！
K1-07

STEP 1 設問を確認する

傍線部B「自分なりのデータベースや物語を構築しながら」とはどういう意味か。説明として最適なものを次の中から一つ選びなさい。

この問題では、「どういう意味か」という問い方になっていますが、これも「どういうことか」と問うものと同様に、**傍線部の「内容」を説明する問題**です。

STEP 2 傍線部を含む一文を分析する［文の構造からポイントをつかむ］

◀主部〈ラジオを聞くスポーツ・ファンは〉◀指示語 これら の記事を読み、B 自分なりのデータベースや物語を構築しながら、そのときどきのゲームの展開のなかに差し挟み、総体として一つの奥行きのある仮想空間を随時構築していたはずである。

傍線部を含む一文の構造を分析します。すると、主部は「ラジオを聞くスポーツ・ファンは」となっています。また、「これら」という**「指示語」**が用いられています。そして、傍線部には「自分なりのデータベース」や「物語」という言葉がありますが、これらは、筆者が特殊な意味を込めて使っている**「個人言語」**ですので、これらがいったいどういうものなのかを確認する必要がありますね。

指示語は「これら の記事」となっていますので、「記事」の内容について書かれている第3段落および、傍線部Bが含まれる第4段落に視野を広げていきましょう。

STEP 3 解答の根拠をとらえる［周囲を見る］

3 （具体例 たとえば 一九二七年頃の雑誌「野球界」（野球界社）を見てみよう。試合記録や試合後の選手たちの所感、戦評、次の試合やリーグの予想が掲載されるのは当然として、選手論の特集が頻繁に組まれる。経歴紹介や逸話、ゴシップ、生い立ちの記――これらは充実したグラビア写真をともなうことも多く、試合風景やプレーする姿のみならず、顔や手、全身像、はたまた合宿所の私室でくつろぐ姿までもが掲載される。）

4 大多数の聴取者たちの脳裏には、多かれ少なかれ こうした さまざまな情報が蓄積されていたはずである。（「野球界」などの専門誌を見ずとも、六大学野球などの人気スポーツにまつわる記事は、この時期の通俗的な娯楽雑誌や新聞の運動欄に盛んに掲載されていた。）ラジオを聞くスポーツ・ファンはこれらの記事を読み、自分なりのデータベースや物語を構築しながら、そのときどきのゲームの展開のなかに差し挟み、総体として一つの奥行きのある仮想空間を随時構築していたはずである。

傍線部Bの「データベース」や「物語」のもとになるのは「これらの記事」ですので、「これらの記事」の内容をとらえていきます。すると、第3段落に、記事の具体的な内容が書かれていることがわかります。選手に関するこのようなさまざまな情報の蓄積が「データベース」や「物語」になるのですね。

また、第4段落の最後に「そのときどきのゲームの展開のなかに差し挟み、総体として一つの奥行きのある仮想空間を随時構築していた」とあることから、「データベース」や「物語」によって「仮想空間」（＝フィクション）が構築されるのだと考えることができます。

STEP 4 解答の根拠をまとめる

先ほどの STEP 3 で確認したことを踏まえて、解答の根拠をまとめていきましょう。

【A】「データベース」＝選手に関するさまざまな情報を蓄積したもの
【B】「物語」＝選手についての空想をふくらませたもの

これをもとに、選択肢の中から【A】と【B】のポイントを満たしているものを選んでいきます。

STEP 5 解答する［選択肢を選ぶ］

正解は、④の「各自が得た情報や、それらを織り交ぜたさまざまな空想をふくらませながら、ということ。」です。【A】の「選手に関するさまざまな情報」というポイントと、【B】の「選手についての空想」というポイントがともに入っています。

他の選択肢も検討してみましょう。

①は、まず「データを一律化し」という部分が【A】のポイントとずれています。また、「自分の推測の正しさを確定」とありますが、「推測の正しさ」と言ってしまうと、「物語」が「事実」になってしまい、「仮想空間」（＝フィクション）という内容につながらないので、【B】の説明として誤りです。

②は「試合の勝敗を予想」という部分が、また、③は「一番正確な試合展開を予測」という部分が、それぞれ誤りです。「試合の勝敗」や「試合展開」は、事実として動きようのないものなので、「仮想空間」につながる【B】の説明として不適切です。

⑤は、「メディアの情報を極力排して」という部分が誤りです。ラジオを聞くスポーツ・ファンは、「メディアの情報」をもとにして「データベース」や「物語」を構築するのでした。

問3

サクッとわかる！
アクティブ・レクチャー
MOVIE
正しい解き方がわかる
講義動画にアクセス！
K1-08

STEP 1 設問を確認する

傍線部C「この主人公の女性の造形が興味深い」とあるが、それはどのような点か。説明として最適なものを次の中から一つ選びなさい。

この問題では「どのような点か」と問われていますね。これは、傍線部についてさらなる説明が要求されているので、**傍線部の「内容」を説明する問題**として考えていくことができます。

STEP 2 傍線部を含む一文を分析する〔文の構造からポイントをつかむ〕

ただ、〈Cこの主人公の女性の造形が〉興味深い。
◀指示語

この一文の主部は「この主人公の女性の造形が」ですね。また、「この」という**「指示語」**が用いられているので、これより前の部分で「主人公の女性」について確認する必要があります。また、ここでの「造形」とは、姿形ではなく「キャラクター設定」のことを言っています。

STEP 3 解答の根拠をとらえる【周囲を見る】

5 （◀具体例 モダニズム作家の楢崎勤に「野球と護謨菓子《ちういん・がむ》」（「文藝春秋 オール讀物」一九三一年十一月号、文藝春秋）という小品がある。慶応―帝大戦のスタジアムで、主人公の女性がかつて少しだけ個人的な関係をもった男性の弟とめぐり逢い、追憶と感慨にうたれる、という他愛もないコントである。ただ、〈C ◀指示語 この主人公の女性の造形が〉興味深い。）

ここで、「主人公の女性」とは、「野球と護謨菓子」という作品の中に出てくる人物であることがわかりました。直後の第6段落にはこの作品の一部が引用されていました。ただ、引用部分はそれ自体が重要なわけではなく、その箇所を引用した筆者の意図がわかればよいので、第6段落ではなく、その後の第7段落を見てみましょう。

7 ◀指示語 この斎藤夫人の造形は、スポーツ・ファンがどのように〈スポーツ空間〉を創り上げていたのかを物語ってくれる。夫人は、ゲームを単独のメディアで一度だけ享受するのではない。彼女はまずラジオで野球放送を聴く。その翌日、新聞記事により、さらにそのゲームを反復して享受すると同時に、チームのメンバー構成やエラー、安打といったスコアからその試合を再度吟味する。球場に足を運ぶ彼女は「気のせゐか今日の前田にはコントロオルがあるやうに思はれた」という判断を下しており、相当な見識をもったファンであるらしい。すなわち彼女はこうした反復的なゲームの享受を日常的におこなっており、その脳裏にはさまざまなチームや選手の成績や背景、調子、戦歴などのデータが蓄積されていると見ていいだろう。彼女が実際に球場に足を運ぶにせよ、ラジオに耳を傾けるにせよ、そこで展開されるゲームは、彼女の手持ちの情報あるいは参照可能となっている外部の情報によって肉付けされながら、より深みのある〈スポーツ空間〉を形作っているはずである。であるからこそ彼女は、たんに試合の結果を欲するだけでなく、「敗けたチームにひどく同情」したりもするのである。

この段落の冒頭に、「この斎藤夫人の造形は」とあるので、これ以降に、傍線部Cの「この主人公の女性の造形」についての説明が書かれているのだということがわかります。それによると、「斎藤夫人」は「スポーツ・ファンがどのように〈スポーツ空間〉を創り上げていたのか」を物語る存在なのだということです。斎藤夫人は、ラジオと新聞記事で「反復的」にゲームを享受することで、「より深みのある〈スポーツ空間〉」を構築していました。ですから、「主人公の女性」（＝斎藤夫人）の造形は、「反復的にゲームを享受することで、より深みのある〈スポーツ空間〉を創り上げている」という点で興味深いのだと言えます。

これを踏まえて、解答の根拠をまとめていきましょう。

STEP 4 解答の根拠をまとめる

「主人公の女性」（＝斎藤夫人）の造形が興味深いのは、以下の点によります。

【A】反復的にゲームを享受する
【B】より深みのある〈スポーツ空間〉を創り上げている

この【A】と【B】のポイントが正しく説明されている選択肢が正解になります。

STEP 5 解答する［選択肢を選ぶ］

正解は、②の「反復的なゲームの享受により、深みのある〈スポーツ空間〉を形成している点。」ですね。先ほど確認した【A】と【B】ポイントそのままですね。

他の選択肢も検討してみましょう。

①の「スポーツに対する感受性が強く、観戦もして相当な見識をもっている点。」は、主人公の女性の説明として間違ってはいません。しかし、主人公の女性の造形の興味深い点である「〈スポーツ空間〉の構築」を説明していないため、誤りとなります。

③も同様です。主人公の女性はたしかに「ラジオ」でも「新聞の記事」でも試合経過を確認しています

が、【B】のポイントである「〈スポーツ空間〉の構築」に触れられていないので、正解になりません。

④は、「想像力だけで試合の臨場感を夢想できる」という部分が【A】の説明として誤りです。主人公の女性は「球場での観戦」と「ラジオ」、そして「新聞記事」などの活字を用いています。

⑤には、「ラジオと活字の情報を冷静に使い分け」とありますが、「冷静に使い分けている」という説明は本文中にありませんでした。

今回の①や③のような選択肢には注意が必要です。**文章の中に書かれてはいるので、文章中でこの選択肢が誤りである根拠を探そうとしても見つけることができません。**このようなケースは、いわゆる「消去法」に頼ろうとすると、正しい答えが選べなくなってしまいます。ですから、**まずは「積極法」で考えるべき**なのです。

TIPS

「消去法」では見抜けない選択肢の誤りもある。だからこそ、まずは「積極法」で考える。

問4

サクッとわかる！

アクティブ・レクチャー

MOVIE

正しい解き方がわかる講義動画にアクセス！

K1-09

STEP 1 設問を確認する

傍線部D「本物の試合を、選手を見たいという欲求を、複製という存在自体が高める」とはどういう意味か。説明として最適なものを次の中から一つ選びなさい。

この問題も「どういう意味か」と問われていますので、問2や問3と同様に**傍線部の「内容」を説明する問題**です。続いて、傍線部を含む一文を分析していきましょう。

STEP 2 傍線部を含む一文を分析する［文の構造からポイントをつかむ］

D本物の試合を、選手を見たいという欲求を、《複製という存在自体が》（主部）高めるからである。

この一文の主部は「複製という存在自体が」ですね。そして、「複製」という言葉は、筆者が特殊な意味を込めて使っている**「個人言語」**です。ですから、本文でこの「複製」の意味を確認していく必要があります。「本物の試合」や「選手」を見たいという「欲求」が高まるという説明も合わせて確認していくために、第9〜13段落を見ていきましょう。

9 〈スポーツ空間〉の構築は、こうした複数の異なるメディアの異なる利用の乗算として現出する。そしてもちろん、その空間の構築には各種情報を掛け合わせていく、斎藤夫人のような能動的なオーディエンスが必要である。

10 ところが人々の欲望は、〈空間〉の構築と消費だけにとどまるわけではない。本物の試合を、選手を見たいという欲求を、《複製という存在自体が》高めるからである。

11 今日でも球場に足を運べば、目の前で試合が繰り広げられているにもかかわらず、ラジオを持ち込んで同時に聞いているファン（昨今では携帯式テレビもだろうか）をしばしば眼にする。

12 （なるほど、本物は見てみたい。）だが、その本物がいつも期待に違わぬ輝きを放っているとは限らない。球場にラジオを持ち運ぶファンは、本物であるはずの眼前のゲームを、その表象であり再現であり複製である媒介物なしには見られないのである。この風景は、《媒介》を経ない生のゲームがいかに冗漫かということを逆説的に証している。（攻守の交代は長く、選手は遠く、周囲の観客はうるさく、そして頭上には何もない空がそっけなく広がっている。）

13 アナウンサーの魔術が何であるのか、ここで気づくことができる。それは散漫な情景に色づけを施していく修辞と散漫さそのものを滅しさる消去である。そして本物のゲームを不可知なままにして伝達する隠蔽である。オーディエンスは、飾られ、冗漫さを消された複製品をもとに〈スポーツ空間〉を創る。熱狂はこの操作ゆえに加速するのであり、幻像は複製の向こうの本物が不可知であるがゆえに持続する。

第12段落に「球場にラジオを持ち運ぶファンは、本物であるはずの眼前のゲームを、その表象であり再現であり複製である媒介物なしには見られないのである」とあることから、「本物」が「ゲーム」であり、「複製」が「ラジオ中継」であることがわかります。

しかし、注意してください。第13段落には「オーディエンスは、飾られ、冗漫さを消された複製品をもとに〈スポーツ空間〉を創る」とあります。〈スポーツ空間〉のもととなるものは何でしたか？　第9段落を見ると、「複数の異なるメディアの異なる利用の乗算」だとわかります。「ラジオ」だけでなく、「異なるメディア」とのかけ算で〈スポーツ空間〉が構築されるのですから、「複製」とは「複数の異なるメディアからの情報」であると考えることができますね。

STEP 4 解答の根拠をまとめる

先ほどの STEP 3 でとらえた解答の根拠は、以下の通りです。

【A】「複製」（＝複数の異なるメディアからの情報）によって構築された〈スポーツ空間〉が
【B】「本物」（＝本物のゲーム）を見たいという欲求を高める

選択肢の中から、この【A】【B】のポイントを満たしているものを選んでいきましょう。

正解は、⑤の「複数のメディアのデータの蓄積により構築された物語が、本物を見たいという願望をかきたてる、ということ」です。【A】の『複製』＝複数の異なるメディアからの情報」というポイントと、【B】の『本物』＝本物のゲーム」というポイントがともに入っている選択肢はこれです。

①は、「蓄積された多くのデータに対する不満」が【A】の説明として誤りです。「不満」という内容は本文中にありませんでした。

②は、「リアルタイムによるラジオ中継のライブ性」が【A】の説明として不十分です。「複製」は「ラジオ中継」だけでなく「複数の異なるメディアからの情報」によるものでした。また、後半には「現実のゲームを見ることで増幅される」とありますが、本文では「複製を享受」→「本物を見たい」という因果関係が説明されていました。選択肢の説明だと、「本物を見る」→「複製をいっそう享受」となり、因果関係が逆であるため、誤りです。

③には「活字や写真データの不完全性」とありますが、【A】は「複数の異なるメディアからの情報」という点がポイントです。「不完全性」については本文で説明されていないので、誤りです。

④はまず、「複製はあくまでも虚像であるという限界」とありますが、【A】のポイントは、「複製」が「複数の異なるメディアからの情報」によるものであるという点です。「虚像」かどうかはここでは重要ではないので、【A】の説明として誤っています。また、後半には「受動的なオーディエンス」とありますが、〈スポーツ空間〉の構築には「能動的なオーディエンス」が必要であると説明されていた本文の内容と合い

ませんし、そもそも、【B】のポイントとずれているため、誤りだとわかります。

問5

サクッとわかる!
アクティブ・レクチャー
MOVIE
正しい解き方がわかる
講義動画にアクセス!
K1-10

STEP 1 設問を確認する

傍線部E「《媒介》を経ない生のゲームがいかに冗漫か」とはどういう意味か。説明として最適なものを次の中から一つ選びなさい。

この問題も「どういう意味か」と問われていますね。問2・問4と同じく、**傍線部の「内容」を説明する問題**です。

STEP 2 傍線部を含む一文を分析する［文の構造からポイントをつかむ］

〈この風景は〉、《媒介》を経ない生のゲームがいかに冗漫かということを逆説的に証している。

傍線部を含む一文の構造を分析します。まず、主部は「この風景は」ですね。ここから、この一文が「風景」について説明していることがわかりますが、「この」という**「指示語」**があるので、その内容を明らかにする必要があります。また、《媒介》と「生のゲーム」は筆者が特殊な意味を込めて使っている**「個人言語」**ですね。本文でこれらの言葉の意味を確認していきましょう。

STEP 3 解答の根拠をとらえる［周囲を見る］

11 今日でも球場に足を運べば、目の前で試合が繰り広げられているにもかかわらず、ラジオを持ち込んで同時に聞いているファン（昨今では携帯式テレビもだろうか）をしばしば眼にする。

12 （なるほど、本物は見てみたい。）だが、その本物がいつも期待に違わぬ輝きを放っているとは限らない。球場にラジオを持ち運ぶファンは、本物であるはずの眼前のゲームを、その表象であり再現であり複製である媒介物なしには見られないのである。〈この風景は〉、《媒介》を経ない生のゲームがいかに冗漫かということを逆説的に証している。（攻守の交代は長く、選手は遠く、周囲の観客はうるさく、そして頭上には何もない空がそっけなく広がっている。）

13 アナウンサーの魔術が何であるのか、ここで気づくことができる。それは散漫な情景に色づけを施していく修辞と散漫さそのものを滅しさる消去である。そして本物のゲームを不可知なままにして伝達する隠蔽である。オーディエンスは、飾られ、冗漫さを消された複製品をもとに〈スポーツ空間〉を創る。熱狂はこの操作ゆえに加速するのであり、F幻像は複製の向こうの本物が不可知であるがゆえに持続する。

まず、「この風景は」の「この」という指示語が指し示しているのは、第11段落の「目の前で試合が繰り広げられているにもかかわらず、ラジオを持ち込んで同時に聞いている」という光景だということがわかりました。「球場にラジオを持ち運ぶファンは、本物であるはずの眼前のゲームを、その表象であり再現であり複製である媒介物なしには見られない」とあることから、「本物」＝「眼前のゲーム（生のゲーム）」、「媒介物」＝「ラジオ中継（携帯式テレビ）」であることがわかりました。これは、**問4**でも確認した内容ですね。

それでは、《媒介》とは、いったい何なのでしょうか？ ヒントは「《媒介》を経ない生のゲーム」というところです。「冗漫」な「生のゲーム」に何らかの働きかけをするものが《媒介》なのですね。これをもとにして第13段落を見ていくと、「アナウンサーの魔術」によって、「散漫な情景」が「色づけ」され、「散漫さ」が「消去」され、「本物のゲーム」が「隠蔽」されることが述べられているので、この「アナウンサーの魔術」が《媒介》であるとわかります。

STEP 4 解答の根拠をまとめる

STEP 3 で確認したことをもとに、ポイントをまとめていきましょう。

【A】《媒介》＝アナウンサーの魔術
【B】「生のゲーム」＝散漫な情景

選択肢の中から、この【A】と【B】のポイントを満たしているものを選んでいきましょう。

STEP 5 解答する［選択肢を選ぶ］

正解は、④の「メディア情報やアナウンサーの魔術がない本物のゲームは、散漫でしまりがないものだ、という意味。」です。【A】の「《媒介》＝アナウンサーの魔術」というポイントと、【B】の『生のゲーム』＝散漫な情景」というポイントが、しっかり入っています。

①は、「ライブ性という本物のゲームの面白さは」という部分が【B】の説明として誤りです。「生のゲーム（＝本物のゲーム）」は「散漫」なのでしたね。

②は、「信頼性のあるデータを蓄積しなければ」という部分が【A】の説明として誤りです。ここでの《媒介》とは「アナウンサーの魔術」のことでした。

③には「生のゲームの方がリアルに楽しめる」とありますが、これは【B】の説明として誤りですね。「生のゲーム」は「散漫」だと感じられてしまうのでした。

⑤には、「粉飾されたデータ」とありますが、アナウンサーは散漫な情景に色づけを施していくのであり、データを粉飾しているわけではないので、これは【A】の説明として誤りです。

問6

サクッとわかる！
アクティブ・レクチャー
MOVIE
正しい解き方がわかる講義動画にアクセス！
K1-11

STEP 1
設問を確認する

傍線部F「幻像は複製の向こうの本物が不可知であるがゆえに持続する」とはどのような意味か。説明として最適なものを次の中から一つ選びなさい。

この問題は「どのような意味か」という問い方になっています。もちろんこれも**傍線部の「内容」を説明する問題**です。これまでの問題と同じように、まずは傍線部を含む一文を分析するところから始めていきましょう。

STEP 2 傍線部を含む一文を分析する［文の構造からポイントをつかむ］

◀主語〈熱狂は〉◀指示語 この操作ゆえに加速するのであり、F ◀主語〈幻像は〉複製の向こうの本物が不可知であるがゆえに持続する。

まずは、「熱狂は」と「幻像は」という主語に注目しましょう。すると、この一文は、スポーツの「熱狂」と「幻像」を話題にしているのだとわかります。特に「幻像」というのは筆者が特殊な意味を込めて使っている**「個人言語」**なので、その意味を明らかにする必要がありますね。

また、「この」操作とあるので、「この」という指示語が指し示す内容を明らかにするためにも、この傍線部Fを含む第13段落に視野を広げていきましょう。

STEP 3 解答の根拠をとらえる［周囲を見る］

13 アナウンサーの魔術が何であるのか、ここで気づくことができる。それは散漫な情景に色づけを施していく修辞と散漫さそのものを滅しさる消去である。そして本物のゲームを不可知なままにして伝達する隠蔽である。オーディエンスは、飾られ、冗漫さを消された複製品をもとに〈スポーツ空間〉を創る。◀主語〈熱狂は〉◀指示語 この操作ゆえに加速するのであり、F ◀主語〈幻像は〉複製の向こうの本物が不可知であるがゆえに持続する。

まず、「この操作」とは、「複製品をもとに〈スポーツ空間〉を創る」ことだということがわかりました。ここから、「〈熱狂は〉この操作ゆえに加速する」とは、「複製品によって〈スポーツ空間〉を創っていくと、スポーツへの熱狂が加速する」ということであるとわかります。

次に、「幻像」の意味を考えていきましょう。「〈幻像は〉複製の向こうの本物が不可知であるがゆえに持続する」と書かれていますが、「複製」とは**問4**でも確認した通り、「複数の異なるメディアからの情報」のことでした。ここから、「幻像」とは「複数の異なるメディアからの情報」によって創られる〈スポーツ空間〉のことであるということがわかります。

傍線部**F**では、「複製」つまり「複数の異なるメディアからの情報」によって、本物の姿が見えなくなっているからこそ、〈スポーツ空間〉は持続するのだと述べているのです。

STEP 4 解答の根拠をまとめる

これまでに確認したことを踏まえて、ポイントを整理していきましょう。

【A】「複製」によって＝「複数の異なるメディアからの情報」によって

【B】「幻像」が持続する＝〈スポーツ空間〉が持続する

このA【A】とB【B】のポイントが正しく説明されている選択肢が正解になります。

STEP 5 解答する［選択肢を選ぶ］

正解は、①の「スポーツ・ファンが複数メディアによって構築した仮想の物語は、本物の正体を隠蔽してしまうため、いつまでも終わることがない、ということ。」です。【A】の「複製」＝「複数の異なるメディアからの情報」というポイントと、【B】の「幻像」＝〈スポーツ空間〉というポイントが、ともに正しく入っています。

②には「粉飾された情報が数多くあり、それらに振り回されている」とありますが、これは【B】の説明として誤りです。本文には、「幻像」つまり〈スポーツ空間〉によってスポーツへの「熱狂」は「加速」するのだと書かれていました。スポーツ・ファンは「複数の異なるメディアからの情報」を使って能動的に〈スポーツ空間〉を構築しているので、「振り回されている」という説明は適切ではありません。

③は、「消極的なオーディエンスが観戦しなければ現実化されない」という部分が【B】の説明として誤りです。「能動的なオーディエンス」が「幻像」＝〈スポーツ空間〉を創るのでした。

④は、「スポーツ・ファンを幻惑させ続ける」という部分が【B】の説明として誤りです。本文の「幻像」とは、「複数の異なるメディアからの情報」によって創られる〈スポーツ空間〉という意味でした。一方、この選択肢にある「幻惑」とは、目先をまどわされるという意味で、能動的に〈スポーツ空間〉を構築するオーディエンスの姿の説明として正しくありません。

⑤は、「ファンは複数メディアの情報を信じて、さらに多くのデータを集めようとする」という部分は【A】の説明になっていますが、【B】のポイントがないので、誤りです。

今回の問1〜問6の問題は、すべて**傍線部の「内容」を説明する問題**でしたね。**「指示語」「比喩表現」「個人言語」**は、その「内容」が問われることが多いので、読解の際にも特に注意しておくようにしましょう。

TIPS

「指示語」「比喩表現」「個人言語」は、その「内容」が問われることが多い。

問題1　解答

問1　⑤
問2　④
問3　②
問4　⑤
問5　④
問6　①

第1講

要点整理

TIPS

「どういうことか」という問題は、「指示語」「比喩表現」「個人言語」などを、わかりやすく言い換えることができるかどうかを試している。

……本冊20ページ

TIPS

「変化」の説明では、変化前と変化後に注意しながら内容をまとめる。

……本冊31ページ

TIPS

「差異」の説明では、それぞれの内容を対比して並べる。

……本冊36ページ

TIPS

「消去法」では見抜けない選択肢の誤りもある。だからこそ、まずは「積極法」で考える。

……本冊58ページ

TIPS

「指示語」「比喩表現」「個人言語」は、その「内容」が問われることが多い。

……本冊71ページ

第2講 傍線部の「理由」を説明する問題

サクッとわかる!

ダイジェスト・レクチャー

MOVIE

重要ポイントを
ギュッと凝縮した
講義動画にアクセス!

K2-01

LECTURE

「なぜか」と問われたら、何をすればいいの？

TIPS

「なぜか」という問題では、傍線部の「根拠(＝理由)」を探して、「飛躍」を埋めるための説明を完成させる。

今回は、**「なぜか」と問われている問題**について、その解き方を解説していきます。「なぜか」と問われているので、**傍線部の「理由」を説明することが求められている**のですね。

論理的文章は、筆者が自分の意見を伝えるために書くものです。ですから、「筆者の主張」をしっかりと確認しながら読んでいく必要があります。

ただし、この「筆者の主張」は、世の中の大多数の人が持っている考え方とは異なるものであることがほとんどです。これはなぜかというと、世の中の大多数の人が考えていることと同じことを主張しても、「その通りだね」と思われるだけだからです。これでは、わざわざ文章にして発表する意味がありませんね。そのため、**論理的文章の中で述べられている「筆者の主張」は、読んでいる人からすると、「え？**

本当にそうなの？」という疑問が出てくるものが多いのです。

たとえば、「東大に合格するのは、簡単だ」という主張があったとしましょう。一般的には「東大に合格するのは、難しい」と思われているので、この「東大に合格するのは、簡単だ」という主張は一般的な考えとは異なっていると言えます。ですから、この主張に対して、多くの人は「え？なんで？」という疑問を持つでしょう。これは、「東大に合格する」と「簡単だ」の間がつながっておらず、そこに**「飛躍」**があるからです。

この「飛躍」をそのままにしていては、読んでいる人を納得させることはできないので、この疑問を解決するために説明を追加する必要があります。たとえば、「東大に合格するには」↓「二次試験で六割程度得点すればよい」↓「それは自分が解ける問題だけを確実に取れば十分に達成できる」↓「だから簡単だ」と説明すれば、「そういうことか」と納得してもらえそうです（もちろん、そのためにコツコツ勉強することが必要なのは言うまでもありませんが）。

話をもとに戻しましょう。

論理的文章の筆者は、世の中の多くの人が持っている考えとは異なることを主張しようとするのでした。しかし、世の中の一般的な考え方とは異なる主張には「飛躍」があるため、読んでいる人は「疑問」を持ちます。筆者は自分の主張を理解してもらうために、「飛躍」を埋める説明をします。この「飛躍」を埋めるための説明を**「根拠」**と言います。

「なぜか」と問われている問題では、**「根拠」→「主張」のつながりを正しくつかむ力**が試されているのですが、難しく考える必要はありません。「根拠」とは、「○○だから」「△△なので」などの説明のことなので、要するに**「理由」**ですね。ですから、「なぜか」と問われている問題では、この「理由」を探していけばよいのです。

それでは、ここからは「なぜか」と問われている問題を解く手順をお話ししていきましょう。

「なぜか」という問題、つまり**傍線部の「理由」を説明する問題**は、以下の手順で解いていきます。

STEP 1 設問を確認する
STEP 2 傍線部を含む一文を分析する［文の構造からポイントをつかむ］
STEP 3 解答の根拠をとらえる［周囲を見る］
STEP 4 解答の根拠をまとめる
STEP 5 解答する［選択肢を選ぶ］

もうお気づきですね。この手順は、傍線部の「内容」を説明する問題とまったく同じです。ですから、同様の手順で解いていけばよいのですが、「どういうことか」と問われているときと「なぜか」と問われているときとでは、**本文で探していくものが少し違います。**今からそれを詳しく説明していきます。

STEP 1 設問を確認する

「なぜか」「なぜこのように言えるのか」などと問われているものは、傍線部の「理由」を説明する問題です。もっとストレートに**「傍線部の理由として最もふさわしいものを次の中から選びなさい」**と書かれている場合もあります。

STEP 2 傍線部を含む一文を分析する［文の構造からポイントをつかむ］

傍線部を含む一文の分析では、まず「主語（主部）↓述語（述部）」「修飾語（修飾部）↓被修飾語（被修飾部）」といった**「係り受け」**に注目しましょう。この文の構造にそって**「飛躍」**をとらえることになります。

そして、「飛躍」の分析では**「A↓X（AならばX）」**という形に整理して考えていくとよいでしょう。**「A」は「前提」**で、**「X」は「帰結」**です。傍線部の「理由」を説明する問題では、多くの場合、「X（帰結）」の部分に傍線が引かれています。ですから、それに対応する「A（前提）」を見つけ、どのような「飛躍」があるのかを確認していくようにしましょう。

STEP 3 解答の根拠をとらえる［周囲を見る］

続いて、視野を広げながら、「A（前提）」と「X（帰結）」の間にある「飛躍」を埋めるための**「根拠」**つまり**「理由」**を本文で探していきます。

じつは、ここが傍線部の「内容」を説明する問題と違っている点です。傍線部の「内容」を説明する問題では、傍線部の表現を言い換えている箇所を探していきましたが、傍線部の「理由」を説明する問題では、**傍線部の根拠となる箇所**を探していきます。探すものを間違えてしまうと致命的ですので、この違いをしっかり頭に入れておいてください。

そして、「理由」を探していくときには、いきなり離れたところを見るのではなく、「近くから遠くへ」と目を動かしていくようにしましょう。

STEP 4 解答の根拠をまとめる

本文で「理由」をとらえることができたら、**ポイントを整理しましょう**。「X（帰結）」につながる「理由」は、一つの場合もあれば、二つ三つある場合もあります。もし選択肢が選びきれないようなことがあったら、「理由」をつかみきれていない可能性がありますので、STEP 1～STEP 3をやり直すようにしましょう。

STEP 5 解答する［選択肢を選ぶ］

最後に、正解のポイントを参照しながら**選択肢を選びましょう**。もちろん、傍線部の「理由」を説明する問題でも、**まずは「積極法」で考えていく**のが基本です。

それでは、［問題2］でその方法を具体的に確認していきましょう。

読み方

第一意味段落（第1～4段落）

サクッとわかる！
アクティブ・レクチャー
MOVIE
正しい読み方がわかる講義動画にアクセス！
K2-02

さっそく、第1段落から見ていきます。

1 ◀エピソード（わたしは仕事の都合上しばしばイタリアに行くが、いつも感じるのは、美術鑑賞の本拠地と思われているかの国では、ミュージアムは意外に少ない、というか重要ではない、A ということである。ミュージアムに収められていない遺跡、建築、美術であふれており、それがこの国の文化的豊かさを証しているように思われる。ミュージアムを必要としないということは、モノが本来の環境で生きているということだ。「街自体が博物館」という惹句《じゃっく》をよく聞くが、街が歴史的なモノや環境をよく保存しているということであり、同時に、街が時代に乗り遅れて現代的な活力を失っているということでもある。）

イタリアでの**「エピソード」**から始まり、イタリアで筆者が感じたことが述べられています。イタリアは美術鑑賞の本拠地と思われていますが、そのイタリアではミュージアムは重要ではないということです。「イタリアは美術鑑賞の本拠地だ」と「イタリアではミュージアムは重要ではない」の間には**「飛躍」**がありますね。ということは、この後、筆者はこの「飛躍」を埋めるための説明（＝論証）をするはずです。**「飛躍」を見つけたら、その「理由」を探しながら読んでいく**ようにしましょう。

TIPS
「飛躍」は論証の合図。「理由」を探しながら読んでいく。

この段落を読んでいくと、「街が歴史的なモノや環境をよく保存している」ため、「ミュージアム」に収めて保存する必要がないのだということがわかります。

2 （モノが、保存や展示のために博物館・美術館に送られるのは仕方のない場合がある）が、モノ本来の場所に残して見せてくれる方が望ましい。

譲歩

第2段落には、「筆者の主張」がまとめられています。筆者は、美術品などのモノは「モノ本来の場所に残して見せてくれる方が望ましい」と考えています。

3 （たとえば宗教美術の場合、保存や防犯のために美術館に移され、収蔵・修復されて展示されることが多いが、本来の場所である教会で見る方が生き生きと見える。美術館の方が照明も明るく、きちんとしたキャプションもあって他の展示品との関係から美術史的な位置づけもよくわかる一方、教会の祭壇に飾られている絵は薄暗くてよく見えず、キャプションも説明もないが、その場合の方が観者に雄弁に語りかけてくれるのは間違いない。香が立ち込め、聖歌が流れ、老婦人が一心に祈る薄暗い宗教空間にあってこそ、それは生きるのである。美術館に収蔵・展示された宗教美術は、祈りの対象という本来の文脈を剥奪されて美術史や文化史の体系に無理に組み込まれた一種の標本になってしまっているのだ。しかも、画家は通常、作品がどのような明るさで、どのくらいの高さに設置されるか、観者はどの地点からそれを見るのか、などについて考慮しながら制作するため、当初の空間にある方が美術館の明るい空間よりもよく見えるのが当然である。）

具体例　指示語　B

第3段落は「筆者の主張」を裏付ける**「具体例」**として「宗教美術」が挙げられています。「宗教美術」

も、本来の場所である「教会」で見る方が生き生きと見えると筆者は考えています。

4 ◀具体例（イタリアでも最近は、祈りの場である教会が美術鑑賞の重要なスポットであることを認識し始めたのか、教会自体をミュージアムに再編成する傾向が進んでいる。多くがすでに教会の機能を果たさなくなったものだが、入場料をとって拝観させるのだ。当初設置された環境のなかで作品を見ることができるので、ミュージアムのなかで見るよりはよいが、祈りの場という機能を喪失したため、香や聖歌や祈る人の姿などはなく、何かが足りないように感じられる。ただ、開館時間もはっきりし、計画的に見学できるので旅行者にとってはありがたい。先日ナポリを訪れたのだが、いくつもの教会が整備されてミュージアム化されており、道案内の看板まであった。かつてのわかりにくさと観光客をはねつけるような無表情さを思い起こすと、隔世の感があった。しかも昔から何度訪れても閉まっていた教会ばかりであり、今回六度目にしてやっと見ることのできた教会もあって嬉《うれ》しかった。）

第4段落では、「教会」での展示について、さらに詳しい**「具体例」**を追加しています。「ミュージアム化」された教会は「祈りの場という機能」を失っているので、物足りなさは感じるものの、かつては中に入ることすらかなわなかったので、それに比べればありがたいというのが、筆者の思いです。

ここまでが第一意味段落ですが、**「具体例」**が多かったので、「具体例」そのものではなく、**「筆者の主張」**のほうに注目して、内容をまとめておきましょう。

第一意味段落（第1～4段落）まとめ

筆者の主張

美術品は、ミュージアムに収めるよりも「モノ本来の場所」にある方が生き生きとして見える

続いて、第二意味段落を読んでいきましょう。

第二意味段落（第5～6段落）

サクッとわかる！
アクティブ・レクチャー
MOVIE
正しい読み方がわかる
講義動画にアクセス！
K2-03

5 保存や防犯上の理由で本来の文脈に置いておくのが無理で、どうしてもミュージアムに移送する必要がある場合には、本来の場所にレプリカを置いておくというやり方もよいだろう。屋外の遺跡などで一般的におこなわれている手法だが、現在の技術によるレプリカは精巧なので指摘されなければわからないものもある。

第5段落には、美術品を本来の場所に置いておけない場合には「本来の場所にレプリカを置いておくというやり方もよい」という**「筆者の主張」**が書かれています。

6 （マルタ島の世界遺産である巨石遺跡をめぐったとき、神殿の内部に豊穣《ほうじょう》の女神像を見つけ、その力強いフォルムや生命力に打たれたことがあった。しかし、その後、首都ヴァレッタにあるマルタ国立考古学博物館を訪れると、同じ女神像がケースのなかに展示してあり、先ほど見たのがレプリカだったのに気づかされた。しかも遺跡のなかにあったものはかなり復元されており、本物はもっと損傷が激しいものであることもわかった。しかし、裏切られたという気持ちはなく、たとえレプリカであっても、あの遺跡のなかで、自然環境のなかでその像を見ることができてよかったと思ったものである。）大事なのは、ミュージアムの文脈だけでモノを見ないで、当初の環境のなかでとらえることであろう。（もっとも、マルタの巨石神殿群は土中から掘り起こされた遺跡であり、現在はいずれも屋外ミュージアムとして入場料をとって見せるようになっている。）にもかかわらず、そしてそのなかの彫像や祭壇のいくつかがレプリカに置き換えられていようとも、青い海を見下ろし、黄色い花が咲き乱れる自然も含めて環境がそのまま保存されているのが貴重なことである。親切な解説パネルとともに出土品の多くが展示されている国立考古学博物館は、こうした遺跡を補完する資料庫にして情報センターにすぎない。

◀エピソード・具体例
◀譲歩

第6段落では、「本来の場所にレプリカを置いておくというやり方」の**「具体例」**として、「マルタ島の世界遺産である巨石遺跡をめぐったとき」という**「エピソード」**が説明されます。これらの「具体例」と

「エピソード」を通して、筆者はモノを「当初の環境のなかでとらえること」が大事だと主張しています。

第二意味段落は、**「具体例」**と**「エピソード」**が大半を占めていたので、それらを通して述べられているる**「筆者の主張」**を見落とさないようにすることが大切でした。内容を整理しておきましょう。

第二意味段落（第5～6段落）まとめ

筆者の主張

- **本来の場所にレプリカを置いておくというやり方もよい**
- **モノを当初の環境のなかでとらえることが大事だ**

続いて、第三意味段落に進みます。

第三意味段落（第7～8段落）

サクッとわかる！
アクティブ・レクチャー
MOVIE
正しい読み方がわかる講義動画にアクセス！
K2-04

7 では、一般的な箱もののミュージアムは、保存・修復という守りの側面以外の意味はないものだろうか。ミュージアムは、本来の環境が失われてしまったモノや、出所不明のモノを収容する役割を担っている。故郷を喪失し、当初の意味を失ったモノはミュージアムの展示室にこそ安住の地を見出《みいだ》すのだ。「博物館行き」というのは役に立たぬ骨董《こっとう》を指すのに用いるが、「博物館はモノの墓場である」といういいまわしもよく聞く。ミュージアムにあるモノは死物《しぶつ》であり、ミュージアムは墓場にほかならないが、それゆえに独特の雰囲気が生まれるのである。墓場や霊廟《れいびょう》には、宗教施設特有の厳粛な空気と緊張感が漂っているが、よいミュージアムには必ずそれがある。墓地は死者と対話し瞑想《めいそう》する場であるが、ミュージアムも死んだモノを弔うことから、墓地としての空気が生じ、祀《まつ》られたモノがそこで永遠の命をえるといえないだろうか。そもそも芸術は死と結び付いており、あらゆる芸術作品は死を扱ったものと見ることができる。また、芸術とは畢竟《ひっきょう》、宗教と等しいものであるため、C博物館や美術館が墓場に類似するのは当然なのである。（一八三〇年、ベルリンでシンケルがヨーロッパ最初の美術館のひとつアルテス・ムゼウムを建てたとき、内部をパンテオンに模した空間としたのは、それが美術作品の霊廟であるという認識からであった。）

◀問題提起　◀問題提起　◀指示語　◀具体例

第7段落の冒頭に**「では」**という転換の接続表現があることに注目しましょう。第5～6段落では、美術品を当初の環境のなかでとらえることの意義が説明されていましたが、ここからは、「一般的な箱もののミュージアムは、保存・修復という守りの側面以外の意味はないものだろうか」という**「問題提起」**によって、美術品がミュージアムにあることの意義が説明されていきます。「本来の環境」が失われてしまっ

たモノはミュージアムに収められ、「死物」としてのモノを収めるミュージアムには墓場と似た「厳粛な空気と緊張感」が漂います。また、「芸術」は「死」や「宗教」と結び付いていることからも、博物館や美術館には、墓場に似た雰囲気が生まれるのです。

---

8 （◀具体例・譲歩 近年、各種イベントやミュージアムショップ、レストランなどによってミュージアムを開放して親しませようとする試みがさかんである。それは、ミュージアムを都市の文脈に適合させることであって、大都市にあるミュージアムはその方向で活動したらよいだろう。）しかし、あらゆるミュージアムがその方向を目指す必要はないと思う。デパートのように騒がしくなることがミュージアムの活性化につながると考えるのは間違っている。そんなうわべの活性化よりも、死者の声に耳を傾けることができるよう、静謐《せいひつ》な空間を作り出すほうが大事である。墓場にはそれにふさわしい澄み切った静穏な空気が要求される。モノの霊場としての荘厳な雰囲気、つまり宗教性にも似たものこそが、ミュージアムに永続的な生命を与えるのではなかろうか。（◀譲歩 ミュージアムはもう終わったのではないか、という疑念をよく聞く）が、ある種の廃墟《はいきょ》が美しいように、D 終わったものだからこそ生き続けると言えよう。

第8段落では、まず「ミュージアム」を「都市の文脈」に合わせて市民に親しませる方向も示されますが、すべてがそうなる必要はないと筆者は主張します。そのような「うわべの活性化」よりも、「墓場」「霊場」のような宗教的な雰囲気の方が「ミュージアム」にとっては大事であり、そうすることで「ミュージアム」は残り続けるのだと筆者は考えています。

このように、第三意味段落では「ミュージアム」が残り続ける理由を**「論証」**しています。**「最終的な筆者の主張」につながる部分は、特にていねいに「根拠」を押さえていくようにしましょう。**

TIPS 「最終的な筆者の主張」につながる部分は、ていねいに「根拠」を押さえる。

以下に、第三意味段落の内容をまとめておきます。

第三意味段落(第[7]～[8]段落)まとめ

根拠

①ミュージアムには本来あるべき場所を失った「死物」が収められる

②「芸術」は「死」や「宗教」と結び付いている

←

筆者の主張

ミュージアムには墓場のような宗教施設特有の厳粛な空気と緊張感が漂う

←

最終的な筆者の主張

モノの霊場としての荘厳な雰囲気をもつことで、ミュージアムは永遠に生き続ける

それでは、文章全体の流れを確認していきましょう。

文章の全体像

サクッとわかる!
アクティブ・レクチャー
MOVIE
正しい読み方がわかる講義動画にアクセス!
K2-05

第一意味段落（第1～4段落）……話題・主張

筆者の主張

美術品は、ミュージアムに収めるよりも「モノ本来の場所」にある方が生き生きとして見える

第二意味段落（第5～6段落）……主張

筆者の主張

- 本来の場所にレプリカを置いておくというやり方もよい
- モノを当初の環境のなかでとらえることが大事だ

第三意味段落（第7〜8段落）……最終的な主張

根拠

①ミュージアムには本来あるべき場所を失った「死物」が収められる

②「芸術」は「死」や「宗教」と結び付いている

←

筆者の主張

ミュージアムには墓場のような宗教施設特有の厳粛な空気と緊張感が漂う

←

最終的な筆者の主張

モノの霊場としての荘厳な雰囲気をもつことで、ミュージアムは永遠に生き続ける

本来の環境に置くことができるのであればそのようにしたほうがよいのですが、「本来の環境」を失ってしまった美術品はミュージアムに収められることになります。それにより、ミュージアムはモノの霊場としての荘厳な雰囲気をもち、永遠に「生き続ける」ことができるのです。

筆者はこのことを述べるために、第一意味段落と第二意味段落で美術品が「本来の場所」にあることの意義を説明していたのですね。

解き方

問1

サクッとわかる！
アクティブ・レクチャー
MOVIE
正しい解き方がわかる講義動画にアクセス！
K2-06

STEP 1 設問を確認する

傍線部Ａ「重要ではない」とあるが、筆者がそのように考える理由として最も適当なものを、次の中から一つ選びなさい。

この問題は、**傍線部の「理由」を説明する問題**ですね。「筆者がそのように考える理由」を問われているので、主張の**「根拠」**が求められているということがわかります。まずは、傍線部を含む一文を分析していきましょう。

STEP 2 傍線部を含む一文を分析する［文の構造からポイントをつかむ］

わたしは仕事の都合上しばしばイタリアに行くが、いつも感じるのは、美術鑑賞の本拠地と思われているかの国では、〈ミュージアムは〉◀主語 意外に少ない、というか重要ではない（A）、ということである。

傍線部Aの直前に「ミュージアムは」とあるので、「ミュージアム」が話題になっているのだということがわかりますが、「〈ミュージアムは〉↓重要ではない」という説明には**「飛躍」**がありますね。

イタリアは「美術鑑賞の本拠地と思われている」わけですから、当然「ミュージアム」は重要であるはずですが、ここでは「重要ではない」と書かれています。**「理由」を説明する問題では、このように「つながらない」部分に注目していくと、「飛躍」に気づくことができます。**

この「飛躍」を埋めるために、傍線部Aが含まれる第1段落全体に視野を広げていきましょう。

STEP 3 解答の根拠をとらえる［周囲を見る］

1 （◀エピソード わたしは仕事の都合上しばしばイタリアに行くが、いつも感じるのは、美術鑑賞の本拠地と思われているかの国では、ミュージアムは意外に少ない、というか重要ではない（A）、ということである。ミュージアムに収められていない遺跡、建築、美術であふれており、それがこの国の文化的豊かさを証しているように思われる。ミュージアムを必要としないということは、モノが本来の環境で生きているということだ。「街自体が博物館」という惹句《じゃっく》をよく聞くが、街が歴史的なモノや環境をよく保存しているということであり、同時に、街が時代に乗り遅れて現代的な活力を失っているということでもある。）

「美術鑑賞の本拠地」である「イタリア」では、「ミュージアムに収められていない遺跡、建築、美術であふれて」おり、「街が歴史的なモノや環境をよく保存している」のだと説明されています。このように、「街自体が博物館」になっていれば特別にミュージアムが必要とされることはありません。ゆえに、「ミュージアムは重要でない」と言えるのです。

ちなみに、第1段落の最後の「街が時代に乗り遅れて現代的な活力を失っている」という部分もイタリアの説明ではありますが、「ミュージアムは重要でない」こととは関係がないので、ここは解答の根拠とはなりません。このように、**本文に書いてあっても「帰結」につながらない部分は「根拠」にはならないので、注意しましょう。**

TIPS

「帰結」につながらない部分は「根拠」にはならない。

STEP 4

解答の根拠をまとめる

先ほど STEP 3 で確認したことをもとに、解答のポイントをまとめます。

【A】**街が歴史的なモノや環境をよく保存している（＝街自体が博物館）**
【B】**ミュージアムを必要としない**

これを踏まえて、選択肢を選んでいきましょう。

STEP 5 解答する［選択肢を選ぶ］

正解は、④の「イタリアでは、本来的な形で歴史的なモノや環境がよく保存されており、ミュージアムのような施設に入れる必要がないから。」です。【A】と【B】のポイントがともに入っています。

他の選択肢を検討してみましょう。

①には「街中でも美術品の保存や防犯について徹底した管理が行われている」とありますが、街中で美術品の保存や防犯について徹底した管理が行われているわけではないので、今回とらえた【A】のポイントを正しく説明できていないことがわかります。そのため、誤りです。

②には「ミュージアムには文化的豊かさを証するものは収められていないという考えが浸透しており」とありますが、これは今回とらえたポイントとは違うため、誤りです。

③の「それぞれの街の歴史や環境といった文脈の中に芸術品があることを重んじている」は、これ以降の部分で筆者はそのように考えていましたが、今回とらえた【A】「街全体が博物館」だから【B】「ミュージアムを必要としない」という根拠からずれているので、誤りです。

問2

サクッとわかる！
アクティブ・レクチャー
MOVIE
正しい解き方がわかる講義動画にアクセス！
K2-07

STEP 1 設問を確認する

傍線部B「その場合の方が観者に雄弁に語りかけてくれるのは間違いない」とあるが、筆者がそのように考える理由として最も適当なものを、次の中から一つ選びなさい。

これも**問1**と同様に、**傍線部の「理由」を説明する問題**です。さっそく、傍線部を含む一文を分析していきましょう。

STEP 2 傍線部を含む一文を分析する［文の構造からポイントをつかむ］

美術館の方が照明も明るく、きちんとしたキャプションもあって他の展示品との関係から美術史的な位置づけもよくわかる **一方**、教会の祭壇に飾られている絵は薄暗くてよく見えず、キャプションも説明もないが、B**その**場合の方が観者に雄弁に語りかけてくれるのは間違いない。

◀指示語

まずは、「一方」という言葉に注目しましょう。「一方」の前には「美術館の方が照明も明るく、きちんとしたキャプションもあって他の展示品との関係から美術史的な位置づけもよくわかる」とあり、これは美術館での展示についての説明です。そして、「一方」の後には「教会の祭壇に飾られている絵は薄暗くてよく見えず、キャプションも説明もないが、その場合の方が観者に雄弁に語りかけてくれるのは間違いない」とあり、これは教会に美術品があるケースの説明です。傍線部Bは、「一方」の後の部分にありますね。

次に、傍線部Bには「その場合」とあるので、「その」という指示語が指し示している内容を確認します。すると、「その場合」とは、絵が「薄暗くてよく見えず、キャプションも説明もない」教会の祭壇に飾られている場合のことであるとわかります。

そんなあまりよいとは言えない環境に絵があるほうが「雄弁に語りかけてくれる」という主張には**「飛躍」**がありますね。ということで、この「飛躍」を埋める**「根拠」**を探すために、第3段落を見ていきましょう。

3 （具体例 たとえば 宗教美術の場合、保存や防犯のために美術館に移され、収蔵・修復されて展示されることが多いが、本来の場所である教会で見る方が生き生きと見える。美術館の方が照明も明るく、きちんとしたキャプションもあって他の展示品との関係から美術史的な位置づけもよくわかる 一方、教会の祭壇に飾られている絵は薄暗くてよく見えず、キャプションも説明もないが、B 指示語 その 場合の方が観者に雄弁に語りかけてくれるのは間違いない。香が立ち込め、聖歌が流れ、老婦人が一心に祈る薄暗い宗教空間にあってこそ、それは生きるのである。美術館に収蔵・展示された宗教美術は、祈りの対象という本来の文脈を剥奪されて美術史や文化史の体系に無理に組み込まれた一種の標本になってしまっているのだ。しかも、画家は通常、作品がどのような明るさで、どのくらいの高さに設置されるか、観者はどの地点からそれを見るのか、などについて考慮しながら制作するため、当初の空間にある方が美術館の明るい空間よりもよく見えるのが当然である。）

10行目の「本来の場所である教会で見る方が生き生きと見える」という部分が筆者の主張ですね。そして、「本来の場所」とはどういう場所なのかと考えていくと、それは「宗教空間」であり、宗教美術は祈りの対象だったのだということがわかります。

これをもとにして、解答の根拠をまとめていきましょう。

STEP 4 解答の根拠をまとめる

【A】宗教美術は祈りの対象である
【B】本来の場所である宗教空間で見る方が生き生きと見える

以上の二点を踏まえて、選択肢を確認していきます。

STEP 5 解答する［選択肢を選ぶ］

正解は、①の「祈りの対象という本来の文脈である宗教空間の中にあってこそ、宗教美術が生き生きと存在しうるから。」です。【A】と【B】のポイントがしっかり入っていますね。

他の選択肢を検討してみましょう。

②は、「信仰の対象である宗教美術を、明るい照明の下で見ることは禁じられており」という説明が本文にないため、誤りです。

③は、「創作者のメッセージを受け取ることができる」という部分が【B】の説明として誤っています。

④は、「信仰心をもってそこを訪問した者にのみ、その美術品が語りかけてくる」という説明が本文にないため、誤りです。

問3

サクッとわかる!
アクティブ・レクチャー

MOVIE
正しい解き方がわかる講義動画にアクセス!

K2-08

STEP 1 設問を確認する

傍線部C「博物館や美術館が墓場に類似するのは当然なのである」とあるが、筆者がそのように考える理由として最も適当なものを、次の中から一つ選びなさい。

「筆者がそのように考える理由」が問われているので、これも**問1・問2**と同様に、**傍線部の「理由」を説明する問題**ですね。これまでと同様に、傍線部を含む一文を分析するところから始めます。

STEP 2 傍線部を含む一文を分析する［文の構造からポイントをつかむ］

また、芸術とは畢竟《ひっきょう》、宗教と等しいものであるため、C ◀主部 《博物館や美術館が墓場に類似するのは》当然なのである。

まず、傍線部Cの主部が「博物館や美術館が墓場に類似するのは」であることがわかりました。傍線部Cは「博物館や美術館が↓墓場に類似するのは↓当然なのである」という説明になっていますが、「博物館や美術館」が「墓場」に似ていると言われても、「え?」と思ってしまいますね。ここには**「飛躍」**があるのです。そのため、この「飛躍」を埋めていく必要があります。ここより前の部分に注目して、「博物館や美術館」が「墓場」に似ていると言える理由を探していきましょう。

STEP 3 解答の根拠をとらえる［周囲を見る］

墓地は死者と対話し瞑想《めいそう》する場であるが、ミュージアムも死んだモノを弔うことから、墓地としての空気が生じ、祀《まつ》られたモノがそこで永遠の命をえるといえないだろうか。そもそも芸術は死と結び付いており、あらゆる芸術作品は死を扱ったものと見ることができる。また、芸術とは畢竟《ひっきょう》、宗教と等しいものであるため、博物館や美術館が墓場に類似するのは当然なのである。

「墓地は死者と対話し瞑想する場であるが、ミュージアムも死んだモノを弔うことから、墓地としての空気が生じ、祀られたモノがそこで永遠の命をえるといえないだろうか」という箇所に注目しましょう。「ミュージアムも」と書かれていて、副助詞の**「も」**が用いられています。「も」は「同類の一つ」を表すので、ここに**「類似」**の説明があると考えることができます。「墓地」は「死者」を弔う場で、「ミュージアム」は「死んだモノ」つまり「故郷を喪失し、当初の意味を失ったモノ」を弔う場です。このように、「死んだモノを弔う場所である」という点で、「墓地」と「ミュージアム」は似ていると言えるのですね。

STEP 4 解答の根拠をまとめる

先ほど STEP 3 で確認したことをもとに、解答のポイントをまとめていきましょう。

【A】墓地は、死者と対話し瞑想する場である
【B】ミュージアムは、故郷を喪失し、当初の意味を失ったモノ（＝死んだモノ）を弔う場である

これをもとに、選択肢を確認していきます。

STEP 5 解答する［選択肢を選ぶ］

正解は、③の「墓所が死者の声に耳を傾け瞑想する場所であるように、美術館や博物館も故郷を失い当初の意味を失ったモノを弔う場所であるから。」です。前半が【A】のポイントの説明に、後半が【B】のポイントの説明になっていますね。

他の選択肢を検討してみましょう。

①には「将来その価値が認められるモノ」とありますが、これは【B】の説明として誤りです。

②は、「街全体を美術館とすることで聖地として再生しうる点が似ている」が「類似」の説明として誤りです。「墓地」と「ミュージアム」は死んだものを弔う場所であるという点で似ているのでした。

④には「自然と外観が似たものになる」とありますが、「外観」が似ているわけではないので、「類似」の説明が誤っています。

問4

サクッとわかる!
アクティブ・レクチャー
MOVIE
正しい解き方がわかる
講義動画にアクセス!
K2-09

STEP 1 設問を確認する

傍線部D「終わったものだからこそ生き続ける」とあるが、その説明として最も適当なものを、次の中から一つ選びなさい。

この問題は、［第1講］で学んだ**傍線部の「内容」を説明する問題**です。「内容」を説明する問題でも手順は同じです。まずは傍線部を含む一文を分析していきましょう。

STEP 2 傍線部を含む一文を分析する［文の構造からポイントをつかむ］

（◀譲歩 ミュージアムはもう終わったのではないか、という疑念をよく聞く）［が］、ある種の廃墟《はいきょ》が美しいように、D 終わったものだからこそ生き続けると言えよう。

一文の前半部分は**「譲歩」**のカタチなので、重要なのは傍線部D「終わったものだからこそ生き続ける」を含む後半ですね。「終わった」のに「生き続ける」とは、一見すると矛盾しているように思えますね。しかし、ここで筆者はあえて矛盾する内容を並べることで、自分の意見を主張しています。このように、一見矛盾しているような内容によって一面の真理を言い表すことを**「逆説」**といいます。この表現に込められた「筆者の主張」をつかんでいきましょう。

STEP 3 解答の根拠をとらえる［周囲を見る］

8 （◀具体例・譲歩 近年、各種イベントやミュージアムショップ、レストランなどによってミュージアムを開放して親しませようとする試みがさかんである。それは、ミュージアムを都市の文脈に適合させることであって、大都市にあるミュージアムはその方向で活動したらよいだろう。）しかし、あらゆるミュージアムがその方向を目指す必要はないと思う。デパートのように騒がしくなることがミュージアムの活性化につながると考えるのは間違っている。そんなうわべの活性化よりも、死者の声に耳を傾けることができるよう、静謐《せいひつ》な空間を作り出すほうが大事である。墓場にはそれにふさわしい澄み切った静穏な空気が要求される。モノの霊場としての荘厳な雰囲気、つまり宗教性にも似たものこそが、ミュージアムに永続的な生命を与えるのではなかろうか。◀譲歩（ミュージアムはもう終わったのではないか、という疑念をよく聞く）が、ある種の廃墟《はいきょ》が美しいように、D終わったものだからこそ生き続けると言えよう。

「終わったもの」とは、もちろん「ミュージアム」のことです。「ミュージアム」は「モノの霊場」として、行き場を失った「死物」を収めている場所なのでしたね。そこは「死者」の声に耳を傾けることができる「静謐な空間」で、「荘厳な雰囲気」が漂います。そういう場であるがゆえに、「永続的な生命」が与えられるのだと筆者は考えているのです。これが「生き続ける」の意味ですね。まとめると、「ミュージアムは、死んだモノの声に耳を傾けることができる静謐な空間であるがゆえに、永続的な生命が与えられる」ということになります。

これを踏まえて、解答のポイントを整理していきましょう。

STEP 4 解答の根拠をまとめる

【A】ミュージアムは、死んだモノの声に耳を傾けることができる「静謐な空間」である
【B】（それゆえ）永続的な生命が与えられる

この二つのポイントを正しく説明できている選択肢が正解になります。

STEP 5 解答する［選択肢を選ぶ］

正解は、③の「モノが本来あるべき場所から切り離されて死物としてミュージアムに収められたとしても、そこが緊張感のある静謐な空間であれば、向き合う人がいる限りモノもミュージアムも永遠の命が与えられることになる。」です。【A】と【B】のポイントがしっかり入っていますね。

他の選択肢を検討してみましょう。

①には「マルタの巨石神殿群という土中から掘り起こされた遺跡」とあり、この遺跡の説明は第6段落にありましたが、これは「本来の場所にレプリカを置いておくというやり方」の「具体例」として挙げられていたものです。そのため、【A】の説明としてはまったくの誤りです。

②は、まず「それが復活するといった奇跡に対して過剰な意味を付与され」という部分が【A】の説明と

して誤りです。「復活」については何も書かれていませんでした。また、「信仰対象として崇拝され続ける」とありますが、【B】のポイントは「永続的な生命が与えられる」ということなので、誤りであることがわかります。

④は、「芸術品のある街はそれだけで訪れる人が絶えることのない祈りの場所となる」という部分が誤りです。ここで「終わったもの」とされていたのは「街」ではなく「ミュージアム」です。

問題 2 解答

問1 ④
問2 ①
問3 ③
問4 ③

要点整理

TIPS

「なぜか」という問題では、傍線部の「根拠(＝理由)」を探して、「飛躍」を埋めるための説明を完成させる。

本冊74ページ

TIPS

▼「飛躍」は論証の合図。「理由」を探しながら読んでいく。

本冊81ページ

TIPS

▼「最終的な筆者の主張」につながる部分は、ていねいに「根拠」を押さえる。

本冊89ページ

TIPS

▼「帰結」につながらない部分は「根拠」にはならない。

本冊94ページ

第3講

人物の「心情」を説明する問題

サクッとわかる!

ダイジェスト・レクチャー

MOVIE

重要ポイントを
ギュッと凝縮した
講義動画にアクセス!

K3-01

LECTURE

小説文の問題では、どんなことに気をつければいいの？

TIPS

小説文の問題では、「どのようなことか」「なぜか」と問われていても、必ず「心情」を含めて説明することが求められている。

今回は、**人物の「心情」を説明する問題**について、その解き方を学んでいきましょう。

小説文の最大のポイントは**登場人物の「心情」**ですから、読解の際にはこの「心情」をつかむことを意識します。

「うれしかった」「悲しかった」などの**「心情語」**があったり、「〜感じた」「〜思った」などの**「心の中の思いを示す表現」**があったりすれば、「心情」が書かれているのだということがすぐにわかります。

このように、直接的に心情を示す表現がある場合には、「心情」の読み取りにはさほど苦労しないのですが、「心情」は直接書かれていない場合もあります。そういう場合には、文章中の**「因果関係」**に注目して、「心情」を確認していくようにします。

小説文で注目すべき「因果関係」は、**「原因→心情→結果」のつながり**です。

まず、**「原因→心情」**について説明しましょう。人物がある「心情」になるときには、必ずきっかけとなる「原因」（事態・事情）があります（何も起こっていないのに「心情」がコロコロ変わったら、むしろ怖いですよね）。ですから、まずは「原因→心情」の因果関係をつかみます。

次に、**「心情→結果」**について説明します。「原因」によって生まれた「心情」は、「結果」として行動・反応・発言に表れます。「心情」と「結果」はつながっているので、「結果」に注目すれば、人物の「心情」がわかってきます。

このように、「心情」が直接書かれていない場合にも、「心情」が発生する**「原因（＝事態・事情）」**と、「心情」が発生した**「結果（＝行動・反応・発言）」**に注意していけば、「心情」を推測することができるのです。

そして、人物の「心情」を説明する問題では、直接書かれていない「心情」が問われることがほとんどです。ですから、**「原因→心情→結果」のつながり**をとらえることが攻略のカギになります。

それでは、具体的な問題の解き方について説明していきましょう。

人物の「心情」を説明する問題は、以下の手順で解いていきます。

STEP 1 設問を確認する
STEP 2 傍線部を含む一文を分析する［文の構造からポイントをつかむ］
STEP 3 解答の根拠をとらえる［周囲を見る］
STEP 4 解答の根拠をまとめる
STEP 5 解答する［選択肢を選ぶ］

傍線部の「内容」や「理由」を説明する問題と同様の手順ですね。基本の型ができていれば、人物の「心情」を説明する問題でも必ず正解できます。それでは、一つずつ詳しく見ていきましょう。

STEP 1 設問を確認する

登場人物の「心情」を問う問題では、**「登場人物の気持ちはどのようなものか」「このときの心情を説明したものとして最もふさわしいものを次の中から選びなさい」**などのように、「心情」を答えることを求めるものが多いのですが、注意しなければならない設問の表現があります。

それは、**「〇〇とあるが、どういうことか」「登場人物が△△したのは、なぜか」**という問い方です。傍線部の「内容」や「理由」を説明する問題のようにも思えますが、先ほどの**「原因→心情→結果」**の話を思い出してください。「結果」にあたる部分に傍線が引かれていて「内容」や「理由」を問われていたら、それは「結果」につながる「原因→心情」を答えることを求めているということです。このため、小説文の問題では、「どのようなことか」「なぜか」と問われていても、**「心情」を含めて説明する必要があるのです。**

STEP 2 傍線部を含む一文を分析する［文の構造からポイントをつかむ］

傍線部を含む一文の分析では、まず**「主語（主部）」**に注目します。小説文では「誰が」にあたる部分が省略されている場合も多いので、省略された「主語（主部）」に注意しましょう。

そして、**傍線部が「原因」なのか「心情」なのか「結果」なのか**に注意しましょう。最も多いのは「結果」の部分に傍線が引かれているパターンです。まれに「原因」に傍線が引かれていることもありますが、その場合には「このできごとによってどのような気持ちになったか」というように、「原因」とのつながりを踏まえて、「心情」が問われます。

STEP 3 解答の根拠をとらえる［周囲を見る］

「傍線部を含む一文の分析」が終わったら、**「解答の根拠」をとらえていきましょう。**「原因」「心情」「結果」の中で、傍線部になかった要素を本文中で確認します。多くは、「原因」は前に、「結果」は後ろに書かれていますが、過去の**「回想シーン」**の中に「原因」が書かれている場合には、この限りではありません。「時間」を示す表現に注意しながら、「因果関係」をとらえていきましょう。

STEP 4 解答の根拠をまとめる

「解答の根拠」をとらえたら、**ポイントを整理します**。ここで、「原因↓心情↓結果」が正しくつながっているかどうかを確認してください。

また、ポイントを整理する際に注意したいのが、「心情」が**「プラスの心情」**なのか**「マイナスの心情」**なのかということです。これがわかっていると、方向性の違う選択肢は明らかに誤りだとわかるので、速く確実に問題を解くことができます。もちろん、プラスの心情とマイナスの心情が入り混じっているというケースもありますので、そういう場合には、よりていねいに「原因↓心情」のつながりを整理しておきましょう。

STEP 5 解答する［選択肢を選ぶ］

最後にポイントを参照しながら**選択肢を選びましょう**。ここでもなるべく**「積極法」**を採用します。これまでの STEP 1 ～ STEP 3 で「因果関係」を正しくつかめていれば、選択肢を選ぶこと自体にはそんなに苦労しないですみます。

それでは、実際の問題で確認していきましょう。

問題
3
解答・解説

問題は別冊20ページ

読み方

第一意味段落（1～15行目）

サクッとわかる！
アクティブ・レクチャー
MOVIE
正しい読み方がわかる講義動画にアクセス！
K3-02

まずは、「リード文」を確認していきます。この文章の主人公である「小父《おじ》さん」が、兄を亡くしていることと、「小鳥の小父さん」と呼ばれていることがわかりますね。

続いて、1行目から見ていきましょう。

すっかり覚えてしまった『空に描く暗号』の一節を〈◀主語彼（＝小父さん）は〉暗唱した。書棚の間にいた何人かの利用者が、怪訝《けげん》な様子でカウンターの方をうかがっていた。しかし彼の声は間違いなく、目の前にいる司書の耳に届いていた。

〈◀主語彼女（＝司書）は〉うなずき、再び微笑《ほほえ》み、『ミチル商会　八十年史』を差し出した。

2行目に「彼」と書かれていますね。通常、「彼」「彼女」のような人称代名詞は、指している人物が前に書かれているはずです。しかし、切り取られた一部分である文章では、誰を指しているのかがわからない場合があるのです。その場合は、リード文を確認しましょう。すると、「彼」とは「小父さん」だとわかりました。このように、**人称代名詞があったら、誰を指しているのかを確認するようにしましょう。**

4行目には「彼女」が出てきますが、これは前に出てきている「司書」のことですね。「司書」には「小父さんが思いを寄せている図書館の司書」という語注がついていました。

（話し手：彼女＝司書）「さあ、どこでも、空いている席をお使いになって下さい」

窓に面した部屋の片隅に、閲覧用の机と椅子がいくつか並んでいた。子供が一人、絵本を読んでいるだけで他に人影はなかった。

（話し手：彼＝小父さん）「どうもありがとう」

〈◀主語彼（＝小父さん）は〉本を受け取った。

（話し手：彼女＝司書）「どうぞ、ごゆっくり、小鳥の小父さん」

A ◀心内文

「そうだ、自分は小鳥の小父さんなのだ、」と不意に〈彼は〉思った。幼稚園児たちに散々そう呼び掛けられ、時に辟易《へきえき》していたのが、彼女の口から発せられた途端、その名は自分一人だけに授けられた格別の印となった。自分の左胸に、光を放つ名札が留められているかのような気分だった。

いつの間にか、返却する本を抱えた人が後ろに並んでいた。ようやく〈小父さんは〉カウンターの前から離れた。

その後は、会話文の「 」（カギカッコ）が連続します。**会話文では「誰の発言なのか」に注意しましょう。**「 」（カギカッコ）の前に話し手をメモしておくと、読みやすくなりますよ。

そして、11行目には「そうだ、自分は小鳥の小父さんなのだ、と不意に彼は思った」とあります。「と思った」という言葉があったら、その前が**「心内文」**（＝心の中で思ったことを書いたもの）であると考えましょう。心内文にも「 」（カギカッコ）を補っておくと、読みやすくなります。

その後、12行目に「辟易していた」という**「心情表現」**が出てきます。「辟易」とは「嫌になる」という意味があり、**マイナスの心情**を表します。

そして、「心情」があったら、「原因」である「できごと」もとらえるのでしたね。まず、「小父さん」は、幼稚園児たちに散々「小鳥の小父さん」と呼び掛けられたことで（＝原因）、辟易していました（＝心情）。しかし、「司書」から呼ばれたら（＝原因）、その名は「自分一人だけに授けられた格別の印」となり、「自分の左胸に、光を放つ名札が留められているかのような気分」（＝心情）になったのでした。「格別の印」

「光を放つ名札」は**「比喩表現」**ですね。ここで、「小父さん」の「心情」が、**マイナスからプラスに変化した**ことがわかります。

ここまでが、第一意味段落でした。内容を次のようにまとめておきます。

第一意味段落（1〜15行目）まとめ

原因A
幼稚園児たちに散々「小鳥の小父さん」と呼び掛けられていた
↓
心情A
時に辟易していた（マイナスの心情）

原因B
彼女（＝司書）の口から「小鳥の小父さん」と発せられた
↓
心情B
- その名は自分一人だけに授けられた格別の印となった（プラスの心情）
- 自分の左胸に、光を放つ名札が留められているかのような気分だった（プラスの心情）

続いて、第二意味段落を読んでいきましょう。

第二意味段落（16〜42行目）

サクッとわかる！
アクティブ・レクチャー
MOVIE
正しい読み方がわかる講義動画にアクセス！
K3-03

（話し手：小父さん）「あの、ポーポーは……棒つきキャンディーはどこに……」

次の水曜日、仕事の帰りに〈小父さんは〉青空薬局に立ち寄った。

（話し手：店主）「ああ、あれは製造中止になったの」

事も無げに〈店主は〉言った。あらかじめ予想された通りの答えだったので、〈彼（＝小父さん）は〉少しもショックを受けずに済んだ。そもそも青空薬局に寄ったのは、ポーポーが最早《もはや》そこにないことを確かめるためだった。


第二意味段落の冒頭を読むと、登場人物が「小父さん」と「店主」になっていることがわかります。**登場人物が入れ替わったところでは、場面が変わったと考えて、意味段落を分けるようにします。**

TIPS

登場人物が入れ替わっていたら、場面が変わったと考える。

ポーポーという棒つきキャンディーを取り扱っているかどうかを尋ねる「小父さん」に対し、「店主」は事も無げに製造中止になったことを伝えます。「〈彼（＝小父さん）は〉少しもショックを受けずに済んだ」とありますが、本当でしょうか？　「小父さん」の**「心情」**に注目しながら、この後の部分を読んでいきましょう。

（話し手：店主）「最近は流行《はや》らないらしいわね、ああいうキャンディーは」

長く広口ガラス瓶が置かれていたところは、そこだけ黒ずんだ跡が残っていた。代わりの口臭予防ガムは素っ気ないラックに並べられていたが、広口ガラス瓶ほどの存在感はなく、カウンターはどこかぼんやりした雰囲気になっていた。

（話し手：店主）「それほど美味《おい》しいってわけでもないし、包装紙も古臭かったからね」

ほつれた白衣の袖口をいじりながら、店主はぼそぼそと喋《しゃべ》った。

◀心内文
「まさか彼女は忘れてしまったのだろうか。毎週毎週水曜日、お兄さんがポーポーを買いに来たことを。そのパッとしない包装紙から、お兄さんが見事な小鳥ブローチを作り上げ、それをあなたにプレゼントしたという事実を。」

〈小父さんは〉天井を見上げ、それから広口ガラス瓶の名残の黒ずみに指を這《は》わせた。いつしか〈店主は〉初老と言っていい年頃になり、雑貨店だった頃の前店主と見分けがつかないほどになっていた。よく計算してみれば、兄弟二人で店に通いはじめた頃から、既に四十年以上が経《た》っていた。

（話し手：小父さん）「で、残りのキャンディーはどうなったんでしょう」

（話し手：店主）「廃棄したよ。瓶も一緒に。会社からそう指示があってね。製造中止にした品がいつまでも出回ってると、いろいろ不都合があるらしくて」

〈小父さんは〉黒いビニール袋に詰め込まれ、残飯の中に埋もれ、ゴミ収集車の中で押し潰されてゆくポーポーを思い浮かべた。棒が折れ、粉々に砕け、甘い匂いの欠けらさえ残せず消えてゆく様を想像した。それから、ブローチになれなかった可哀そうな小鳥たちの冥福を祈った。あらかじめ小鳥ブローチを青空薬局から救出しておいたことだけが、せめてもの慰めだった。

「まさか彼女は忘れてしまったのだろうか」（27行目）とあることから、「小父さん」が「店主」の態度にショックを受けていることがわかります。また、残りのキャンディーを廃棄したことを告げられて「冥福を祈った」（38行目）ことから、「小父さん」が悲しんでいることがわかります。

（話し手：小父さん）「そうですか。じゃあ、これで」

本当は肩こり用の湿布薬を買うつもりだったが、B結局、何も買わないまま小父さんは青空薬局を後にした。

ここでは、「小父さん」の**「行動」**に注目します。「小父さん」は、キャンディーに対して「店主」が何の思い入れも持っておらず、残りも廃棄されてしまったことを悲しんでいました。この**「心情」**が、「何も買わないまま小父さんは青空薬局を後にした」という**「行動」**につながったことがわかります。
以上を踏まえて、第二意味段落をまとめていきましょう。

第二意味段落（16～42行目）まとめ

心情A
肩こり用の湿布薬を買うつもりだった
↓
変化の原因
● キャンディーに対して店主が何の思い入れも持っていないことを知った
● 残りのキャンディーが廃棄されてしまったことを知った
↓
心情B
残念で悲しい気持ち
↓
結果B
何も買わないまま青空薬局を後にした

続いて、第三意味段落を見ていきます。

第三意味段落（43～76行目）

サクッとわかる！
アクティブ・レクチャー
MOVIE
正しい読み方がわかる講義動画にアクセス！
K3-04

その夜、ラジオからは小説の朗読が流れていた。前世紀、どこかヨーロッパの遠い国で書かれたらしい物語だった。お兄さんのいない夜を過ごすことに、〈小父さんは〉いつまで経っても慣れなかった。お兄さんの真似をして一心に耳を澄ませようと努め、その一心の表し方はどんなふうだったろうかと思って、ついいつも座っていたソファーのあたりを見てしまうことも、しばしばだった。

〈お兄さんは〉チェストの上にある写真の中にしかいなかった。母親の写真の隣で、はにかむような眩しいような目をしてこちらを見つめている。架空旅行へ出掛ける時、すべての荷物を無事詰め終え、ほっとして、庭先に出て撮った一枚だ。あれはどこへの旅行だったろう。客船でのクルージングだったか、カルスト台地のハイキングと鍾乳洞《しょうにゅうどう》の見物だったか、記憶があいまいになって思い出せなかった。写真の前にはちゃんと小鳥ブローチが九個、レモンイエローを先頭に順番どおり並んでいた。

まずは、「その夜」という**「時間」**を表す言葉に注意しましょう。これにより、**場面が変わっている**ことがわかります。

この場面では、登場人物が「小父さん」一人になります。「小父さん」は亡くなった兄のことを思い出しているのですね。

さらに、続きを読んでいきましょう。

ラジオの朗読は小父さんの暗唱よりずっと上手だった。抑揚に富み、思わせぶりで、臨場感にあふれていた。▼エピソード（道ならぬ恋に溺れる貴族の夫人が、相手の青年に向けて書いた手紙を小間使いに託す場面だった。万が一誰かの目に触れてもいいよう、手紙は二人だけの間で通じる暗号で書かれていた。）

▼心内文「鳥が空に描く軌跡、お兄さんが語るポーポー語、それ以上に絶対的な暗号などこの世に存在しないのに、」と小父さんは思った。▼心内文「邪悪な欲望のために苦し紛れで編み出した暗号など、きっとすぐに正体が暴かれてしまうはずだ。」▼エピソード（案の定、好奇心にかられ、こっそり手紙を開封してしまった小間使いは、中身を石板に書き写して解読をはじめる。）

ここでは、ラジオから流れる物語の朗読が挿入されています。これは、**小説の中に別の物語が挿入される構造**になります。このような形で挿入されている物語は、**「エピソード」**としてとらえていくとよいでしょう。もちろん、何かしらの意味があって挿入されているわけですから、これが登場人物の**「心情」**にどのようにつながっているのかを確認するようにしましょう。

カウンターの向こう側でじっと暗唱を聞いていた司書の姿を、〈小父さんは〉思い出す。小父さんの声に導かれて今にも鳥が空を横切ってゆくのでは、という様子で窓を見つめていた姿をよみがえらせる。自分はただ渡り鳥について本に書いてあったとおりのことを語っただけで、あとはほとんど彼女一人が喋っていたにもかかわらず、二人で長い時間会話したかのように感じられるのが不思議だった。胸に詰まって上手く出てこない言葉たちも、全部彼女の元に届いている、と信じさせてくれる話し方をする人なのだ。お兄さんと自分との会話がいつでもそう（指示語）であったのと同じように。

59行目に「カウンターの向こう側でじっと暗唱を聞いていた司書の姿を、〈小父さんは〉思い出す」とあることから、先ほどの「エピソード」の中にあった「二人だけの間で通じる暗号」とは、「小父さん」と「司書」の間で通じる暗号の存在を示すためのものだということがわかりました。「エピソード」の中の、暗号をやりとりする貴族の夫人と相手の青年との関係に、「小父さん」と「司書」の関係を重ね合わせているのですね。

また、「司書」は「胸に詰まって上手く出てこない言葉たちも、全部彼女の元に届いている、と信じさせてくれる話し方」をする人で、それは「お兄さん」と「同じ」だと書かれています。亡くなった兄と似ていることから、「小父さん」は「司書」に心ひかれていると考えることができます。

さらに、先ほどの「エピソード」の後半部分を確認しましょう。「案の定、好奇心にかられ、こっそり手紙を開封してしまった小間使いは、中身を石板に書き写して解読をはじめる」とあり、「小父さん」は「邪悪な欲望のために苦し紛れで編み出した暗号など、きっとすぐに正体が暴かれてしまうはずだ」と考えています。ここから、「小父さん」の「司書」に対する思いは純粋なものであることが読み取れます。

さらに、続きを読んでいきましょう。

〈彼女は〉図書の整理をしている。返却された本を点検して元の棚に戻したり、本館から届いた本を分類したりする。利用者の目が届かないところでも、もちろん本に触れる手の振る舞いに変わりはない。すべての本をいたわりつつ平等に扱う。そんな時、ふっと手が止まる。タイトルか、表紙の絵か、背表紙の感触か、紙の黄ばみ具合か、何かが彼女を引き止める。〈彼女は〉目次を眺め、前書を斜め読みし、更にページをめくってみる。そしてどこか片隅に、誰にも聞こえない声でさえずっていた小さな鳥を見つける。格別の飾りもない慎ましやかな姿形ながら、うっとりするほど綺麗《きれい》な歌声を持つ鳥だ。〈彼女は〉息をひそめ、耳を傾け、口元にうっすら笑みを浮かべる。

（話し手：彼女＝司書）「小鳥の小父さんに、見つけてもらいなさい」

そうつぶやきながら、さえずりを邪魔しないよう静かに本を閉じる。この本を小父さんが借りに来るのを、カウンターの向こう側でいつまでも待っている。

司書と小父さんの間は秘密の航路でつながっている。その（指示語）航路をたどれるのは鳥だけだ。ただ鳥だけが、二人を結ぶ暗号を解くことができる。

ここで「小父さん」は「司書」の姿を想像しているのですが、「司書と小父さんの間は秘密の航路でつながっている」「その航路をたどれるのは鳥だけだ。ただ鳥だけが、二人を結ぶ暗号を解くことができる」とあることからも、「小父さん」が「司書」に対して純粋な思いを寄せていることがわかります。

以上をもとに、第三意味段落の内容をまとめます。

第三意味段落（43～76行目）まとめ

原因

- **司書が亡くなった兄に似ていると感じた**
- **司書と秘密の航路でつながっていると感じた**

↓

心情

司書に対して思いを寄せる

ここでは、**「エピソード」**を通して読み取れる、「小父さん」の**「心情」**を読み取ることが重要でした。

それでは、最後の第四意味段落に進みましょう。

第四意味段落（77〜86行目）

サクッとわかる！

アクティブ・レクチャー

MOVIE

正しい読み方がわかる講義動画にアクセス！

K3-05

〈小父さんは〉ラジオのボリュームを少し下げた。それでも朗読者の声はよく通った。（◀エピソード 小間使いは仕事が済んだ真夜中、屋根裏部屋で石板の暗号を解明しようと努める。その間、夫人と青年との関係は抜き差しならない状態に陥ってゆく。ある夜、小間使いはとうとうキーとなる数字を見つけ出し、手紙の解読に成功する。そこに書かれたみだらな言葉の連なりに怒りと興奮を覚えた彼女は、次の手紙を託された時、二人が逢《あい》引《びき》する待ち合わせ場所を記した箇所に細工をする。ほんの小さな細工、たった一本、横棒を付け加えただけの悪戯が、青年の身に取り返しのつかない災いをもたらすことになる……。）

そこでBGMが大きくなり、朗読者の声は遠のき、「続きは来週水曜日、同じ時間にお送りします」という告知が流れた。

司書との間の暗号が、邪悪な解読者によって乱されないよう、D〈小父さんは〉ラジオのスイッチを勢いよく切った。

ラジオの物語では、「小間使い」が手紙を解読し、暗号に細工をします。それによって「青年」の身に災いがもたらされます。

「小父さん」は「司書」との間の暗号が乱されないようにラジオのスイッチを勢いよく切りました。ラジオの物語はもちろんフィクションですから、実際に解読者が現れるわけはないですよね。しかし、「小父さん」は、このエピソードに自分と「司書」との関係を重ね合わせているため、「解読者」のような存在に邪魔されたくないと思い、このような「行動」をとったのです。**「心情」が読み取れる「行動」の描写を見逃さないように気をつけましょう。**

TIPS 「心情」が読み取れる「行動」の描写を見逃さないようにする。

この第四意味段落をまとめると、次のようになります。

第四意味段落（77～86行目）まとめ

心情
司書と自分のやりとりを邪魔されたくない
↓
結果
ラジオのスイッチを勢いよく切った

続いて、文章全体の内容を確認していきます。

文章の全体像

サクッとわかる!
アクティブ・レクチャー
MOVIE
正しい読み方がわかる講義動画にアクセス!
K3-06

第一意味段落（1〜15行目）……図書館（「小父さん」「司書」）

原因A 幼稚園児たちに散々「小鳥の小父さん」と呼び掛けられていた

↓

心情A 時に辟易していた（マイナスの心情）

↓

原因B 彼女（＝司書）の口から「小鳥の小父さん」と発せられた

↓

心情B

● その名は自分一人だけに授けられた格別の印となった（プラスの心情）

● 自分の左胸に、光を放つ名札が留められているかのような気分だった（プラスの心情）

第二意味段落（16〜42行目）……薬局（「小父さん」「店主」）

心情A

肩こり用の湿布薬を買うつもりだった

←

変化の原因

● キャンディーに対して店主が何の思い入れも持っていないことを知った

● 残りのキャンディーが廃棄されてしまったことを知った

←

心情B

残念で悲しい気持ち

←

結果B

何も買わないまま青空薬局を後にした

第三意味段落（43〜76行目）……自宅①（「小父さん」）

原因

- 司書が亡くなった兄に似ていると感じた
- 司書と秘密の航路でつながっていると感じた

←

心情

司書に対して思いを寄せる

第四意味段落（77〜86行目）……自宅②（「小父さん」）

心情

司書と自分のやりとりを邪魔されたくない

←

結果

ラジオのスイッチを勢いよく切った

それでは、設問の「解き方」を確認していきましょう。

解き方

問1

サクッとわかる！

アクティブ・レクチャー

MOVIE

正しい解き方がわかる講義動画にアクセス！

K3-07

STEP 1

設問を確認する

傍線部A「そうだ、自分は小鳥の小父さんなのだ、と不意に彼は思った」とあるが、「不意に」思ったとはどういうことか。最も適当なものを、次の中から一つ選びなさい。

本講の［LECTURE］でも説明したように、小説文の設問で「どういうことか」と問われた場合には、**人物の「心情」を含めて説明する**ことが求められているのでしたね。さっそく、傍線部を含む一文を分析しましょう。

STEP 2 傍線部を含む一文を分析する［文の構造からポイントをつかむ］

A◀心内文
「そうだ、自分は小鳥の小父さんなのだ、」と不意に〈彼は〉思った。

先ほど第一意味段落を読んだときにも確認したように、「そうだ、自分は小鳥の小父さんなのだ」というのは、「心内文」で、「小父さん」の「心情」を表しているのでした。周囲に視野を広げて、この「心情」の「原因」となる部分をとらえましょう。

STEP 3 解答の根拠をとらえる［周囲を見る］

（話し手：彼女＝司書）「どうぞ、ごゆっくり、小鳥の小父さん」
A◀心内文
「そうだ、自分は小鳥の小父さんなのだ、」と不意に〈彼は〉思った。幼稚園児たちに散々そう呼び掛けられ、時に辟易《へきえき》していたのが、彼女の口から発せられた途端、その名は自分一人だけに授けられた格別の印となった。自分の左胸に、光を放つ名札が留められているかのような気分だった。

これも先ほど確認しましたが、元々は「小鳥の小父さん」と呼ばれることがいやだったのですが、思いを寄せている図書館の「司書」から「小鳥の小父さん」と呼ばれたことで、その「心情」は**変化**します。「格別の印」「光を放つ名札」という**「比喩表現」**は、「小父さん」の誇らしい気持ちを表しています。マイナスの心情（＝辟易）から、プラスの心情（＝誇らしい気持ち）への変化が読み取れました。

STEP 4 解答の根拠をまとめる

先ほど STEP 3 で確認したことをもとに、解答のポイントをまとめます。

【A】幼稚園児たちに散々「小鳥の小父さん」と呼び掛けられていた↓辟易
【B】思いを寄せる司書に「小鳥の小父さん」と呼ばれた↓誇らしい

これを踏まえて、選択肢を見ていきましょう。

STEP 5 解答する［選択肢を選ぶ］

正解は、④の「今まで決してよくは思っていなかった『小鳥の小父さん』という呼ばれ方が、『彼女』の口から発せられたことで、急に誇らしく思えたということ。」です。【A】と【B】のポイントが入っていますね。

他の選択肢を検討してみましょう。

①には「『小鳥の小父さん』と幼稚園児に呼ばれることもそれなりに楽しくはあった」とありますが、「小父さん」は幼稚園児たちに「小鳥の小父さん」と呼ばれることに対して「辟易」していたので、この部分が【A】の説明として誤りであるとわかります。

②には「大きな違いがあることに気づかされた」とありますが、これだけでは、マイナスの心情がプラスの心情に変わったことが十分に説明できていないため、誤りです。

③は、まず前半の「今まで幼稚園児に呼ばれるのさえも嫌だった」を見ていきます。「さえも」というのはすでにあるもののうえにさらに別のものを付け加える表現ですが、文章中には幼稚園児以外から「小鳥の小父さん」と呼ばれていた描写がないため、誤りであることがわかります。また、後半の「急にみずみずしく感じられた」という部分も、「格別の印」「光を放つ名札」「比喩表現」の説明として不適切なため、正解になりません。

問2

サクッとわかる！
アクティブ・レクチャー
MOVIE
正しい解き方がわかる
講義動画にアクセス！
K3-08

STEP 1 設問を確認する

傍線部B「結局、何も買わないまま小父さんは青空薬局を後にした」とあるが、このときの小父さんの気持ちとして最も適当なものを、次の中から一つ選びなさい。

「小父さん」の「気持ち」を問われているので、もちろん**人物の「心情」を説明する問題**ですね。

STEP 2 傍線部を含む一文を分析する［文の構造からポイントをつかむ］

本当は肩こり用の湿布薬を買うつもりだったが、結局、何も買わないまま小父さんは青空薬局を後にした。

傍線部を含む一文は、「小父さん」の「行動」の描写になっています。先ほど第二意味段落を読んだときにも確認したように、「買うつもり（心情A）」だったのが、「買わない（結果B）」になっていることから、**「心情の変化」**があるとわかります。周囲を見て、「変化の原因」をとらえましょう。

（話し手：小父さん）「で、残りのキャンディーはどうなったんでしょう」

（話し手：店主）「廃棄したよ。瓶も一緒に。会社からそう指示があってね。製造中止にした品がいつまでも出回ってると、いろいろ不都合があるらしくて」

〈小父さんは〉黒いビニール袋に詰め込まれ、残飯の中に埋もれ、ゴミ収集車の中で押し潰されてゆくポーポーを思い浮かべた。棒が折れ、粉々に砕け、甘い匂いの欠けらさえ残せず消えてゆく様を想像した。それから、ブローチになれなかった可哀そうな小鳥たちの冥福を祈った。あらかじめ小鳥ブローチを青空薬局から救出しておいたことだけが、せめてもの慰めだった。

（話し手：小父さん）「そうですか。じゃあ、これで」

本当は肩こり用の湿布薬を買うつもりだったが、B結局、何も買わないまま小父さんは青空薬局を後にした。


「店主」は、キャンディーに対して何の思い入れも持っておらず、「廃棄したよ。瓶も一緒に。会社からそう指示があってね。製造中止にした品がいつまでも出回ってると、いろいろ不都合があるらしくて」と言います。この発言を聞いた後に、「小父さん」が何も買わずに薬局を後にしているので、「変化の原因」は「店主」の発言であったことがわかります。

次に、この「原因」と「心情」のつながりを考えましょう。何も買わずに薬局を後にするという行動からは、大切なものを失ったことを残念に思い、悲しい気持ちになっていることが読み取れます。

STEP 4 解答の根拠をまとめる

STEP 3 でとらえた解答のポイントは、以下の通りです。

【A】原因1：キャンディーに対して店主が何の思い入れも持っていないことを知った
【B】原因2：残りのキャンディーが廃棄されてしまったことを知った
【C】心情：残念で悲しい気持ち

「原因」と「心情」のつながりがつかめましたね。これをもとに、選択肢を見ていきましょう。

STEP 5 解答する［選択肢を選ぶ］

正解は、④の「兄とポーポーにまつわる出来事が何もなかったかのような店主のそっけない対応や、残りのキャンディーを廃棄したという言葉に、喪失感を覚えて沈んだ気持ちになっている。」です。【A】【B】【C】のポイントがしっかり入っています。

①には「ポーポーの包装紙から小鳥のブローチを作った兄の無念さを思いやる気持ち」とありますが、

「無念」だと感じているのは「兄」ではなく「小父さん」です。また、兄の無念さを思いやるという「心情」と、何も買わずに薬局を後にするという「結果（＝行動）」がつながらないため、誤りだとわかります。
②には「店主と兄の思い出を語り合えたらと思っていた」とありますが、「そもそも青空薬局に寄ったのは、ポーポーが最早《もはや》そこにないことを確かめるためだった」とあることから、「小父さん」が薬局に寄ったのは、「店主と兄の思い出を語り合」うためではないことがわかります。
③には「兄がポーポーの包装紙から作った小鳥のブローチまで捨てられていた」と書かれていますが、文章中には「あらかじめ小鳥ブローチを青空薬局から救出しておいたことだけが、せめてもの慰めだった」とあったので、小鳥のブローチが捨てられていたという説明は誤りであることがわかります。

問3

サクッとわかる！
アクティブ・レクチャー
MOVIE
正しい解き方がわかる
講義動画にアクセス！
K3-09

傍線部C「カウンターの向こう側でじっと暗唱を聞いていた司書の姿を、小父さんは思い出す」とあるが、小父さんがこのように思い出していることから読み取れるのはどのようなことか。最も適当なものを、次の中から一つ選びなさい。

STEP 2 傍線部を含む一文を分析する［文の構造からポイントをつかむ］

「どのようなことか」と問われていますが、これも**問1**と同様に**人物の「心情」を含めて説明する**ことが求められています。「思い出している」という行動の意味をつかむために、まずは、傍線部を含む一文を分析しましょう。

カウンターの向こう側でじっと暗唱を聞いていた司書の姿を、〈小父さんは〉思い出す。

「小父さん」は、「カウンターの向こう側でじっと暗唱を聞いていた司書の姿」を思い出しているので、「小父さん」にとって「司書」がどのような存在なのかを確認していきましょう。

STEP 3 解答の根拠をとらえる［周囲を見る］

まずは、傍線部Cを含む段落を見ていきます。

カウンターの向こう側でじっと暗唱を聞いていた司書の姿を、《小父さんは》思い出す。小父さんの声に導かれて今にも鳥が空を横切ってゆくのでは、という様子で窓を見つめていた姿をよみがえらせる。自分はただ渡り鳥について本に書いてあったとおりのことを語っただけで、あとはほとんど彼女一人が喋っていたにもかかわらず、二人で長い時間会話したかのように感じられるのが不思議だった。胸に詰まって上手く出てこない言葉たちも、全部彼女の元に届いている、と信じさせてくれる話し方をする人なのだ。お兄さんと自分との会話がいつでもそう（指示語）であったのと同じように。

先ほど第三意味段落を読んだときにも確認したように、「司書」は「胸に詰まって上手く出てこない言葉たちも、全部彼女の元に届いている、と信じさせてくれる」人で、それは「お兄さん」と似ているのでしたね。

また、傍線部Cの直後にある「小父さんの声に導かれて今にも鳥が空を横切ってゆくのでは、という様子で窓を見つめていた姿をよみがえらせる」という部分も、「小父さん」が思い出している「司書」の姿なので、ここでの「鳥」が何を意味しているのかを考えていきます。すると、75〜76行目の部分に、「司書」と「鳥」のつながりを示す描写があることがわかります。

司書と小父さんの間は秘密の航路でつながっている。その航路をたどれるのは鳥だけだ。ただ鳥だけが、二人を結ぶ暗号を解くことができる。

ここでは、「鳥」が二人の間にある秘密の航路をたどれる存在であることが説明されています。つまり、「小父さん」は「司書」に思いを寄せており、上手く言葉にできない自分の思いもわかってくれているように感じていること、また、「小父さん」が、二人の間が「秘密の航路」でつながっていると感じており、その航路をたどって暗号を解くことができるのは「鳥」だけだと考えているということになります。これを踏まえて、解答のポイントをまとめていきましょう。

STEP 4 解答の根拠をまとめる

【A】司書が上手く言葉にできない自分の思いもわかってくれているように感じている
【B】二人の間の「秘密の航路」をたどって暗号を解くことができるのは「鳥」だけだ

「小父さん」が「司書」に対して、自分の思いをわかってくれていると感じているという点（【A】）と、二人の間に「鳥」の存在を感じているという点（【B】）を押さえます。

STEP 5 解答する［選択肢を選ぶ］

正解は、②の「司書が小父さんと直接多くの会話を交わさなくても言葉が届いていると信じさせてくれる存在であり、小父さんが二人の間にある秘密の航路をたどる鳥の存在を感じてい

るということ。」です。【A】と【B】のポイントがしっかり入っていますね。

他の選択肢を検討してみましょう。

①は、後半部分に誤りがあります。「司書が、実際に鳥が空を横切ってゆくのを想像し、小父さんのすべての感情を受け止めてくれているということ」となっていますが、傍線部Cは、あくまでも「小父さん」がそのように感じているということなので、「司書」を主語にしてしまうと、「小父さん」が感じていることの説明になりません。そのため、①は正解になりません。

③は、「鳥が彼女に語りかけ」という部分が誤りです。本文には「鳥」のことを話しているだけで「小父さん」の言いたいことが伝わっているように感じるのだと書かれていました。

④には「小父さんは自分が気づかないときでも二人を結ぶ暗号を読み解く鳥に思いをはせて自分の声に耳を澄ませてほしい」とありますが、「自分が気づかないとき」に関しては文章中で説明されていなかったので、誤りです。

問4

サクッとわかる!
アクティブ・レクチャー
MOVIE
正しい解き方がわかる講義動画にアクセス!
K3-10

STEP 1 設問を確認する

傍線部D「小父さんはラジオのスイッチを勢いよく切った」とあるが、なぜ「勢いよく切った」と考えられるか。その理由として最も適当なものを、次の中から一つ選びなさい。

「なぜ『勢いよく切った』と考えられるか」と「理由」を聞かれていますが、「行動」の理由には必ず「心情」が含まれるため、これも**人物の「心情」を含めて説明する**ことが求められています。

STEP 2 傍線部を含む一文を分析する［文の構造からポイントをつかむ］

司書との間の暗号が、邪悪な解読者によって乱されないよう、《小父さんは》ラジオのスイッチを勢いよく切った。

傍線部Dには、「小父さん」が「ラジオのスイッチを勢いよく切った」という「行動」が書かれています。また、「小父さん」がそのような「行動」をとったのは、「司書との間の暗号が、邪悪な解読者によって乱されないよう」にしたいと考えたからです。それでは、「小父さん」がこのように考えた「原因」は何でしょうか？「暗号」「邪悪な解読者」という表現をヒントにしながら、本文を確認していきましょう。

〈小父さんは〉ラジオのボリュームを少し下げた。それでも朗読者の声はよく通った。◀エピソード〈小間使いは仕事が済んだ真夜中、屋根裏部屋で石板の暗号を解明しようと努める。その間、夫人と青年との関係は抜き差しならない状態に陥ってゆく。ある夜、小間使いはとうとうキーとなる数字を見つけ出し、手紙の解読に成功する。そこに書かれたみだらな言葉の連なりに怒りと興奮を覚えた彼女は、次の手紙を託された時、二人が逢《あい》引《びき》する待ち合わせ場所を記した箇所に細工をする。ほんの小さな細工、たった一本、横棒を付け加えただけの悪戯が、青年の身に取り返しのつかない災いをもたらすことになる……。〉

そこでＢＧＭが大きくなり、朗読者の声は遠のき、「続きは来週水曜日、同じ時間にお送りします」という告知が流れた。

司書との間の暗号が、邪悪な解読者によって乱されないよう、D〈小父さんは〉ラジオのスイッチを勢いよく切った。

ポイントは、ラジオで朗読されている物語の内容でした。この「エピソード」は、暗号の「解読者」によって「青年」に「災い」がもたらされるというものです。「小父さん」は、自分と「司書」との暗号のやり取りを「夫人」と「青年」の暗号のやり取りに重ね合わせているので、「解読者」によって「災い」がもたらされるというストーリーは、自分と「司書」の暗号のやり取りがよくない展開になるようにも感じられてしまうものです。もちろん、これは「小父さん」の想像にすぎないのですが、ラジオの内容が原因になっていることは確かですね。「小父さん」は、ラジオで朗読されている物語の内容を自らの状況に重ね合わせ、自分と「司書」との暗号のやり取りがよくない展開になることを恐れて、ラジオのスイッチを勢いよく切ったのです。

STEP 4 解答の根拠をまとめる

先ほどの STEP 3 で確認したポイントをまとめていきましょう。

【A】ラジオの物語では、暗号の解読者によって青年に「災い」がもたらされた
【B】自分と司書との暗号のやり取りが同様によくない展開になることを恐れた

【A】はラジオの物語を聞いたという**「原因」**の説明で、【B】は自分と司書とのやり取りがよくない展開になることを恐れたという「小父さん」の**「心情」**の説明です。

STEP 5 解答する［選択肢を選ぶ］

正解は、③の「ラジオに流れる朗読の道ならぬ恋の暗号が小間使いによって解読されたことを聞き、小間使いの解読がもたらす物語の展開への影響のようなことが自分と司書との間にも

起こることを恐れたから。」となります。【A】の「原因」と【B】の「心情」がしっかり入っていますね。特に「自分と司書との間にも起こる」という部分の副助詞の**「も」**がポイントです。これによって、「小父さん」がラジオの物語と自らの状況を重ね合わせていることがわかります。

他の選択肢を検討してみましょう。

①は、【A】の内容は説明されていますが、【B】のポイントがまったく入っていませんね。そのため、誤りだとわかります。

②では、「みだらな言葉」が「自分と司書の間にある清爽な関係を汚す」と説明されていますが、文章中には「司書との間の暗号が、邪悪な解読者によって乱されないよう」とあるので、「小父さん」が恐れているのは「解読者」によって邪魔をされることであるとわかります。つまり、【B】の説明に誤りがあるため、正解にはなりません。

④は、【B】の説明が誤っています。「自分の立場にも重なり合うもののように感じ」とありますが、「自分の立場」だけでは、どのような状況にあるのかがわかりません。自分と「司書」との間の暗号のやり取りを邪悪な解読者によって乱されたくないと思っていることを説明する必要があるのです。

今回の文章では、最初は「小父さん」と「司書」の対話が描かれていたのに、途中で、兄の思い出のキャンディーがなくなってしまった話が出てきたり、小説の中に別の物語が挿入されたりしたので、場面が次々に変わることに戸惑った人もいるかもしれません。

たしかに、この文章には、亡くなった兄との思い出や、ラジオから流れる朗読の物語の暗号などのさまざまな要素が描かれており、それによって小説の奥行きが増しています。しかし、この文章の一番の軸になっているのは、「小父さん」の「司書」に対する「心情」でした。ですから、まずはここを押さえるようにします。そうすることによって、小説の大きな流れをつかむことができるのです。

小説の展開が複雑で難しいと感じた場合には、いきなりすべてを理解しようとするのではなく、**小説の一番重要な軸を押さえたうえで、その他の要素を見ていくようにしましょう。**

TIPS
小説の展開が複雑な場合には、まずは小説の一番重要な軸を押さえる。

つまり、この文章では、「小父さん」の「司書」に対する「心情」をメインにとらえつつ、「お兄さん」との思い出やラジオで朗読された物語との共通点をつかんでいけばよかったのです。

問題 3
解答

問1 ④
問2 ④
問3 ②
問4 ③

要点整理

TIPS

小説文の問題では、「どのようなことか」「なぜか」と問われていても、必ず「心情」を含めて説明することが求められている。

……本冊110ページ

TIPS ▼ 登場人物が入れ替わっていたら、場面が変わったと考える。

……本冊120ページ

TIPS ▼ 小説の中に挿入された「エピソード」が持つ意味を考えながら読んでいく。

……本冊125ページ

TIPS ▼ 「心情」が読み取れる「行動」の描写を見逃さないようにする。

……本冊129ページ

TIPS ▼ 小説の展開が複雑な場合には、まずは小説の一番重要な軸を押さえる。

……本冊149ページ

第4講 文章の内容に合致するものを選ぶ問題

サクッとわかる!

ダイジェスト・レクチャー

MOVIE

重要ポイントを
ギュッと凝縮した
講義動画にアクセス!

K4-01

LECTURE

文章全体にかかわる問題は、どうやって解けばいいの？

TIPS

「全体」は「部分」の集合体に過ぎない。「部分」(＝意味段落)ごとに分ければ、見るべき箇所がすぐにわかる。

今回は、**文章の内容に合致するものを選ぶ問題**の考え方を学んでいきましょう。ちょっと長いので、**「内容真偽問題」**と呼ぶことにしましょう。

現代文の問題の最後のほうで「問題文の内容に合致するものを次の中から選びなさい」と問われているものがこれにあたります。「文章の展開を説明したもの」や「文章の内容と表現について説明したもの」など、さまざまな問われ方がありますが、これらの問題はすべて、**文章全体の内容について理解できているかどうかを試すために出題されています**。

傍線部の「内容」「理由」「心情」を問われている問題では、設問の中で該当する傍線部が示されていたので、傍線部を含む一文からスタートして、その周りを見ていき、解答の根拠をつかんでいきました。この手順を確実に踏んでいけば正解できるということを、これまでの講義を通してわかってもらえたのではないかと思います。

しかし、今回の問題は、文章中の傍線部を含む一文からスタートするという解き方ができません。要するに、**「傍線部がない問題」**ということになりますが、もちろん、このような問題にも、きちんとした手順があります。

そもそも、「内容真偽問題」には、なぜ傍線部がないのでしょうか?

それは、この問題が文章全体を踏まえて解答することを求めているからです。つまり、**文章全体から根拠を探す必要がある**ということです。

「文章全体から根拠を探す必要がある」と言われると構えてしまうかもしれませんが、難しく考える必要はありません。これまでの講義でも、読解の際には意味段落ごとに要点を確認したうえで、文章の全体像をとらえてきました。「全体」というのは「部分」の集合体です。ですから、これまで学んだことをいかして、それぞれの**「部分」(=意味段落)**に分けてとらえていけば、「この内容は文章中のここに書いてあったはずだ」「これは後半の部分に書かれていたな」というように、**見るべき箇所がすぐにわかる**のです。

つまり、見るべき対象は文章「全体」なのですが、解答の根拠とするのは設問で問われていることに対応している「部分」だということです。ですから、やみくもに文章「全体」を見るのではなく、設問をしっかりと確認して、**問われていることに対応している「部分」を的確に見つけ出す**ことが大切なのです。

このことを踏まえて、具体的な手順を確認していきましょう。**「内容真偽問題」**は、次の手順で解いていきます。

STEP 1 設問を確認する
STEP 2 選択肢と本文を照らし合わせる
STEP 3 解答する

それぞれ詳しく見ていきましょう。

STEP 1 設問を確認する

本講の冒頭でも説明したように、「内容真偽問題」は最後のほうで問われることが多く、また、特定の傍線部がないものがほとんどです。すべての問題のまとめの役割も果たしているので、**他の問題に取り組んだ後に、取りかかるようにするとよいでしょう。**

STEP 2 選択肢と本文を照らし合わせる

設問が「内容真偽問題」だとわかったら、次にやることは**「選択肢」の確認**です。先ほどもお話ししたように、このタイプの問題では、問われていることに対応している「部分」を的確に見つけ出す必要があるので、「問われていること」を確認するために「選択肢」を見るのです。

それぞれの選択肢は、文章の特定の部分について説明したものになっているので、その内容が書かれているところを探し、**選択肢と本文を照らし合わせます。**意味段落ごとの要点がつかめていれば、文章中で該当する箇所を探しやすくなりますので、その意味でも「部分」を正しくとらえることが大切です。

文章中で該当する箇所をきちんと特定しないままおぼろげな記憶に頼って判断してしまうと、この問題には正解できません。**照合作業をていねいに行うように心がけましょう。**

STEP 3 解答する

最後に、内容の真偽を判断していきます。この際、「本文の内容と合致するもの」を答えるのか「合致しないもの」を答えるのかなどの基本的なポイントに注意して解答します。

それでは、実際の問題を通して確認していきましょう。

読み方

第一意味段落（第1～10段落）

サクッとわかる!
アクティブ・レクチャー
MOVIE
正しい読み方がわかる講義動画にアクセス!
K4-02

1 人工知能（AI）やロボット技術がものすごい勢いで発展している。（具体例 囲碁の世界チャンピオンを破ったと思ったら、あっという間に人の能力を置き去りにして、囲碁AIプログラムどうしで腕を磨き、今まで人が見たこともないような展開や作戦を発見し、「囲碁」というゲームの世界を作りかえてしまった。）

第1段落では、「人工知能（AI）やロボット技術がものすごい勢いで発展している」ということを、**「具体例」**を挙げながら説明しています。この「AIやロボット技術のものすごい発展」に対して、筆者がどのように考えているのか確認するために、この先の部分を読み進めていきましょう。

---

2 同じようなことが、◀具体例（書類の作成や簿記や経営判断など）でも起こるのか？◀問題提起 だとすると、ほとんどの人間は失業者になってしまうのか？◀問題提起

ここでは、「同じようなことが書類の作成や簿記や経営判断などでも起こるのか」「ほとんどの人間は失業者になってしまうのか」という疑問を投げかけ、読んでいる人に**「問題提起」**をしています。筆者はこのあと、この疑問に答える形で自らの意見を主張するので、**「答え」**を探しながら読んでいきます。

---

3 そうなる、と予想する人もいる。◀具体例（AIが全人類を合わせた知能を上回る技術的特異点《シンギュラリティ》までもうすぐだと言ったアメリカの未来学者レイ・カーツワイル。あるいは、人類は技術とデータを独占できる富裕支配層と、それらを管理する能力や経済力を持たない被支配層とに二分され、後者は奴隷のような地位になるという未来を予想するイスラエルの歴史家ユヴァル・ノア・ハラリ。）彼らの描く未来像は、限りなく暗い。

第3段落の冒頭に、「そうなる、と予想する人もいる」とあり、この後には、「レイ・カーツワイル」と

「ユヴァル・ノア・ハラリ」の意見が**「具体例」**として挙げられています。ただし、これは筆者以外の人の意見ですから、**「一般論」**なのではないかと考えることができますね。この後に書かれるはずの**「筆者の主張」**に注目していきましょう。

4　AI／ロボットだけではなく、ゲノム編集技術や脳と機械の接続（ブレイン・マシン・インタフェイス：BMI）など、生命や人間の側を操作する技術の発展もとどまるところを知らない。ほんの数十年前までは、遺伝子を大雑把に組み換えることすら「神の領域の冒瀆《ぼうとく》」と批判されていたのが、遠い昔のことのように思える。

ここでは、「AI／ロボット」に加えて、他の科学技術についても、凄まじい勢いで発展しているということが述べられます。さらに先に進みましょう。

5　これら（◀指示語）の状況を目の当たりにすると、（◀譲歩）（科学技術はとどまるところを知らず暴走していると言いたくもなる。ある意味では、もちろんそうだ。）しかし、ちょっと待っていただきたい。科学技術が暴走するのは、昨日今日の話ではない。はるか大昔から、ひょっとすると何万年、何十万年も前から、ぼくたちの技術はずーっと暴走してきたのではなかろうか。

冒頭の「これら」という指示語は、直前の段落の「AI／ロボット」や「生命や人間の側を操作する技術の発展もとどまるところを知らない」という内容を指しています。こういう状況を見れば、科学技術の発展を「暴走」ととらえる人もいるでしょう。筆者は「もちろんそうだ」と、このような意見をひとまずは認めて**「譲歩」**しています。ただし、その直後の**「しかし」**以降で、それとは異なる意見を述べています。「はるか大昔から、ひょっとすると何万年、何十万年も前から、ぼくたちの技術はずーっと暴走してきたのではなかろうか」とあるように、技術の「暴走」はずっと昔からのことであると、筆者は考えているのです。ここでようやく、**「筆者の主張」**が登場しましたね。

続いて、第6～8段落を、まとめて見ていきましょう。

---

6 （◀具体例 たとえば農耕。その起源は茫漠《ぼうばく》としているが、現在のところ最古の農耕の証拠は今から二万三〇〇〇年前のイスラエルあたりにさかのぼるとされている。今から一万年ほど前になると、西アジアや中国でも農耕が行われるようになってくる。

7 この農耕、食料を安定して生産することができるので、あちこち移住する必要がなくなり、人々の栄養状態もよくなって人口が増え、生産力が上がれば富の余剰が社会に蓄積されて強大な統治権力を生み出す母体となったとされている。

8 だが、農耕開始期からしばらくの間、人口はむしろ減少したことが知られている。人々が同じところに密集して、しかも長期間その状態で生活するようになったため、感染症による被害の規模が大きくなったのだ。）

ここでは、技術の「暴走」はずっと昔からのことであるという**「筆者の主張」**をわかりやすく説明するために、「農耕」が**「具体例」**として挙げられていました。「農耕」の技術には、よい面もあるのですが、感染症の拡大による人口の減少というよくない面もあったのです。

これを踏まえて、第9段落を読んでいきましょう。

9 人類に害悪をもたらした技術は農耕に限らない。◀具体例（さまざまな武器は戦争での死者を増やした。運搬や移動のための技術も、移動中の事故で怪我や死亡が生じる。生産のための鋤《すき》や鍬《くわ》も水車ですら、事故はつきものだ。）◀譲歩（もちろん、これらのデメリットを上回るメリットをもたらしてくれるからこれらの技術は定着したのである。）だがその一方で、B技術には負の側面が常に付きまとう。

第9段落では、人類に害悪をもたらしたものの**「具体例」**として、「農耕」以外にも「武器」や「移動手段」「生産手段」があると説明されています。これらにはメリットもあると**「譲歩」**しつつも、「だが」の後で、筆者は「技術には負の側面が常に付きまとう」と主張しています。

続いて、第10段落を読んでいきましょう。

10 【技術が非人間的なのは、今に始まったことではない。AIやロボットなどの先端技術が人類社会に与える影響の少なくとも一部は、今までの技術革新の影響を歴史的に振り返れば見当がつくのである。◀譲歩（失業者は出るだろう。仕事の中身も変わるだろう。一方で社会全体の生産性は上がるだろう。その恩恵を被ってさらに豊かになる人々もいる一方で、新しい技術を使いこなせずに貧しくなる人もいるので、経済格差は大きくなるはずだ。）だが、その格差が支配層と奴隷のような被支配層とに分かれて固定するまでになることは、まずないだろう。

ここで、第2段落の「ほとんどの人間は失業者になってしまうのか」という**「問題提起」に対する「答え」**が述べられます。まずは「経済格差は大きくなる」と**「譲歩」**し、「だが」の後で自らの主張を述べています。格差が固定することはない、つまり、そこまで酷くはならないというのが**「筆者の主張」**です。この段階で、筆者が「AI／ロボット」の技術の発展に対して、さほどネガティブな見方をしていないということがわかります。

以上のように、第一意味段落では、まずは**「問題提起」**がなされ、一般的な意見に**「譲歩」**したうえで**「筆者の主張」**が述べられていました。

このように、**意味段落の内容を整理する際には、「文章の構成」に注目し、どこに何が書かれていたのかを把握していく**ようにしましょう。

TIPS

「文章の構成」に注目しながら、意味段落の内容を整理する。

それでは、第一意味段落の内容をまとめておきましょう。

第一意味段落（第[1]～[10]段落）まとめ

問題提起

「AI／ロボット技術」の発展により、ほとんどの人間は失業者になってしまうのか

筆者の主張

- 「AI／ロボット技術」による未来は暗いものではない
- 支配層と被支配層とに分かれて固定するまでになることは、まずない

根拠

- 技術には負の側面が常に付きまとう
- 技術の発達による影響の一部は、技術革新の影響を歴史的に振り返れば見当がつく

第二意味段落（第11～17段落）

サクッとわかる！
アクティブ・レクチャー
MOVIE
正しい読み方がわかる講義動画にアクセス！
K4-03

11 もちろん、だからといって、AIやロボットなどの先端技術が社会に与える影響のすべてが過去の技術革新から類推できるわけではない。これらの技術が今までとは決定的に異なる点もいくつかあるからだ。

ここからは、今までの技術とAIやロボットなどの先端技術の**「違い」（＝差異）**が説明されます。「もちろん」とあるので、この説明は**「譲歩」**である可能性がありますね。さらに続きを見ていきましょう。

12 まず第一に、従来の技術は人間の能力を増強する方向で開発されてきたが、現在の先端技術は新たな判断や情報を提供することで、人間が機械に従うような方向性の働きかけをする。このような、機械から人へという方向に情報を発信する機能は、テレビやラジオなどのメディア技術に始まるものである。
具体例（たとえば、テレビでコメンテーターの解説を聞いて新商品の購入を決めたりするように、メディア技術から発信される情報は、発信者の意図や目的に沿う行動を視聴者にうながすことが多い。）

第12段落では、一つめの**「差異」**が説明されています。従来の技術は「人間の能力を増強する」方向で開発されていましたが、先端技術は「人間が機械に従う」ような方向性の働きかけをするということです。整理すると、次のようになります。

従来の技術
人間の能力を増強する方向で開発されてきた
↔（差異）
先端技術
人間が機械に従うような方向性の働きかけをする

続いて、第13段落を見ていきます。

13 第二に、従来の技術は人間ひとりひとり、あるいはせいぜい数人から数十人ぐらいの能力を増強したり運搬したりするものだったのが、現在の先端技術、とくに情報関係の技術はぼくたちを取り巻く環境となって、あらゆるところに遍在している。このような（指示語）外部環境化も、メディア技術や通信技術あたりから見られる特徴だ。

ここでは、二つめの**「差異」**が説明されています。従来の技術は「ひとり」や「数人から数十人ぐらい」

の人を対象にしたものでしたが、先端技術は「あらゆるところ」にあるとのことです。整理すると、次のようになります。

従来の技術
少数の人間の能力を増強したり運搬したりするものだった
↔（差異）
先端技術
外部環境となって、あらゆるところに遍在している

14 第三に、人体の内部に技術が入り込んでいることだ。今までの技術は（たとえば望遠鏡や顕微鏡のように）、人体の外部にあって付加的に人間の能力を拡張していたが、現在の（マイクロマシーンや人工臓器など）は人体の内部に深く入り込んで、一体化している。

第14段落では、三つめの**「差異」**が説明されていますね。従来の技術は「人体の外部」から付加的に人間の能力を拡張するものでしたが、先端技術は「人体の内部」に深く入り込んで一体化しているということです。「望遠鏡」や「顕微鏡」は前者を、「マイクロマシーン」や「人工臓器」は後者をわかりやすく説明するために挙げられた**「具体例」**ですね。次のように整理することができます。

従来の技術
人体の外部にあって付加的に人間の能力を拡張していた
↔（差異）
先端技術
人体の内部に深く入り込んで、一体化している

15 第四に、ＡＩやロボットは人の代わりとなっていろいろな仕事をしてくれる、エージェントとしての機能を持っている。単に人に使われる道具ではなく、自律して動く仲間なのである。

第15段落では、四つめの**「差異」**が説明されています。「単に人に使われる道具ではなく、自律して動く仲間なのである」という部分に注目しましょう。「ではなく」の前には従来の技術の説明が、「ではなく」の後には先端技術の説明が書かれていました。整理すると、次のようになります。

従来の技術
人に使われる道具だった
↔（差異）
先端技術
自律して動き、人の代わりとなっていろいろな仕事をしてくれる

16 これらの点――自律化、環境化、内部化、代理性――は、従来の技術にほとんど見られなかったか、見られたとしてもごくわずかでしかなかった特徴だ。言いかえると、もともと人と共生体を形成していた人工物は、ここにきていよいよ人体との一体化の度合いが高くなってきたということである。】

段落の冒頭の「これら」に注目しましょう。この指示語によって、直後の「自律化、環境化、内部化、代理性」という部分が、第12～15段落の四つの**「差異」のまとめ**になっていることがわかります。

また、「もともと人と共生体を形成していた人工物は、ここにきていよいよ人体との一体化の度合いが高くなってきた」という部分は、「先端技術」の特徴の説明ですね。

17 これが将来どのような帰結をもたらすのかは、現在のところはよくわからない。（もちろん良い面も多数あるはずだ）が、人間の認知能力などに悪い影響を与える可能性も否定できない。新しい技術の導入は、少しずつ様子を見ながら進めていくしかないだろう。

ここでは、「先端技術」に関して、悪い影響を与える可能性も否定できないため、慎重に導入していくしかないという、**「筆者の主張」**が書かれています。

それでは、ここまでの内容を踏まえて、第二意味段落をまとめていきましょう。

第二意味段落（第11～17段落）まとめ

従来の技術

①人間の能力を増強する方向で開発されてきた
②少数の人間の能力を増強したり運搬したりするものだった
③人体の外部にあって付加的に人間の能力を拡張していた
④人に使われる道具だった

↔（差異）

先端技術

①人間が機械に従うような方向性の働きかけをする（＝自律化）
②外部環境となって、あらゆるところに遍在している（＝環境化）
③人体の内部に深く入り込んで一体化している（＝内部化）
④自律して動き、人の代わりとなっていろいろな仕事をしてくれる（＝代理性）
……人体との一体化の度合いが高くなってきた

筆者の主張

新しい技術の導入は、少しずつ様子を見ながら進めていくしかないだろう第二意味段落では、従来の技術と先端技術の**「差異」**が説明された後に、**「筆者の主張」**がまとめられていましたね。続いて、第三意味段落を見ていきましょう。

第三意味段落（第18〜21段落）

サクッとわかる！
アクティブ・レクチャー
MOVIE
正しい読み方がわかる講義動画にアクセス！
K4-04

18 人間の、新しい技術に対するイメージは、常にアンビバレントだった。◀具体例（中世ヨーロッパでゼンマイ仕掛けの時計が出現したら、これは生命の仕組みを具現化したものだと持ち上げる人たちの一方で、教会の塔に据え付けた時計の時報が聞こえる範囲が「都市」として定められることで、それまでの自由を失う人たちも出てきた。それらの人々にとっては時計のイメージは自由の喪失であり、管理の象徴である。）

第18段落の冒頭には、「人間の、新しい技術に対するイメージは、常にアンビバレントだった」と書かれています。「アンビバレント」は「相反する感情や考え方を同時に心に抱いているさま」などという意味ですが、この言葉の意味がはっきりとわからなかったとしても、直後の「具体例」の中にある「一方で」という言葉に着目して、「生命の仕組みを具現化した」というプラスと「自由を失う」というマイナスが同時にあることがつかめれば問題ありません。つまり、人間が新しい技術に対してプラスとマイナスの心情を同時に抱いていたということですね。これを踏まえて、次の段落に進みましょう。

19 あるいは、（一九世紀にアメリカで消しゴム付き鉛筆が発明されると、便利なので急速に普及したが、その一方で子どもたちが字を書く際に後でも消せるからと安直になるとの批判も起こった。イギリスの小学校では消しゴム付き鉛筆の使用が長い間禁止されていたほどである。）

◀具体例

この段落でも、人間が新しい技術に対してプラスとマイナスの心情を同時に抱いていたことを説明するための**「具体例」**が挙げられています。「が」「一方で」という言葉に注意して、プラスの心情とマイナスの心情を確認しましょう。

20 （新しい技術への賞賛と嫌悪の入り混じったまなざし――これを、SF作家のアイザック・アシモフは「フランケンシュタイン・コンプレックス」と名付けた。一九世紀ゴシックロマンの傑作、メアリー・シェリーの『フランケンシュタイン』に登場するモンスターは、その製作者や家族や友人たちの命を次つぎに奪っていく。人は、みずからが生み出した技術によって滅ぼされるという恐れを、常にいだいているのではないか――人々の抱く技術イメージを、アシモフは喝破した。）

◀引用

第20段落では、人間が新しい技術に対してプラスとマイナスの心情を同時に抱いていたという**「筆者の主張」**を裏付けるために、SF作家アイザック・アシモフの「フランケンシュタイン・コンプレックス」という言葉が**「引用」**されます。また、この段落の冒頭を見ると、プラスの心情は「賞賛」、マイナスの心情は「嫌悪」と言い換えられていることがわかります。

---

21 （C ◀譲歩 このアンビバレンスは新しい技術が出現するたびに再生産されてきた。）しかし、昨今の自律的技術や生命操作技術に関しては、おそらく先に挙げた四つの新しい特性ゆえに、ことにその度合いが強いように思う。ロボットやAIは、（◀具体例 たとえば『鉄腕アトム』に登場するプルートゥのように、）とてつもない破壊力を持ち、災厄をぼくたちにもたらすものとしても描かれてきたし、ぼくたちのさまざまな問題や悩みを解決してくれる（◀具体例 ドラえもんのような）ものとしても描かれてきた。（◀具体例 フランケンシュタインという名前が、他ならぬ、このような人体再生技術をもたらした発明者と結びついていることが象徴的だ。）

第21段落では、今まで説明してきた「アンビバレンス」に関して、「昨今の自律的技術や生命操作技術」つまり「先端技術」に関しては、「先に挙げた四つの新しい特性ゆえに、ことにその度合いが強い」と主張しています。「先端技術」は、「人体との一体化の度合いが高くなってきた」ので、そこにより強いプラスとマイナスの心情が生まれるということです。ちなみに、「アンビバレンス」は「アンビバレント」の名詞形で、どちらも同じ意味の言葉です。

それでは、第三意味段落の内容をまとめておきましょう。

第三意味段落（第18～21段落）まとめ

筆者の主張

人々は「先端技術」に対してより強いプラスとマイナスの心情を抱く

続いて、最後の第四意味段落を読んでいきましょう。

第四意味段落（第22～28段落）

サクッとわかる!
アクティブ・レクチャー
MOVIE
正しい読み方がわかる講義動画にアクセス!
K4-05

22 ◀問題提起 ロボットやAIは、結局のところ、敵なのか、味方なのか？ ◀譲歩（どちらでもある、という答しかありえないのだ）が、そこに多少なりとも選択の余地がぼくたちに残されているのであれば、やはりそれは味方であり、友であってほしい。

第22段落の冒頭では、「ロボットやAIは、結局のところ、敵なのか、味方なのか」という**「問題提起」**がなされます。それに対して、筆者は「やはりそれは味方であり、友であってほしい」と述べています。この部分は「〜ほしい」という形になっているため、**主観的な思い**が書かれているのだとわかります。

23 古来日本では、人工物と人の境界をあまり重視せず、ロボットなどの技術に対しても西洋社会より友好的だとされてきた。その背景にはアニミズム的心性があると指摘する人類学者もいる。（◀具体例 人形供養や針供養など、長く身近にあった道具の寿命が尽きたとき、ただそれらを捨てるのではなく、命あるもののように弔う。）（◀具体例 カメラのようなもっと現代的な道具についても、それは同じだ。）外観も機能ももっと人間に近いロボットとなれば、共感の度合いはもっと高くなる。

この段落では、「やはりロボットやAIは味方であり、友であってほしい」という**「筆者の主張（心情）」**に対する**「根拠」**が述べられます。また、日本人の「共感の度合い」が高いことを説明するための**「具体例」**が挙げられていますね。

24 フィクションの世界で描かれるロボットの姿も、日本では（◀具体例 鉄腕アトムやドラえもんやガンダムなど、）友好的であったり人間の完全な道具であるものが多い。（◀具体例 さらに新しい《攻殻機動隊》では、）人間と機械が一体となった姿が描かれる。それに対しアメリカやヨーロッパでは、（◀具体例 すでに名前の出た『フランケンシュタイン』を始めとして、ロボットの語源となったカレル・チャペックの戯曲『ロボット（R・U・

R)』、映画の《ターミネーター》、《2001年宇宙の旅》など、)人類に危害を加える敵としてのロボットやAIが主流ではないか。

第24段落には、フィクションの**「具体例」**がたくさん登場しますが、とらえるべきは「日本」と「アメリカやヨーロッパ」の**「差異」**です。日本では「友好的」「人間の完全な道具」「人間と機械が一体となった」姿が描かれているのに対して、アメリカやヨーロッパでは「人類に危害を加える敵」として描かれていると説明されていました。まとめると次のようになります。

日本
ロボットやAIは「友好的」「人間の完全な道具」「人間と機械が一体となった」ものとして描かれる
↔(差異)
アメリカやヨーロッパ
ロボットやAIは「人類に危害を加える敵」として描かれる

25 (譲歩 もちろん、東洋/西洋という二分法はあまりにも単純化しすぎており、取り扱いには注意が必要だ。より実証的なデータも集めなければならない。)しかし、技術と社会の関係は双方向的であり、社会の背景には文化システムが厳然と横たわっていることも事実だ。新しい技術と社会の関係を考える際に、やはり文化システムのあり方を考えることは不可欠である。

第25段落では、「もちろん」という言葉を使って、東洋と西洋を単純に二分することには注意が必要だと**「譲歩」**したうえで、社会の背景には「文化システム」があるため、新しい技術と社会の関係を考える際には文化システムのあり方を考えることは不可欠だと**「主張」**しています。

さらに先に進みましょう。

---

26 だとすれば、人と人工物の距離が近いという日本の文化や社会の特性は、ＡＩやロボット技術との共存を目指す際に、ひとつの拠《よ》り所となるのではないだろうか。

ここでは、直前の第25段落を**「根拠」**にしながら、「人と人工物の距離が近い」という日本の文化や社会の特性は、これからＡＩやロボット技術との共存を目指す際の拠り所になるという**「筆者の主張」**が展開されます。

---

27 日本が長年培ってきたノウハウとその背後にある機械観を抽出することは、ＡＩやロボットとの共生が必須の時代における新しい社会的価値を形成する上で、きっと役に立つはずだ。

この第27段落では、先ほどの第26段落の**「主張」**を繰り返し述べていますね。

次がいよいよ最後の段落です。

28 (◀譲歩 暴走を繰り返す科学技術は今まで何度も私たちを翻弄し、大きな災厄をもたらしてきた。) しかし それでも、人類はどうにかこうにかそれらを手なずけ、飼い慣らし、豊かな社会を実現してきた。ＡＩやロボットとて例外ではない。 いや、例外にしてはいけないのだ。

第28段落では、まずは「譲歩」をしたうえで、「人類はどうにかこうにか科学技術を手なずけ、飼い慣らし、豊かな社会を実現してきた」のだから、ＡＩやロボットも「例外にしてはいけない」と述べています。これが**「最終的な筆者の主張」**になりますね。

これを踏まえて、第四意味段落をまとめていきましょう。

第四意味段落（第22～28段落）まとめ

問題提起

ロボットやＡＩは、結局のところ、敵なのか、味方なのか

著者の心情

味方であり、友であってほしい

日本

ロボットやＡＩは「友好的」「人間の完全な道具」「人間と機械が一体となった」ものとして描かれる

↔（差異）

アメリカやヨーロッパ

ロボットやＡＩは「人類に危害を加える敵」として描かれる

筆者の主張

人と人工物の距離が近い日本の文化や社会の特性は、

これからＡＩやロボット技術との共存を目指す際の拠《よ》り所になる

最終的な筆者の主張

人類はＡＩやロボットを手なずけ、飼い慣らし、豊かな社会を実現しなければならない

文章の全体像

サクッとわかる！

アクティブ・レクチャー

MOVIE

正しい読み方がわかる講義動画にアクセス！

K4-06

第一意味段落（第1～10段落）……問題提起・筆者の主張

問題提起

「AI／ロボット技術」の発展により、ほとんどの人間は失業者になってしまうのか

筆者の主張

- 「AI／ロボット技術」による未来は暗いものではない
- 支配層と被支配層とに分かれて固定するまでになることは、まずない

根拠

- 技術には負の側面が常に付きまとう
- 技術の発達による影響の一部は、技術革新の影響を歴史的に振り返れば見当がつく

第二意味段落（第11～17段落）……差異・筆者の主張

従来の技術

①人間の能力を増強する方向で開発されてきた

②少数の人間の能力を増強したり運搬したりするものだった

③人体の外部にあって付加的に人間の能力を拡張していた

④人に使われる道具だった

↔（差異）

先端技術

①人間が機械に従うような方向性の働きかけをする（＝自律化）

②外部環境となって、あらゆるところに遍在している（＝環境化）

③人体の内部に深く入り込んで一体化している（＝内部化）

④自律して動き、人の代わりとなっていろいろな仕事をしてくれる（＝代理性）

……人体との一体化の度合いが高くなってきた

筆者の主張

新しい技術の導入は、少しずつ様子を見ながら進めていくしかないだろう

第三意味段落（第18～21段落）……筆者の主張

筆者の主張

人々は「先端技術」に対してより強いプラスとマイナスの心情を抱く

第四意味段落（第22～28段落）……問題提起・差異・筆者の主張・最終的な筆者の主張

問題提起

ロボットやＡＩは、結局のところ、敵なのか、味方なのか

著者の心情

味方であり、友であってほしい

日本

ロボットやＡＩは「友好的」「人間の完全な道具」「人間と機械が一体となった」ものとして描かれる

↔（差異）

アメリカやヨーロッパ

ロボットやＡＩは「人類に危害を加える敵」として描かれる

筆者の主張

人と人工物の距離が近い日本の文化や社会の特性は、

これからＡＩやロボット技術との共存を目指す際の拠《よ》り所になる

最終的な筆者の主張

人類はＡＩやロボットを手なずけ、飼い慣らし、豊かな社会を実現しなければならない

それでは、問題の「解き方」を確認していきましょう。

解き方

問1

サクッとわかる！
アクティブ・レクチャー
MOVIE
正しい解き方がわかる講義動画にアクセス！
K4-07

STEP 1 設問を確認する

傍線部A「遠い昔のことのように思える」とあるが、このような表現がもたらす効果の説明として最も適当なものを次の中から一つ選びなさい。

この問題は、**傍線部の「表現の効果」を説明する問題**です。基本的には、傍線部の「内容」を説明する問題と同じように解くことができますが、「表現」に注目する必要があります。まずは、傍線部のある一文を分析しましょう。

STEP 2 傍線部を含む一文を分析する［文の構造からポイントをつかむ］

〈ほんの数十年前までは、遺伝子を大雑把に組み換えることすら「神の領域の冒瀆《ぼうとく》」と批判されていたのが、〉遠い昔のことのように思える。

この一文の主部は、「ほんの数十年前までは、遺伝子を大雑把に組み換えることすら『神の領域の冒瀆』と批判されていたのが」です。「ほんの数十年前」の話なのに「遠い昔」と表現しているところに特徴があると考えることができますね。周囲に視野を広げ、筆者が「ほんの数十年前」を「遠い昔」と表現する理由を探していきましょう。

STEP 3 解答の根拠をとらえる［周囲を見る］

4 AI／ロボットだけではなく、ゲノム編集技術や脳と機械の接続（ブレイン・マシン・インタフェイス：BMI）など、生命や人間の側を操作する技術の発展もとどまるところを知らない。ほんの数十年前までは、遺伝子を大雑把に組み換えることすら「神の領域の冒瀆《ぼうとく》」と批判されていたのが、遠い昔のことのように思える。

傍線部Aを含む段落を確認すると、かつては「遺伝子を大雑把に組み換えること」すら「神の領域の冒瀆」と批判されていたのに、現在では「ゲノム編集技術や脳と機械の接続」などの技術さえ誕生してしまっているということがわかります。そして、技術の発展にともなって人間の意識が大きく変わってしまったことを述べるために、時間の隔たりを強調する「遠い昔」という表現を用いているのだと考えることができますね。

STEP 4 解答の根拠をまとめる

先ほどの STEP 3 で確認したポイントをまとめていきましょう。

【A】時間の隔たりを強調する「遠い昔」という表現を用いているのは
【B】技術の発展にともなって人間の意識が大きく変わってしまったことを述べるためである

【A】は「遠い昔」という表現についての説明で、【B】はそのような表現を使った筆者の意図についての説明です。

これを踏まえて、選択肢を見ていきましょう。

正解は、⑤の「過去との隔たりを意識するような表現を用いて、ここ数十年の技術革新とそれに伴う意識の変化の速さを読者に印象付ける効果」です。前半の「過去との隔たりを意識するような表現」という部分が【A】のポイントにあたり、後半の「ここ数十年の技術革新とそれに伴う意識の変化の速さを読者に印象付ける」という部分が【B】のポイントにあたります。

他の選択肢を検討してみましょう。

①はまず、「共通点を感じさせる表現」とありますが、「ほんの数十年前」と「遠い昔」には「共通点」はないので、【A】のポイントとして誤りです。また、「共通点を感じさせる」のに「現在とは異なる点を強調する」としてしまうと、矛盾が生じるため、その点でも誤りです。

②は、「時間の長さを誇張する」とありますが、「遠い昔」は「時間の長さ」を誇張しているのではなく、「時間の隔たり」を強調しているので、【A】の説明として誤りであることがわかります。また、「最近の技術革新が人間に与える影響の大きさを読者に確実に伝えようとする」と書かれていますが、「遠い昔」という表現を用いても「影響の大きさ」を伝えることはできないので、これも誤りです。

③は、「過ぎ去った時間を戻すことができないという後悔を読者に自然と感じさせる」が誤りです。技術の発展に「後悔」という心情が伴うという説明は文章中にありません。

④は、「過去を理想化するような表現」という部分が誤りです。「過去を理想化」しているという心情は、文章中に書かれていません。

問2

サクッとわかる！
アクティブ・レクチャー
MOVIE
正しい解き方がわかる講義動画にアクセス！
K4-08

STEP 1 設問を確認する

傍線部B「技術には負の側面が常に付きまとう」とあるが、筆者はどのようなことを「農耕」技術における「負の側面」として挙げているか、その説明として最も適当なものを次の中から一つ選びなさい。

この問題は、「どのようなことを」と問われているので、**傍線部の「内容」を説明する問題**です。『農耕』技術」の「負の側面」の説明を確認するために、まずは、傍線部のある一文を分析しましょう。

STEP 2 傍線部を含む一文を分析する［文の構造からポイントをつかむ］

だが その 一方で、 技術には〈負の側面が〉常に付きまとう。（B）◀主部傍線部を含む一文の主部は「負の側面が」なので、ここでは「負の側面」の話をしていることになります。農耕の「負の側面」の説明を探すために、農耕の具体例が書かれていた段落を見ていきましょう。

STEP 3 解答の根拠をとらえる［周囲を見る］

6 （▼具体例 たとえば農耕。その起源は茫漠《ぼうばく》としているが、現在のところ最古の農耕の証拠は今から二万三〇〇〇年前のイスラエルあたりにさかのぼるとされている。今から一万年ほど前になると、西アジアや中国でも農耕が行われるようになってくる。

7 この農耕、食料を安定して生産することができるので、あちこち移住する必要がなくなり、人々の栄養状態もよくなって人口が増え、生産力が上がれば富の余剰が社会に蓄積されて強大な統治権力を生み出す母体となったとされている。

8 だが、農耕開始期からしばらくの間、人口はむしろ減少したことが知られている。人々が同じところに密集して、しかも長期間その状態で生活するようになったため、感染症による被害の規模が大きくなったのだ。）

9 人類に害悪をもたらした技術は農耕に限らない。（▼具体例 さまざまな武器は戦争での死者を増やした。運搬や移動のための技術も、移動中の事故で怪我や死亡が生じる。生産のための鋤《すき》や鍬《くわ》も水車ですら、事故はつきものだ。）（▼譲歩 もちろん、これらのデメリットを上回るメリットをもたらしてくれるからこれらの技術は定着したのである。）だがその一方で、B技術には〈▼主部 負の側面が〉常に付きまとう。

第6段落には農耕の「起源」の説明が、第7段落には農耕の「よい側面」の説明が書かれているので、これらは今回見るべき箇所ではないことがわかります。農耕の「負の側面」の説明は、第8段落にありました。人々が密集して生活するようになったことにより感染症の被害が拡大し、人口が減少したことがこれにあたりますね。

STEP 4 解答の根拠をまとめる

STEP 3でとらえた「農耕」の「負の側面」をまとめると、次のようになります。

【A】密集生活による感染症の被害拡大
【B】人口の減少

STEP 5 解答する［選択肢を選ぶ］

正解は、④の「農耕による定住化で感染症の被害規模が拡大し、人口を減少させたこと」です。【A】と【B】のポイントが含まれていますね。

他の選択肢を検討してみましょう。

①には「富の不均衡を生み、経済的な格差が生まれた」とありますが、これは「負の側面」として挙げら

れていない内容なので、誤りです。

②には「強大な統治権力が生まれたこと」とありますが、これは農耕の「よい側面」として挙げられていたものなので、誤りです。

③の「新たな武器の発明」は、第9段落に書かれていますが、これは「農耕」とは異なる例なので、誤りです。

⑤の「開拓という自然破壊が進んだ」は、本文にないため誤りです。

問3

サクッとわかる!
アクティブ・レクチャー
MOVIE
正しい解き方がわかる
講義動画にアクセス!
K4-09

STEP 1 設問を確認する

傍線部C「このアンビバレンス」の説明として最も適当なものを次の中から一つ選びなさい。

この問題は、**傍線部の「内容」を説明する問題**ですね。まずは、傍線部のある一文を分析します。

STEP 2 傍線部を含む一文を分析する［文の構造からポイントをつかむ］

〈Cこの(指示語)アンビバレンスは〉新しい技術が出現するたびに再生産されてきた。

傍線部を含む一文の主部は「このアンビバレンスは」です。また、「この」という指示語が使われているので、これより前の本文中で「アンビバレンス」の意味がわかる部分を探していきましょう。

STEP 3 解答の根拠をとらえる［周囲を見る］

20 〈(引用)新しい技術への賞賛と嫌悪の入り混じったまなざし〉——これを、SF作家のアイザック・アシモフは「フランケンシュタイン・コンプレックス」と名付けた。一九世紀ゴシックロマンの傑作、メアリー・シェリーの『フランケンシュタイン』に登場するモンスターは、その製作者や家族や友人たちの命を次つぎに奪っていく。人は、みずからが生み出した技術によって滅ぼされるという恐れを、常にいだいているのではないか——人々の抱く技術イメージを、アシモフは喝破した。)

21 〈Cこの(指示語)アンビバレンスは〉新しい技術が出現するたびに再生産されてきた。

傍線部の前の第20段落に、「新しい技術への賞賛と嫌悪の入り混じったまなざし」とありました。「アンビバレンス」とはプラスの心情とマイナスの心情を同時に抱くことなので、プラスの心情が「賞賛」でマイナスの心情が「嫌悪」だとわかれば解答することができます。

STEP 4 解答の根拠をまとめる

STEP 3でとらえた「アンビバレンス」の意味は、次の通りです。

【A】新しい技術への賞賛
【B】新しい技術への嫌悪
【C】同時に抱く

これをもとに、選択肢を見ていきましょう。

STEP 5 解答する［選択肢を選ぶ］

正解は、②の「新しい技術の良い面を褒めて持ち上げ心の底から感嘆する気持ちと、悪い影響をいやがったり避けたりしてひどく憎む気持ちと、全く対立する感情が常に同時に存在する

こと」です。【A】と【B】の相反する心情の説明と、【C】のそれが同時にあるという説明がしっかりと入っています。

他の選択肢を検討してみましょう。

①は、【A】【B】【C】のいずれのポイントも入っていないので、まったくの誤りです。

③は、【A】の説明はありますが、「効果はごく僅かなものかもしれないという疑問も感じ」が【B】のポイントとして誤っており、また、「技術に対する判断ができなくなる」という部分も【C】のポイントとして誤っていることがわかります。

④と⑤も、①と同様です。【A】【B】【C】のポイントがどれも含まれていないので、すぐに誤りだとわかります。

このように、ポイントをまったく含んでいない選択肢は絶対に正解になりません。ですから、**ポイントが入っていないとわかった時点ですぐに正解の候補から外していけば、速く確実に解くことができます**。そのような選択肢は、誤りの根拠を本文で探す必要すらありません。ここで稼いだ時間は、難度の高い問題をていねいに考えるために使いましょう。

TIPS ポイントをまったく含んでいない選択肢を除外すれば、圧倒的に速く解ける。

問4

サクッとわかる!
アクティブ・レクチャー
MOVIE
正しい解き方がわかる講義動画にアクセス!
K4-10

STEP 1 設問を確認する

問題文の文章の構成や段落の関係についての説明として最も適当なものを次の中から一つ選びなさい。

この問題では、「文章の構成」や「段落の関係」について適切な説明をしているものを選ぶことが求められています。文章全体を見る必要があるので、**「内容真偽問題」**と同様の手順で考えていきましょう。

STEP 2 選択肢と本文を照らし合わせる

① 最初の二つの段落で提示した問題の答えを、第三段落で示すというように、問いかけの直後の段落で筆者の考えを記すという展開を繰り返しながら、説得力のある論述を進めている。

「最初の二つの段落で提示した問題の答えを、第三段落で示す」とあるので、第2段落と第3段落を確認しましょう。第2段落に出てきた「同じようなことが……起こるのか」「ほとんどの人間は失業者になってしまうのか」という疑問に対する答えは、第10段落に書かれていましたね。第3段落に書かれているのは「一般論」なので、この選択肢の説明は正しくないことがわかります。

---

② 第五段落までがこの文章の序論に当たる部分で、その末尾は「暴走してきたのではなかろうか」という問いかけになっているが、次の段落から示される具体例はこの問いかけを否定している。

第5段落と、第6段落以降の「具体例」を確認しましょう。すると、第6段落以降に書かれている「具体例」は、「(科学技術は)暴走してきたのではなかろうか」という問いかけを裏付けるために挙げられているのだということがわかります。そのため、「次の段落から示される具体例はこの問いかけを否定している」という説明は正しくありません。

---

③【　】で囲んだ第十段落から第十六段落の、AIやロボットが社会に与える影響を記す複数の段落は、「起承転結」の「転」に当たる部分で、論旨とはあまり関係ない説明を加えて文章に変化を与えようとしている。

【　】で囲まれている部分を確認しましょう。まず、第10段落で筆者は「AI／ロボット」の技術の発

展に対して、さほどネガティブな見方をしていないということを示していました。続く第11～16段落では、「従来の技術」と「先端技術」の「差異」を四点挙げ、「人工物は、ここにきていよいよ人体との一体化の度合いが高くなってきたということである」という見解を示しています。これ以降は、この見解を「根拠」にしながら「筆者の主張」が展開されていくので、【　　】で囲まれた部分は文章全体の中で大事な役割を果たしています。ですから、「論旨とはあまり関係ない」という説明は正しくないことがわかります。

---

④「ロボットやＡＩは、結局のところ、敵なのか、味方なのか？」から始まる、終わりの七つの段落が、この文章の結論に当たる部分で、筆者の希望を含んだ最終的な考えが記されている。

「終わりの七つの段落」である、第22～28段落を確認しましょう。「ロボットやAIは、結局のところ、敵なのか、味方なのか？」という「問題提起」に対して、筆者は同じ段落内で「やはりそれは味方であり、友であってほしい」という「主張（心情）」を述べています。以降の段落では、「日本」と「アメリカやヨーロッパ」の「差異」を説明したうえで、AIやロボット技術との共存を目指すべきだと「主張」していました。この選択肢の説明は、第22～28段落の構成を**正しく説明できていますね。**

---

⑤最後の段落は、冒頭の段落の問いかけに応えており、最初に述べたＡＩやロボットの特徴に再び言及して終わることで論の話題や筆者の主張が理解しやすい文章になるよう工夫がなされている。

「最後の段落は、冒頭の段落の問いかけに応えており、最初に述べたＡＩやロボットの特徴に再び言及して終わる」とあるので、最後の第28段落と冒頭の第1段落を見てみましょう。すると、「冒頭の段落の問いかけに応えており」という説明が誤りであることがわかります。冒頭の第1段落に問いかけはありませんから、もちろん最後の第28段落も、それに応えたものではありません。さらに、「最初に述べたＡＩやロボットの特徴に再び言及して」もいないので、誤りであるとわかります。

STEP 3 解答する

以上、①〜⑤の選択肢を本文に照らし合わせて検討したことで、**本文の構成や段落の関係を正しく説明しているものは④であることがわかりました。**

この問題では、設問の文中に傍線部が示されてはいませんでしたが、**選択肢の中に見るべき箇所がしっかりと書かれていた**ので、それをもとに該当箇所と照らし合わせていけば、選択肢の説明が正しいかどうかを判断することができました。漠然と文章全体を眺めていても「根拠」はつかめないので、**選択肢を確認して、見るべき箇所を限定するようにしましょう。**

TIPS 傍線部のない問題では、選択肢を確認して、見るべき箇所を限定する。

問5

サクッとわかる!
アクティブ・レクチャー
MOVIE
正しい解き方がわかる講義動画にアクセス!
K4-11

STEP 1 設問を確認する

次のア〜オについて、問題文の内容に合致するものには1を、そうでないものには2を、それぞれ答えなさい。

この問題は、「問題文の内容に合致するもの」と「そうでないもの」を答える**「内容真偽問題」**ですね。選択肢を確認して、本文と照合していきましょう。

STEP 2 選択肢と本文を照らし合わせる

ア　AIやロボット技術の発展はすさまじく、生命や人間の側を操作する科学技術の発展も、かつての限界を越えてきている。

「AIやロボット技術の発展はすさまじく」という内容は、第1段落に書かれていましたね。また、「生命や人間の側を操作する科学技術の発展も、かつての限界を越えてきている」という内容は、第4段落に「生命や人間の側を操作する技術の発展もとどまるところを知らない」と書かれていました。したがって、**本文の内容に合致している**と言えます。

イ　テレビやラジオなどの機械へ向かってコメンテーターが新商品の情報を発信するという働きかけは、現在の先端技術の特徴である。

「テレビやラジオなどの機械へ向かってコメンテーターが新商品の情報を発信する」とあるので、この内容が書かれていた第12段落を確認しましょう。この段落では、「従来の技術」と「先端技術」の一つめの「差異」が説明されていました。この中に「テレビでコメンテーターの解説を聞いて新商品の購入を決めたりする」と書かれていましたが、これは、「機械から人へという方向に情報を発信する機能」の「具体例」です。それに対して、選択肢の説明は「機械へ向かって情報を発信する」となっているので、**本文の内容に合致していない**ことがわかります。

ウ　現在では、AIやロボットは、人間が果たすべき役割を担い、私たち人間の代わりとなることもある。

「AIやロボットは、人間が果たすべき役割を担い、私たち人間の代わりとなることもある」という内容が書かれていた第15段落を確認します。ここでは、「従来の技術」と「先端技術」の四つめの「差異」が説明されていて、「AIやロボットは人の代わりとなっていろいろな仕事をしてくれる、エージェントとしての機能を持っている」と書かれていました。したがって、この選択肢は**本文の内容に合致している**と言えます。

エ　古来日本では人と人工物との距離が近かったが、現代的な道具の場合も距離が近いかどうかの判断には注意が必要だ。

「古来日本では人と人工物との距離が近かった」とあるので、「古来日本」の「人と人工物との距離」について書かれていた第23段落を確認しましょう。この段落では、「カメラ」のような「現代的な道具」でも距離が近いことが説明されており、さらに、「外観も機能ももっと人間に近いロボットとなれば、共感の度合いはもっと高くなる」とあるので、選択肢の「現代的な道具の場合も距離が近いかどうかの判断には注意が必要だ」という説明は、**本文の内容に合致していない**ことがわかります。

オ　科学技術には害悪もあるが、それを上回る利益を得られるから技術は定着し、技術をうまく扱いながら人類は豊かな社会を実現してきた。

この選択肢の前半は、第9段落の「デメリットを上回るメリット」があるから「技術は定着した」という部分を言い換えています。また、「科学技術」を利用して人類が「豊かな社会を実現してきた」という内容は第28段落にあり、「暴走を繰り返す科学技術」を「人類はどうにかこうにかそれらを手なずけ、飼い慣らし、豊かな社会を実現してきた」と述べられているので、この選択肢は**本文の内容に合致している**とわかります。

STEP 3 解答する

以上から、**アは「1」、イは「2」、ウは「1」、エは「2」、オは「1」が正解です**。

問題4 解答

問1 ⑤
問2 ④
問3 ②
問4 ④
問5 ア 1 イ 2 ウ 1 エ 2 オ 1

要点整理

TIPS

「全体」は「部分」の集合体に過ぎない。「部分」(=意味段落)ごとに分ければ、見るべき箇所がすぐにわかる。

……本冊152ページ

TIPS

▼「文章の構成」に注目しながら、意味段落の内容を整理する。

……本冊161ページ

TIPS

▼ポイントをまったく含んでいない選択肢を除外すれば、圧倒的に速く解ける。

……本冊191ページ

TIPS

▼傍線部のない問題では、選択肢を確認して、見るべき箇所を限定する。

……本冊195ページ

第5講

空所に適切な語句を入れる問題

サクッとわかる!

ダイジェスト・レクチャー

MOVIE

重要ポイントを
ギュッと凝縮した
講義動画にアクセス!

K5-01

LECTURE

空所に語句を入れる問題は、どうやって解くの？

TIPS

空所に入る言葉の見当をつけないまま選択肢を見るのはNG！「接続表現」や「否定の表現」をヒントにして、空所に入る言葉を考える。

今回は、空所に適切な語句を入れる問題、つまり**「空所補充問題」**の解き方を学んでいきます。

「空所補充問題」は、出題者が文章に穴を開けて、元々あった語句を補充させるというものですが、この問題は、**「文法」と「論理」という「ルール」にしたがって文章を正しく整理する力**を試すために出題されます。

たとえば、文章中に次のような箇所があったとしましょう。

例 ○○○○。つまり、□である。

この場合、「つまり」という換言の働きをする接続表現があるので、[　]には、「〇〇〇〇」と同じ意味の言葉が入るとわかります。

では、次のような場合はどうでしょう?

例　[　]ではなく、△△△△である。

今回は、[　]の直後の「ではなく」という言葉がヒントになります。「ではなく」には、前の内容を否定する働きがあるので、[　]には「△△△△」と反対の内容が入るとわかります。

このように、「空所補充問題」では、**空所の前後にヒントとなる言葉があり、そのヒントをもとに文章を整理していけば、空所にあてはまる言葉がわかるようになっています。**

「空所補充問題」には、「キーワード」を答える問題と「接続詞」や「副詞」などを答える問題がありますが、どちらも、次の手順で考えていくことができます。

STEP 1 設問を確認する
STEP 2 空所を含む一文を分析する［文の構造からポイントをつかむ］
STEP 3 解答の根拠をとらえる［周囲を見る］
STEP 4 解答の根拠をまとめる
STEP 5 解答する［選択肢を選ぶ］

一つずつ、詳しく説明していきます。

STEP 1 設問を確認する

文章中に空所があったら、「空所補充問題」が出題されているのだとわかりますね。解答の形式は、**選択式**が多いのですが、抜き出しや、まれに記述の場合もあります。

STEP 2 空所を含む一文を分析する［文の構造からポイントをつかむ］

空所を含む一文の文構造を分析するときには、空所に入るものが文の成分のどれにあたるのかを確認しましょう。そして、**空所の前後を見て、空所にあてはまる言葉を考えるためのヒントをつかんでいきます**。

STEP 3 解答の根拠をとらえる［周囲を見る］

空所を含む一文の分析によってヒントをつかんだら、**周囲に視野を広げて、解答の根拠を探していきましょう**。

このとき、**「接続表現」**や**「否定の表現」**には特に注意します。また、**空所を含む一文に似た構造の文**があったらチェックしておきましょう。

STEP 4 解答の根拠をまとめる

「解答の根拠」をとらえたら、**空所に入る言葉の内容をまとめます**。

STEP 5 解答する［選択肢を選ぶ］

最後に、**「ポイント」を参照しながら解答します**。「空所補充問題」でも**「積極法」**で考えることが基本です。空所に入る言葉の見当をつけないまま選択肢を見るとどれも正解であるように思えてしまうので、**空所に入る言葉を自分で考えてから選択肢を検討するようにしましょう**。

それでは、実際の問題で確認していきましょう。

読み方

第一意味段落（第1〜3段落）

サクッとわかる！
アクティブ・レクチャー
MOVIE
正しい読み方がわかる講義動画にアクセス！
K5-02

1　十九世紀に成立した「近代的」演奏会の聴衆にとって、「作品」を鑑賞することが演奏会の第一の目的であるとされた。前世紀のように社交目的で演奏会にやってくる者はもちろんのこと、ヴィルトゥオーソ（芸術（音楽）の技術に優れた人をいう言葉）の場合のように、もっぱら「演奏」ばかりに気をとられるような聴き方も厳しく排除された。「作品」を鑑賞するということは、単なる感性的な楽しみに堕してはならないということであった。（「この旋律はきれいだ」とか「このリズムはノリがいい」などという具合に、）細部の感性的な音響刺激にとらわれるような聴き方は「娯楽音楽」のそれであり、「高級」な音楽鑑賞にはふさわしくなかった。真の聴衆には、感覚表層に現われるそれらの多彩な音響刺激を統一的に捉える精神の働きが要求された。それは言い換えれば、作品を一つの全体として理解し、各部分をその全体の中に位置づけるような構造的な聴き方が求められているということである。

◀具体例

今回の文章には、「　」（カギカッコ）がついている**「個人言語」**がたくさん登場します。「個人言語」とは、筆者が特殊な意味を込めて使っている言葉なので、その意味を考えながら読んでいくとともに、**「個人言語」をグループ分けして、「筆者の主張」を理解する手がかりとしましょう。**

TIPS 「個人言語」をグループ分けして、「筆者の主張」を理解する手がかりとする。

まず、「近代的」演奏会では、「作品」を鑑賞することが演奏会の第一の目的であるとされたのですから、「作品」は「近代」のグループに入るとわかります。一方で、もっぱら「演奏」ばかりに気をとられるような聴き方が厳しく排除されたとあるので、「演奏」は「前近代」のグループに入ります。

また、「聴き方」に関しても、「細部の感性的な音響刺激にとらわれるような聴き方」は、「近代」においてはふさわしくなく、「作品を一つの全体として理解し、各部分をその全体の中に位置づけるような構造的な聴き方」が求められたとあります。

これをふまえて、「前近代」のグループと「近代」のグループに分けて、文章の内容を整理しておきましょう。

前近代
細部の感性的な音響刺激（＝演奏）にとらわれるような聴き方
↔（差異）
近代
各部分を全体（＝作品）の中に位置づけるような構造的な聴き方

特に、「細部の感性的な音響刺激＝演奏」と「全体＝作品」の**「差異」**をとらえることが重要です。
続いて、第二意味段落に進みましょう。

2 ◀具体例（「ジャジャジャジャーン」というモチーフを聴いて、それが勇ましくてカッコイイと言ってしびれていてはいけないのである。）「高級音楽」にふさわしい聴衆は、このモチーフが楽曲の中でどのような役割を果たしているかを聴き取ることのできる人である。◀譲歩（それは、楽曲全体が「過酷な運命に立ち向かって戦いの末勝利する人間」を描いたものであるという理解に立てば、このモチーフを「運命が扉をたたいているさま」として聴くことであるかもしれないし（この解釈の正当性はこの際関係ない）、楽曲全体が「緊密に連関した純粋な音の構成体」であるという理解に立てば、このモチーフを「第一楽章の第一主題で、全楽章を統一するタタタターンというリズムをもつもの」として聴くことであるかもしれない。）しかし、いずれにせよそれは、当のモチーフを「〇〇として聴く」ことなのだ。そして、この〇〇を理解することによって、われわれの音楽体験には「精神的な高み」への道が開ける、という仕組みになっているのである。だからこういう精神的体験に関わりのないものは聴いてはならないのだ。（たとえばヴァイオリン奏者が弓を下ろすときに誤って弦にさわってしまうことによって出た音とか、ホルン奏者の出すGの音がしくじって不安定になっているところ、）そんなものは作品を X に理解することには何の関わりもない、あらずもがなのものなのである。

第2段落には、第1段落の内容を説明するための**「具体例」**が書かれています。この段落でも、先ほどのグループ分けにしたがって、内容を整理しておきましょう。まず、『ジャジャジャジャーン』というモチーフを聴いて、それが勇ましくてカッコイイと言ってしびれるという聴き方は否定されています。ですから、これが「前近代」のグループに入ります。そして、「このモチーフが楽曲の中でどのような役割を果たしているかを聴き取る」聴き方がよいとされているので、こちらが「近代」のグループに入ることがわかります。

次に、いくつかの聴き取り方の可能性があることが示されますが、16〜17行目にある**「いずれにせよ」**という言葉に注目しましょう。「いずれにせよ」は、異なるものを一つにまとめるときに使われますので、この言葉を見つけたら、**その後に書かれている「まとめ」をチェックしましょう**。ここでは、さまざまな聴き方はあるとしても、それらは結局、「当のモチーフを『〇〇として聴く』」という聴き方なのです。これは、第1段落に書かれていたように、「作品を一つの全体として理解し、各部分をその全体の中に位置づけるような構造的な聴き方」のことを意味します。

そして、「全体」に関わらないものは「聴いてはならない」のだとする「近代」の考え方が説明されていました。

---

3 A 逆のケースを考えれば、ヴィルトゥオーソのわざを聴くことは作品を理解することとは何ら関わりがないということになる。われわれのなすべきことは、精神の力によって音の背後に込められている内容を解釈することなのであり、そのような精神的内容に関与するものとして音を聴くことである。いかに超人的な技巧を誇る華麗な演奏であっても、それが作品自体を X に理解することに関わらない限り、無意味であるし、むしろそれが作品そのものからわれわれの目をそらさせてしまうだけ有害ですらあるということになるのである。極端に言ってしまえば、われわれは音を聴くのではなく、音の一つの機能として捉えることによって、その背後にあるものを聴くのである。（◀譲歩 B こう言い切ってしまうことはいささか乱暴に過ぎるかもしれない。かの「高級音楽」の思想も、決して感性的なものを無視しているのではなく、そういう多様な感覚刺激を統一するものとしての精神の働きを強調しているだけのことなのである。）しかし、音楽が「精神性の欠如」という批判を恐れるあまり、いささか過剰防衛ぎみに「精神面」を強調しすぎたことは否めない。

第3段落の冒頭に「逆のケース」とあるので、この部分も**「具体例」**だと考えることができます。「ヴィルトゥオーソのわざを聴く」とは、まさに「演奏」を聴くことですが、これは「作品を理解することとは何ら関わりがない」行為だということです。その直後の部分には、「近代」的な音楽の聴き方が求められているのだと書かれていますね。

次に、28行目の「極端に言ってしまえば」という言葉に注目しましょう。この直後に、これまでの内容の「まとめ」が書かれているということですね。ここには「音を聴くのではなく、音の一つの機能として捉えることによって、その背後にあるものを聴く」と書かれていますが、これは「Aではなく、B」という**「否定」のカタチ**になっています。対立する二つの内容を確認するようにしましょう。

そして、B の直後には「こう言い切ってしまうことはいささか乱暴に過ぎるかもしれない」と書かれています。「音を聴くのではない」という言い方は「乱暴」過ぎるし、感性的なものを無視しているわけではないのだと書かれていますので、この部分は**「譲歩」**の働きをしているのだということがわかります。この段落の最後の「しかし」以降の部分では、音楽が「精神性の欠如」という批判を恐れていたからこそ、「精神面」を強調しすぎたのだということが書かれています。

以上を踏まえて、第一意味段落の内容をまとめておきましょう。

第一意味段落（第1～3段落）まとめ

前近代

細部の感性的な音響刺激（＝演奏）にとらわれるような聴き方

↔（差異）

近代

各部分を全体（＝作品）の中に位置づけるような構造的な聴き方

＝精神の力によって音の背後に込められている内容を解釈する

＝精神的内容に関与するものとして音を聴く

第二意味段落（第4～6段落）

続いて、第二意味段落を読んでいきましょう。

サクッとわかる！

アクティブ・レクチャー

MOVIE

正しい読み方がわかる講義動画にアクセス！

K5-03

4　C　、「近代」的な音楽聴取とは、可能な限り純粋にこのような要求を実現する行為でなければならなかった。それは音楽体験の中で作品理解に関与性をもつ有意味なものとそれを欠く無意味なものとを峻別《しゅんべつ》することを要求した。そして多かれ少なかれ、われわれはそういう能力を身につけている。（われわれは譜面をめくる音や指揮者の足音が作品理解にとって無意味であることを知っており、音楽を聴きながらそれらを無意識のうちに排除してゆく。また、オーボエの奏する旋律を聴くとき、それが副次主題として主部と対照的な雰囲気を醸し出しているというようなことには意味があるが、それが昨日酔っ払ってきいたチャルメラのラッパの音に似ているというようなことは無意味だ、ということをわれわれは知っている（それを知らないと「不謹慎」な聴き方だということになる）。）このように、われわれを取り巻く音事象の中から作品理解に関与的なものだけを集中的に聴き取り、それ以外のものを可能な限りシャットアウトしようとする禁欲的な聴き方、それをマリー・シェーファーに倣って「集中的聴取」と呼んでもよいだろう。

指示語　具体例　指示語

第4段落では、今までの内容をまとめたうえで、「音楽体験の中で作品理解に関与性をもつ有意味なものとそれを欠く無意味なものとを峻別する（＝はっきり区別する）こと」が求められたのだという、新しい考え方が示されます。その「具体例」がいくつか挙げられた後に、**「このように」**という指示語を使って、ここまでの内容をまとめています。この**「まとめ」**の部分では、「作品理解に関与的なものだけを集中的に聴き取り、それ以外のものを可能な限りシャットアウトしようとする禁欲的な聴き方」を「集中的聴取」と定義しています。これ以降は、この「集中的聴取」の説明をしっかりとつかんでいくようにしましょう。

5 そして実際、こうした「集中的聴取」をできるだけ理想的に実現するために、あらゆる努力がはらわれてきたのである。◀具体例（ほとんどピューリタニズムと言ってよいほど禁欲的な「演奏会のモラル」の確立もその一つであろう。巨額の資金を投じてつくられた、外の音を完全にシャットアウトするホールもまた、作品理解と関係ない音をできるだけ排除しようとする思想の産物である（少なくとも内部の音が外に漏れないようにして、はた迷惑にならないようにしようという観点からつくられたものではない）。演奏中に客席の照明を落として暗くするのもまた、周囲の人間関係や雑事をできるだけ取り払い、作品にじかに向き合って集中できるための配慮であった。）

第5段落では、「集中的聴取」を実現するためにはらわれた「あらゆる努力」の**「具体例」**が説明されます。この段落には「具体例」が列挙されているのだということがわかったら、次の段落に進みましょう。

6 こうして演奏会場は周囲から切り離され、隔離された［ Y ］となる。それは単に音響的な意味でそうなったにとどまらなかった。こうした聴取はきわめて個人的な体験となる。聴衆は（少なくとも演奏中は）社会的なしがらみから切り離されて一個人として作品と向き合うようになったのである。暗くなる客席はそれを象徴している。◀比較（十八世紀、演奏会が社交の場であったときには、明るい客席で聴衆たちは互いの姿を見せ合った。しかもそれはほとんどが知っている人間同士であり、たとえ音楽を聴いているときでも、彼らが日常の主従関係や社交上のつながりから切り離されることは難しかった。）客席が暗くなることによって、たとえ隣に上司がいようとも、聴衆はそれにわずらわされることなく作品鑑賞に集中できるようになった。このことはそのまま聴取行為の脱社会化の歴史であり、非日常化の歴史であった。

第6段落では、「演奏会場」が社会的なしがらみから切り離され、個人として作品と向き合う場になったことが説明されます。「暗くなる客席」はそれを象徴するものでした。

そして、55行目の「十八世紀」という言葉に注目しましょう。これは「前近代」の内容なので、「前近代」と「近代」を**「比較」**していることがわかります。このように、過去と比較されている部分があったら、**「変化」**している点に注目するようにしましょう。ここでは、聴取行為の「脱社会化」「非日常化」という「変化」が説明されていました。

第二意味段落（第4～6段落）まとめ

前近代
日常の主従関係や社交上のつながりから切り離されることが難しかった
←（変化）
近代
社会的なしがらみから切り離されて一個人として作品と向き合うようになった

続いて、最後の第三意味段落を読んでいきます。

第三意味段落（第7～8段落）

サクッとわかる！

アクティブ・レクチャー

MOVIE

正しい読み方がわかる講義動画にアクセス！

K5-04

7 （もちろん◀譲歩、すべてが理屈のとおりになったわけではない。ヴィルトゥオーソ的な演奏家が今世紀になっても残り続けたように、「作品を聴かない」聴衆も完全に消え去ることはなかった。演奏会をデートの場にしている聴衆はいつの日でもいないことはないだろう。いや、もっと言うなら、どんな聴衆でも百パーセント社会から切り離されて、百パーセント集中的聴取に没頭するなどということはありえないと言ったほうがよいだろう。）しかしそういうとき、問題が「倫理的」な性格を帯びているだけ規制力は大きくなる。何しろそういう聴き方をしない人は「低俗」な聴衆であり、聴衆の本分にもとる存在にされてしまうのである。別に他人に言われないまでも、ヴィルトゥオーソにうつつを抜かしてしまった聴衆は、その「ミーハー」的な態度を心のうちで恥じ、ひそかに「本当はこういうことではいけないんだけど」と反省したことであろう。そういう禁欲的な自己規制が働いている限り、たとえ聴衆の大半がそういうありかたをしていなかったとしても、こうした聴取の規範は崩れることがなかったにちがいない。いや実際のところ、ここに述べてきたような聴き方を忠実に実践する「近代的聴衆」という概念はあくまでも理念的なものであって、実体は存在しなかったと言ったほうが適切なのかもしれない。

第7段落の「もちろん」から始まる部分では、「理屈」どおりにいかない聴取の「現実」が説明されています。現実的にはいつも「集中的聴取」が行われているわけではないのですが、人々は「集中的聴取」を「聴取の規範」としてきました。そのため、「集中的聴取」は「実体」ではなく「理念」であると言ったほうが適切かもしれないと、筆者は考えているのです。

8 ◀引用（その意味で、この「近代的聴衆」のありかたは、ポスト・モダニズムの建築家チャールズ・ジェンクスがモダニズム建築の想定する大衆を指して呼んだ「神話的近代人」という言葉を思い出させるところがある。ジェンクスが言うには、モダニストの建築家たちは、建築の象徴性といった「低俗」なことがらに一切関心を示さない「高級」な人間を想定して建築デザインを行ったが、それはそもそも実体のないものであったというのである。）彼の言う「神話的近代人」と同じく、われわれがここで取り上げてきた「近代的聴衆」も、「エリート」として、ある種普遍的な存在として想定されていた。彼らの聴き方は「倫理的に正しいもの」であって、それは時代の Z などの問題ではなかった。◀具体例（ワーグナーに端的にみられたような「真面目派」の主張が、「モード」や「ファッション」に対して、音楽はそういうものに流されてはいけない、価値ある古典作品こそが聴かれなければならない、というものであったことを思い出してほしい。）そういう意味で、こうした「集中的聴取」のありかたが、決して数ある聴取の形態の一つにすぎないものではなく、他とは違う「正しい音楽の聴き方」であることを彼らは信じて疑わなかったのである。

第8段落の冒頭では、「チャールズ・ジェンクス」の言葉が**「引用」**されていますね。76行目に「同じく」という言葉があるので、この部分は、**「筆者の主張」を裏付けるために引用された**のだということがわかります。筆者は、この引用の直後で、「近代的聴衆」は「エリート」という「普遍的な存在」として想定されたものだと述べています。第7段落にも書かれていたように、「近代的聴衆」は「理念的なもの」であるということですね。

そして、この文章の最後では、「集中的聴取」は「倫理的に正しいもの」であり、「近代的聴衆」はそれを「正しい音楽の聴き方」だと信じていたのだということが説明されていました。

第三意味段落で述べられていた「集中的聴取」と「近代的聴衆」に対する筆者の考えをまとめると、次のようになります。

第三意味段落（第7～8段落）まとめ

筆者の主張

「集中的聴取」は、「倫理的に正しい」音楽の聴き方であり、「近代的聴衆」はそれを「正しい音楽の聴き方」だと信じていた

続いて、文章の全体像を確認していきましょう。

文章の全体像

サクッとわかる！
アクティブ・レクチャー
MOVIE
正しい読み方がわかる講義動画にアクセス！
K5-05

第一意味段落（第1～3段落）……差異

前近代

細部の感性的な音響刺激（＝演奏）にとらわれるような聴き方

↔（差異）

近代

各部分を全体（＝作品）の中に位置づけるような構造的な聴き方

＝精神の力によって音の背後に込められている内容を解釈する

＝精神的内容に関与するものとして音を聴く

第二意味段落（第4～6段落）……変化

前近代

日常の主従関係や社交上のつながりから切り離されることが難しかった

↑（変化）

近代

社会的なしがらみから切り離されて一個人として作品と向き合うようになった

第三意味段落（第7～8段落）……筆者の主張

筆者の主張

「集中的聴取」は、「倫理的に正しい」音楽の聴き方であり、

「近代的聴衆」はそれを「正しい音楽の聴き方」だと信じていた

「差異」や「変化」は、空所補充問題を考えていく際の重要なヒントになるので、ていねいに確認するようにしましょう。

TIPS

「差異」や「変化」は空所補充問題を考えていく際の重要なヒントになる。

解き方

問1

サクッとわかる！
アクティブ・レクチャー
MOVIE
正しい解き方がわかる講義動画にアクセス！
K5-06

STEP 1 設問を確認する

A ～ C に入るものとして最も適当と思われるものを次の中から一つ選びなさい。ただし、同じ選択肢を二度以上選んではいけない。

この問題は、**空所に適切な語句を入れる問題**です。選択肢を見ると、「接続詞」や「副詞」を入れるものだということがわかります。さっそく、それぞれの空所を含む一文を分析していきましょう。

STEP 2 空所を含む一文を分析する［文の構造からポイントをつかむ］

A 逆のケースを考えれば、◀主部〈ヴィルトゥオーソのわざを聴くことは〉作品を理解することとは何ら関わりがないということになる。

空所を含む一文の主部は、「ヴィルトゥオーソのわざを聴くことは」です。これが「作品を理解することとは何ら関わりがない」とは、どういうことでしょうか？ A の直後に「逆のケースを考えれば」とあることに注目しましょう。「〈ヴィルトゥオーソのわざを聴くことは〉↓作品を理解することとは何ら関わりがないということになる」というのは、この直前に書かれていることの「逆のケース」なのだということがわかります。直前の第2段落に視野を広げていきましょう。

STEP 3 解答の根拠をとらえる［周囲を見る］

2 （◀具体例「ジャジャジャジャーン」というモチーフを聴いて、それが勇ましくてカッコイイと言ってしびれていてはいけないのである。）「高級音楽」にふさわしい聴衆は、このモチーフが楽曲の中でどのような役割を果たしているかを聴き取ることのできる人である。（◀譲歩それは、楽曲全体が「過酷な運命に立ち向かって戦いの末勝利する人間」を描いたものであるという理解に立てば、このモチーフを「運命が扉をたたいているさま」として聴くことであるかもしれないし（この解釈の正当性はこの際関係ない）、楽曲全体が「緊密に連関した純粋な音の構成体」であるという理解に立てば、このモチーフを「第一楽章の第一主題で、全楽章を統一するタタタターンというリズムをもつもの」として聴くことであるかもしれない。）しかし、いずれにせよそれは、当のモチーフを「○○として聴く」ことなのだ。そして、この○○を理解することによって、われわれの音楽体験には「精神的な高み」への道が開ける、という仕組みになっているのである。だからこういう精神的体験に関わりのないものは聴いてはならないのだ。◀具体例（たとえばヴァイオリン奏者が弓を下ろすときに誤って弦にさわってしまうことによって出た音とか、ホルン奏者の出すGの音がしくじって不安定になっているところ、）そんなものは作品を X に理解することとは何の関わりもない、あらずもがなのものなのである。

3 A 逆のケースを考えれば、◀主部〈ヴィルトゥオーソのわざを聴くことは〉作品を理解することとは何ら関わりがないということになる。

19行目の「だから」以降に注目しましょう。「精神的体験に関わりのないものは聴いてはならない」とあり、その直後に書かれている「ヴァイオリン奏者が弓を下ろすときに誤って弦にさわってしまうことによって出た音とか、ホルン奏者の出すGの音がしくじって不安定になっているところ」というのは、ミスの「具体例」ですね。このようなミスは、精神的体験と無関係なため、作品の理解には関わりがないものなのだと述べられています。

そして、 A をはさんで、「逆のケース」として「ヴィルトゥオーソのわざを聴く」という「具体例」が書かれています。「ヴィルトゥオーソのわざ」とは、「芸術（音楽）の技術に優れた人の演奏」のことなので「ミス」とは逆のものなのですが、技術に優れた人の「演奏」もまた、精神的体験に無関係であるため、作品を理解することとは何ら関わりがないのだということです。

STEP 4 解答の根拠をまとめる

STEP 3で考えたことをまとめると、次のようになります。

ミスは精神的体験と無関係なので、作品の理解には関わりがない
←　A
逆のケースを考えれば、技術の優れた演奏は精神的体験と無関係なので、作品の理解には関わりがない

「ミスは精神的体験と無関係なので、作品の理解には関わりがない」という「前提」をもとにするならば、逆のケースである「技術の優れた演奏」もまた、「精神的体験と無関係なので、作品の理解には関わりがない」と言えるわけです。

ここでは、**「前提」と「帰結」のつながり**ができていることがわかります。

選択肢の中から答えを選ぶのは、他の空所を検討した後にまとめて行いますので、続けて、B を含む一文を分析していきましょう。

STEP 2 空所を含む一文を分析する［文の構造からポイントをつかむ］

B 〈こう言い切ってしまうことは〉（主部） いささか乱暴に過ぎるかもしれない。

空所を含む一文は、「〈こう言い切ってしまうことは〉↓いささか乱暴に過ぎるかもしれない」となっています。先ほど第3段落を読んだときにも確認したように、自らの主張に対して「乱暴に過ぎるかもしれない」と言っているので、この部分では筆者が他者の考えに**「譲歩」**しているのだと考えることができますね。「こう」という「指示語」が指し示している内容を確認しつつ、この後の部分を見ていくために、第3段落全体に視野を広げていきましょう。

STEP 3 解答の根拠をとらえる［周囲を見る］

3 A 逆のケースを考えれば、ヴィルトゥオーソのわざを聴くことは作品を理解することとは何ら関わりがないということになる。われわれのなすべきことは、精神の力によって音の背後に込められている内容を解釈することなのであり、そのような精神的内容に関与するものとして音を聴くことである。いかに超人的な技巧を誇る華麗な演奏であっても、それが作品自体を X に理解することに関わらない限り、無意味であるし、むしろそれが作品そのものからわれわれの目をそらさせてしまうだけ有害ですらあるということになるのである。極端に言ってしまえば、われわれは音を聴くのではなく、音の一つの機能として捉えることによって、その背後にあるものを聴くのである。〈〔B〕〈こう言い切ってしまうことは〉いささか乱暴に過ぎるかもしれない。かの「高級音楽」の思想も、決して感性的なものを無視しているのではなく、そういう多様な感覚刺激を統一するものとしての精神の働きを強調しているだけのことなのである。〉しかし、音楽が「精神性の欠如」という批判を恐れるあまり、いささか過剰防衛ぎみに「精神面」を強調しすぎたことは否めない。

譲歩　主部　指示語

まず、「こう言い切ってしまうことは」の「こう」が指し示しているのは、「われわれは音を聴くのではなく、音の一つの機能として捉えることによって、その背後にあるものを聴くのである」という部分ですね。

また、32行目に「しかし」とあり、この直後には筆者の主張が書かれているので、「〔B〕……だけのことなのである。」という部分は、**「譲歩」の働き**をしているのだということがわかります。

STEP 4 解答の根拠をまとめる

譲歩	**「〔B〕……だけのことなのである」**
主張	**「音楽が……『精神面』を協調しすぎたことは否めない」**

こちらも選択肢の中から答えを選ぶのは後にして、続いて、〔C〕を含む一文を見ていくことにしましょう。

STEP 2 空所を含む一文を分析する［文の構造からポイントをつかむ］

C 、〈「近代」的な音楽聴取とは〉、可能な限り純粋にこのような要求を実現する行為でなければならなかった。

空所を含む一文の主部は、「『近代』的な音楽聴取とは」です。また、「このような」という**「まとめの指示語」**が使われているので、この一文は、これまでの説明のまとめになっているのではないかと考えることができますね。「このような要求」と書かれているので、『近代』的な音楽聴取」が「要求」していることを、これより前の部分でつかんでいきましょう。

STEP 3 解答の根拠をとらえる［周囲を見る］

3 A 逆のケースを考えれば、ヴィルトゥオーソのわざを聴くことは作品を理解することとは何ら関わりがないということになる。われわれのなすべきことは、精神の力によって音の背後に込められている内容を解釈することなのであり、そのような精神的内容に関与するものとして音を聴くことである。いかに超人的な技巧を誇る華麗な演奏であっても、それが作品自体を X に理解することに関わらない限り、無意味であるし、むしろそれが作品そのものからわれわれの目をそらさせてしまうだけ有害ですらあるということになるのである。極端に言ってしまえば、われわれは音を聴くのではなく、音の一つの機能として捉えることによって、その背後にあるものを聴くのである。

まず、「このような要求」の内容から確認していくと、第3段落の24〜25行目の「われわれのなすべきことは、精神の力によって音の背後に込められている内容を解釈することなのであり、そのような精神的内容に関与するものとして音を聴くことである」という部分や、28〜29行目の「われわれは音を聴くのではなく、音の一つの機能として捉えることによって、その背後にあるものを聴くのである」という部分が、「このような要求」にあたることがわかります。

したがって、C の直後の部分は、「筆者の主張」をまとめているのだということがわかります。

STEP 4 解答の根拠をまとめる

「われわれのなすべきことは、精神の力によって音の背後に込められている内容を解釈することなのであり、そのような精神的内容に関与するものとして音を聴くことである」
「われわれは音を聴くのではなく、音の一つの機能として捉えることによって、その背後にあるものを聴くのである」
＝ C
「『近代』的な音楽聴取とは、可能な限り純粋にこのような要求を実現する行為でなければならなかった」

以上を踏まえて、それぞれの空所にふさわしい言葉を選んでいきましょう。

STEP 5 解答する〔選択肢を選ぶ〕

まず、[A]にはアの「だから」が入ります。「前提」と「帰結」をつなぐので、「順接」の接続詞がふさわしいとわかります。

次の[B]にはウの「もちろん」が入ります。「もちろん」「しかし」で、「譲歩」＋「主張」のカタチが作られていました。

そして、[C]にはイの「つまるところ」が入ります。[C]の直後で「筆者の主張」がまとめられているので、「まとめ・要約」の働きをする言葉が入るとわかります。

ちなみに、エの「やはり」は、「思ったとおり」の結論が来ることを表す副詞です。

複数の空所がある問題では、解きやすいものから考えていくようにします。今回の問題では、[B]は「譲歩」が見抜ければすぐに答えが出せましたね。

TIPS
複数の空所がある問題では、解きやすいものから考えていく。

問2

サクッとわかる！

アクティブ・レクチャー

MOVIE

正しい解き方がわかる講義動画にアクセス！

K5-07

STEP 1 設問を確認する

X（二箇所ある）に入るものとして最も適当と思われるものを次の中から一つ選びなさい。

この問題も、**空所に適切な語句を入れる問題**です。今回は「キーワード」を答えるタイプですね。まずは、二箇所ある空所を含む一文をそれぞれ分析していきましょう。

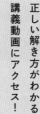

STEP 2 空所を含む一文を分析する［文の構造からポイントをつかむ］

◀具体例
（たとえばヴァイオリン奏者が弓を下ろすときに誤って弦にさわってしまうことによって出た音とか、ホルン奏者の出すGの音がしくじって不安定になっているところ、）そんなものは作品を X に理解することには何の関わりもない、あらずもがなのものなのである。

　いかに超人的な技巧を誇る華麗な演奏であっても、それが作品自体を［X］に理解することに関わらない限り、無意味であるし、むしろそれが作品そのものからわれわれの目をそらさせてしまうだけ有害ですらあるということになるのである。


　一つめは「作品を［X］に理解することには何の関わりもない」、二つめは「それが作品自体を［X］に理解することに関わらない限り」となっていますね。

　先ほどの**問1**［A］を考える際にも確認しましたが、「ヴァイオリン奏者が弓を下ろすときに誤って弦にさわってしまうことによって出た音とか、ホルン奏者の出すGの音がしくじって不安定になっているところ」というのは、ミスの「具体例」でした。一方、「超人的な技巧を誇る華麗な演奏」とは、「ヴィルトゥオーソのわざ」のことですが、これも「精神的体験」と無関係なため、作品の理解には関わりのないものなのだとされていました。

　それでは、なぜ「近代的」な音楽聴取では、「精神的体験」を重視するのでしょうか。「近代的」な音楽聴取が求めているものについては、第1段落で説明されていたので、そこを見ていきましょう。

STEP 3 解答の根拠をとらえる［周囲を見る］

1 十九世紀に成立した「近代的」演奏会の聴衆にとって、「作品」を鑑賞することが演奏会の第一の目的であるとされた。前世紀のように社交目的で演奏会にやってくる者はもちろんのこと、ヴィルトゥオーソ（芸術（音楽）の技術に優れた人をいう言葉）の場合のように、もっぱら「演奏」ばかりに気をとられるような聴き方も厳しく排除された。「作品」を鑑賞するということは、単なる感性的な楽しみに堕してはならないということであった。（◀具体例「この旋律はきれいだ」とか「このリズムはノリがいい」などという具合に、）細部の感性的な音響刺激にとらわれるような聴き方は「娯楽音楽」のそれであり、「高級」な音楽鑑賞にはふさわしくなかった。真の聴衆には、感覚表層に現われるそれらの多彩な音響刺激を統一的に捉える精神の働きが要求された。それは言い換えれば、作品を一つの全体として理解し、各部分をその全体の中に位置づけるような構造的な聴き方が求められているということである。

第1段落の最後にある「言い換えれば」以降の部分を確認しましょう。ここでの説明から、「近代的」な音楽聴取に求められる「精神的体験」とは、「作品を一つの全体として理解し、各部分をその全体の中に位置づけるような構造的な聴き方」をすることだということがわかりました。この部分をヒントにして、X に入る言葉を考えていきましょう。

STEP 4 解答の根拠をまとめる

作品を X に理解すること／作品自体を X に理解すること
＝
作品を一つの全体として理解すること

X には、「作品を一つの全体として理解する」という内容が入ることがわかりました。これをもとに、選択肢を見ていきましょう。

STEP 5 解答する［選択肢を選ぶ］

正解は、エの「統一的」です。「一つの全体として」というポイントが踏まえられています。

他の選択肢を検討してみましょう。

アの「絶対的」は、「他との比較や関係がなく、それ自体で意味や価値を持つこと」という意味で、「部分」と「全体」の関係を表すことができないため、誤りです。

イは「比喩的」ですが、「比喩」とは「たとえ」という意味であり、「部分」と「全体」の関係を表すことができないため、誤りです。

ウの「芸術的」は、芸術（音楽）の技術に優れた「演奏」を楽しむことであり、これは「近代的」な音楽聴取が厳しく批判している聴き方なので、誤りです。

問3

サクッとわかる!
アクティブ・レクチャー
MOVIE
正しい解き方がわかる
講義動画にアクセス!
K5-08

STEP 1 設問を確認する

Y に入るものとして最も適当と思われるものを次の中から一つ選びなさい。

この問題も、**空所に適切な語句を入れる問題**ですね。今回も「キーワード」を答えるタイプですが、選択肢を見ると、「○○な△△」という形の表現が入ることがわかります。まずは、空所を含む一文を分析していきましょう。

STEP 2 空所を含む一文を分析する［文の構造からポイントをつかむ］

こうして◀指示語 《演奏会場は》◀主語 周囲から切り離され、隔離された Y となる。

この一文の主語は「演奏会場は」ですね。ですから、［Y］には「演奏会場」についての説明が入るのだということがわかります。また、「こうして」とあるので、この前の部分を見て、どのような経緯で「演奏会場」が「周囲から切り離され、隔離された［Y］」になったのかを確認していきましょう。

STEP 3 解答の根拠をとらえる［周囲を見る］

5 そして実際、こうした「集中的聴取」をできるだけ理想的に実現するために、あらゆる努力がはらわれてきたのである。◀具体例（ほとんどピューリタニズムと言ってよいほど禁欲的な「演奏会のモラル」の確立もその一つであろう。巨額の資金を投じてつくられた、外の音を完全にシャットアウトするホールもまた、作品理解と関係ない音をできるだけ排除しようとする思想の産物である（少なくとも内部の音が外に漏れないようにして、はた迷惑にならないようにしようという観点からつくられたものではない）。演奏中に客席の照明を落として暗くするのもまた、周囲の人間関係や雑事をできるだけ取り払い、作品にじかに向き合って集中できるための配慮であった。）

6 ◀指示語 こうして ◀主語〈演奏会場は〉周囲から切り離され、隔離された［Y］となる。それは単に音響的な意味でそうなったにとどまらなかった。こうした聴取はきわめて個人的な体験となる。聴衆は（少なくとも演奏中は）社会的なしがらみから切り離されて一個人として作品と向き合うようになったのである。暗くなる客席はそれを象徴している。

直前の第5段落はほとんどが「具体例」ですが、これは「『集中的聴取』をできるだけ理想的に実現する」ためにはらわれてきた努力を説明するために挙げられているものです。ですから、まずは「集中的聴取」を実現するためにさまざまな努力がはらわれたのだということを押さえましょう。

さらに、Y の直後を確認すると、「演奏会場」が「周囲から切り離され、隔離された」結果、「聴衆」は、「社会的なしがらみから切り離されて一個人として作品と向き合うようになった」と書かれています。これは「日常の主従関係や社交上のつながり」にわずらわされずに振る舞えるということであり、この点も解答の根拠にしていきます。

STEP 4 解答の根拠をまとめる

演奏会場は周囲から切り離され、隔離された Y（＝「○○な△△」）となる
……日常の主従関係や社交上のつながりにわずらわされずに振る舞える

もちろん、普段は主従関係や社交上のつながりにわずらわされずに振る舞うことはできないのですが、周囲の人間関係や雑事をできるだけ取り払い、作品にじかに向き合って集中できるための配慮がなされた演奏会場の客席では、それが可能になるのです。これを踏まえて、Y に入る表現を選びましょう。

STEP 5 解答する［選択肢を選ぶ］

正解は、アの「特権的な空間」です。「演奏会場」が日常の主従関係や社交上のつながりにわずらわされることがないという点で特別であることを「特権的」という言葉で表しています。

イの「公共的な会場」は、日常の主従関係や社交上のつながりのある場所なので、これだと、「つながりにわずらわされることがない」とは正反対になってしまうため、誤りです。

ウの「芸術的な建築」とエの「音楽的な象徴」は、ともに、「日常の主従関係や社交上のつながりにわずらわされずに振る舞える」という点とは無関係であるため、誤りです。

問4

サクッとわかる！

アクティブ・レクチャー

MOVIE

正しい解き方がわかる講義動画にアクセス！

K5-09

STEP 1 設問を確認する

Z に入るものとして最も適当と思われるものを次の中から一つ選びなさい。

この問題も、**空所に適切な語句を入れる問題**です。今回は適切な二字熟語の「キーワード」を答えることが求められています。これまでと同様に、まずは空所を含む一文を分析していきましょう。

STEP 2　空所を含む一文を分析する［文の構造からポイントをつかむ］

〈彼らの聴き方は〉◀主部「倫理的」に正しいものであって、〈それは〉◀主語時代の Z などの問題ではなかった。

「それ」とは、もちろん「彼らの聴き方」のことなので、空所を含む一文の構造は次のようになっています。

> **〈彼らの聴き方は〉↓「倫理的」に正しいものである**
> **〈それ＝彼らの聴き方は〉↓時代の Z などの問題ではない**

ここから、「彼らの聴き方」が、時代の Z などではなく「倫理的」に正しいものであることがわかります。「彼らの聴き方」とは、もちろん「集中的聴取」のことなので、同じ段落の中で「集中的聴取」について説明している部分を確認していきましょう。

STEP 3　解答の根拠をとらえる［周囲を見る］

8（▶引用 その意味で、この「近代的聴衆」のありかたは、ポスト・モダニズムの建築家チャールズ・ジェンクスがモダニズム建築の想定する大衆を指して呼んだ「神話的近代人」という言葉を思い出させるところがある。ジェンクスが言うには、モダニストの建築家たちは、建築の象徴性といった「低俗」なことがらに一切関心を示さない「高級」な人間を想定して建築デザインを行ったが、それはそもそも実体のないものであったというのである。）彼の言う「神話的近代人」と同じく、われわれがここで取り上げてきた「近代的聴衆」も、「エリート」として、ある種普遍的な存在として想定されていた。彼らの聴き方は「倫理的」に正しいものであって、それは時代の［Z］などの問題ではなかった。（▶具体例 ワーグナーに端的にみられたような「真面目派」の主張が、「モード」や「ファッション」に対して、音楽はそういうものに流されてはいけない、価値ある古典作品こそが聴かれなければならない、というものであったことを思い出してほしい。）そういう意味で、こうした「集中的聴取」のありかたが、決して数ある聴取の形態の一つにすぎないものではなく、他とは違う「正しい音楽の聴き方」であることを彼らは信じて疑わなかったのである。

まずは、「時代の［Z］などの問題ではなかった」ということをわかりやすく説明するために挙げられた「具体例」の中に「音楽はそういうものに流されてはいけない、価値ある古典作品こそが聴かれなければならない」と書かれていることを確認しましょう。「集中的聴取」では、「モード」や「ファッション」に流されることを否定しているのですね。

そして、この段落の最後の部分に「『集中的聴取』のありかたが、決して数ある聴取の形態の一つにすぎないものではなく、他とは違う『正しい音楽の聴き方』であることを彼らは信じて疑わなかった」とあることにも注目します。Zの直後と同様に、「ではなく」という言葉によって直前の内容が否定されています。

STEP 4 解答の根拠をまとめる

先ほどのSTEP 3で確認したことをまとめると、「集中的聴取」とは、次のようなものであることがわかります。

- 時代のZなどの問題ではなく「倫理的」に正しいもの
- 「モード」や「ファッション」に流されてはいけない
- 数ある聴取の形態の一つではない

これを踏まえると、「ではなく」で否定されているのは、その時代の中で多くの人に支持されるものであることがわかります。これをもとにして、選択肢を見ていきましょう。

STEP 5 解答する［選択肢を選ぶ］

正解は、エの「流行」です。「その時代の中で多くの人に支持される」という内容になっているのはこの選択肢です。

他の選択肢を検討してみましょう。

アの「真理」は、「いつも変わることのない正しいこと」という意味の言葉なので、Z に入れるべき言葉とは反対の内容になりますね。

イの「現実」は、「その時代の中で多くの人に支持される」という内容にならないので、誤りです。

ウの「遺産」は、「過去の人々が残したもの」という意味になるので、Z に入れるべき言葉とは反対の内容であることがわかります。

今回は、Z を含む一文が「AではなくB」という形になっていたことに注目し、同じように「AではなくB」という形で書かれている箇所を手がかりに、空所に入る言葉を考えていきました。論理的文章では「筆者の主張」が同じような形で繰り返し書かれることが多いので、**空所を含む一文と似たような構造になっている箇所に注目する**という方法が有効なのです。

TIPS
空所を含む一文と似たような構造になっている箇所に注目する。

問5

サクッとわかる!
アクティブ・レクチャー
MOVIE
正しい解き方がわかる
講義動画にアクセス!
K5-10

STEP 1
設問を確認する

傍線部「正しい音楽の聴き方」とあるが、次のⅠ～Ⅴのうち、本文中においての「正しい音楽の聴き方」にあてはまるものの組み合わせとして最も適当と思われるものを、後のア～エの中から一つ選びなさい。

この問題では、本文の最後の行にある「正しい音楽の聴き方」という箇所に傍線が引かれていますが、問われているのは「本文中においての『正しい音楽の聴き方』にあてはまるもの」です。したがって、文章全体から根拠をつかむ**「内容真偽問題」**と同じ手順で考えていくことができます。それでは、選択肢と本文を照らし合わせながら検討していきましょう。

STEP 2 選択肢と本文を照らし合わせる

Ⅰ　ヴィルトゥオーソのわざを聴く

「ヴィルトゥオーソのわざを聴く」ことについては、第3段落の冒頭に「ヴィルトゥオーソのわざを聴くことは作品を理解することとは何ら関わりがないということになる」と書かれていました。「ヴィルトゥオーソのわざを聴く」ことは、演奏の技術を楽しむことなので、作品を一つの全体として理解する「正しい音楽の聴き方」とは反対の聴き方であると言えますね。

Ⅱ　社交の場としての演奏会での聴取

「演奏会」を「社交の場」とすることについては、第1段落に「社交目的で演奏会にやってくる」という説明がありました。しかし、このような聴き方は「厳しく排除された」ということなので、本文における「正しい音楽の聴き方」ではありません。

Ⅲ　音響刺激の感性的な楽しみ

「音楽刺激」の「感性的な楽しみ」についても、第1段落で「単なる感性的な楽しみに堕してはならない」

「細部の感性的な音響刺激にとらわれるような聴き方は『娯楽音楽』のそれであり、『高級』な音楽鑑賞にはふさわしくなかった」と説明されていることから、「正しい音楽の聴き方」ではないことがわかります。

Ⅳ 「近代」的な音楽聴取

「『近代』的な音楽聴取」については、第4段落の冒頭に「『近代』的な音楽聴取とは、可能な限り純粋にこのような要求を実現する行為でなければならなかった」と書かれていました。第一意味段落を読んだときにも確認したように、「近代」的な音楽聴取とは、精神的内容に関与するものとして音を聴くことを求めたものであり、**これが「正しい音楽の聴き方」だとされていたのですね**。

Ⅴ 「集中的聴取」

筆者は、第4段落の最後の部分で「作品理解に関与的なものだけを集中的に聴き取り、それ以外のものを可能な限りシャットアウトしようとする禁欲的な聴き方」を「集中的聴取」と定義していましたね。「作品理解に関与的なものだけを集中的に聴き取」るというのは、まさに「近代」的な音楽聴取で求められていた聴き方なので、**これも「正しい音楽の聴き方」であることがわかります**。

STEP 3 解答する

STEP 2 で確認したように、本文中においての「正しい音楽の聴き方」にあたるものはⅣとⅤなので、**エが正解だとわかります。**

その他の選択肢には「正しい音楽の聴き方」ではないものが含まれています。

問題5 解答

問1 A ア B ウ C イ
問2 エ
問3 ア
問4 エ
問5 エ

第5講

要点整理

TIPS

空所に入る言葉の見当をつけないまま選択肢を見るのはNG！
「接続表現」や「否定の表現」をヒントにして、空所に入る言葉を考える。

本冊202ページ

TIPS ▼

「個人言語」をグループ分けして、
「筆者の主張」を理解する手がかりとする。

本冊207ページ

TIPS ▼

「差異」や「変化」は空所補充問題を考えていく際の重要なヒントになる。

本冊220ページ

TIPS ▼

複数の空所がある問題では、解きやすいものから考えていく。

本冊229ページ

TIPS ▼

空所を含む一文と似たような構造になっている箇所に注目する。

本冊241ページ

第6講 文を正しく並べ替える問題

サクッとわかる! ダイジェスト・レクチャー

MOVIE

重要ポイントを
ギュッと凝縮した
講義動画にアクセス!

K6-01

LECTURE

バラバラになった文を正しく並べ替えるコツは？

TIPS

注目すべきポイントは、「文章」の中ではなく「設問」の中にある。「並べ替える文」を分析し、「旧情報→新情報」になるようにつなげる。

今回は、**「文を正しく並べ替える問題」**の解き方を学んでいきます。

文章中から抜き取られた複数の文を正しい順番に並べ替えるという問題ですが、さまざまな並べ替えのパターンが考えられるため、苦手としている人も多いのではないでしょうか。

この問題は、「文と文のつながりを正しく作れるかどうか」を試すために出題されます。バラバラになった文を正しくつなげるために、まずは、**文の並び方の基本的なルール**を知っておきましょう。

文の並び方を「情報構造」でとらえた場合、文は**「旧情報→新情報」**の順番に書かれています。

たとえば、「AはBである」の後に「BはCである」とあり、その後に「CはDである」と書かれるというように、**文章中では、新しい情報が次々に登場している**のです。

▼「旧情報→新情報」のイメージ

A（旧情報）は B（新情報）である
B（旧情報）は C（新情報）である
C（旧情報）は D（新情報）である

このように、旧情報に新情報をどんどん付け加える形で文章が進んでいくというのが基本なので、「文を並べ替える問題」でも、この点を意識するようにします。

そして、文を正しくつなげるためには、「文法」というルールをもとに客観的に考えていくようにします。中でも特に重要なのが**「指示語」**と**「接続表現」**です。「指示語」が使われていたら、その前に指示内容が書かれていなければいけません。また、「接続表現」が使われていたら、前後の文はその「接続表現」が機能するように並んでいないといけません。ですから、「文を並べ替える問題」では、「指示語」と「接続表現」に注意して、文法的に正しい順番になるように文を並べ替えていきます。

具体的な手順は以下の通りです。

STEP 1 設問を確認する
STEP 2 並べ替える文を分析する［文の構造からポイントをつかむ］
STEP 3 文をつなげる
STEP 4 文のつながりを確認する
STEP 5 解答する

一つずつ説明していきましょう。

STEP 1 設問を確認する

設問の中に「文を並べ替える問題」がある場合には、本文を通読する際にも注意が必要です。文章中からある程度まとまった分量の文が抜けていることになるので、文章の内容がとらえづらい箇所があるかもしれません。まずは設問をチェックして、「文を並べ替える問題」があったら、**文が抜き取られている部分があることを前提にして、本文を読んでいく**ようにしましょう。

STEP 2 並べ替える文を分析する［文の構造からポイントをつかむ］

この問題の特徴は、**問題となっている文が「文章」の中ではなく「設問」の中にある**という点です。傍線部の「内容」や「理由」を説明する問題では、傍線部を含む一文を本文中でチェックしていきましたが、ここでは、分析すべき文は設問の中で示されています。ですから、**設問の中にある「並べ替える文」を分析していく**のです。そのときにチェックすべきポイントは、**「旧情報→新情報」「指示語」「接続表現」**です。

STEP 3 文をつなげる

「並べ替える文」の分析が終わったら、文をつなげていきます。その際には、「指示語」や「接続表現」によるつながりが明確な**「つなげやすい文」からつなげていく**ようにしましょう。

STEP 4 文のつながりを確認する

文をつなげてみたら、**改めて「つながり」を確認します**。このときにも、「指示語」や「接続表現」が機能しているか、「旧情報→新情報」という順番が乱れていないかどうかに注目しましょう。

さらに、ここでは、**文章中の空所の前後の内容とのつながりも確認します**。「空所の直前の文」と

「並べ替えたときに最初にくる文」はつながっていなくてはいけませんし、「並べ替えたときに最後にくる文」と「空所の直後の文」もつながっていなくてはいけませんね。意外とここを見落としがちなので、必ずチェックしましょう。

STEP 5 解答する

ここまでできれば、あとは解答するだけです。「文を並べ替える問題」には、「②→①→④→③」などのように並べ替えた結果を答えるものや、「並べ替えた場合、三番目に来るもの」というように指定された文を答えるものなど、さまざまなパターンがあるので、その点も注意しておきましょう。

それでは、実際の問題で確認していきましょう。

問題
6
解答・解説
問題は別冊48ページ

読み方

第一意味段落（1～20行目）

サクッとわかる!
アクティブ・レクチャー
MOVIE
正しい読み方がわかる講義動画にアクセス!
K6-02

人がものを考えるのは、何かの役に立つからではありません。人間は生まれて言葉を発するようになると、どういうレベルであれ避けがたく考えるようになってしまいます。（▼具体例「今晩、何食べようかな」「あそこにはうまい酒があるから毎日足が向くけど、それでいいのか」とか、人間は「何も考えていない」ときでも、みんな常に何かを「考えて」います。）考えることはやめられないのです。（▼具体例「馬鹿な考え休むに似たり」とふてくされて寝ても、寝ている間に見る夢は、自分が考えたくないものを「無意識のわたし」が考えさせているのかもしれません。）

ここでは、「人がものを考える」ということについて、普通は「何かの役に立つから」だと思われがちですが、「人間は生まれて言葉を発するようになると、どういうレベルであれ避けがたく考えるようになってしまいます」とあり、人間は「考えることはやめられない」のだということが書かれています。

コンピューターの技術が進んで、考えずになんでも機械に計算させればいいとなっても、人間は何かが足りなくなって、悩み始めてしまうでしょう。（▼具体例 自分は世の中で人間関係を築けないんじゃないかとか、最近流行っているようですが「生まれてこないほうがよかった」とか悩んで、そうこうするうちに病院に通って薬をもらうとか、よくある話です。）

人間の代わりにコンピューターが考えてくれるようになったとしても、人間は「考えることはやめられない」ので、何かについて悩んでしまいます。本当は考えたくもない悩みについて、ここでは**「具体例」**を挙げながら説明しています。

ここで、**「文を並べ替える問題」**が出てきます。設問を見てみると、「しゃべる」ことと「コミュニケーション」についての説明を正しい順番に並べ替えることが求められていることがわかります。それだけ押さえれば先に進めますが、先に本書の268～275ページで、この部分の並べ替えを確認してもよいでしょう。

ここでは、ひとまず先に進みます。

するとし、話していようと黙っていようとそれがその人の意思や考えの表現になってしまいます。そのベースには言葉があります。なんでも言葉で言い表さないといけないから、何か言い表せないことがあると苦しいし、自分のいったことが人に通じないとまた苦しい。それでさらに余分なことをいろいろと考えてしまいます。これらも全部、言葉で考えなくてはいけないのです。

この段落では、意思や考えを表現することのベースには「言葉」があると説明し、「言葉」にならないと苦しんでしまうのだということが説明されます。

言葉を使うということは、「考える」ことそのものです。だから、言葉の科目である「現代文」は、ぼくたちの思考をよりよいものにするためにとても重要なのだと言えそうですね。

それでは、話を元に戻して、次の段落を見ていきましょう。

これは言葉で生きる人間の悲劇といえば悲劇で、喜びといえば喜びです。なぜならこれによって社会との、具体的には人びととのコミュニケーションが成立するのですから。◀譲歩（成立しない場合ももちろんあります）が、言葉は人と人をつなぐうえで大変重要なものです。

ここでは、まず「なぜなら」「から」という言葉が使われている部分に注目しましょう。「なぜなら」「から」がある部分には、**「根拠（＝理由）」**が書かれます。全部を言葉で考えないといけないことが人間の悲劇でもあり喜劇でもある理由は、言葉によって社会の人びととのコミュニケーションが成立するからだということですね。さらに、**「譲歩」**の後に「言葉は人と人をつなぐうえで大変重要なものです」という「筆者の主張」が書かれていることがわかります。このように、**「論証」や「譲歩」などのレトリックに注目しながら読んでいけば、「筆者の主張」がつかめるようになっています。**

言葉の脈絡がうまくつながらず、それが苦しかったりする状況でも、それを受け止めて生きなくてはいけませんが、そういうふうに生きている、それが人が尊厳をもつということです。

この部分は、直前の段落の「筆者の主張」を補足する形で書かれています。言葉による喜びも悲しみも引き受けて生きるのが、「人が尊厳をもつということ」だと筆者は考えているのですね。

それでは、第一意味段落の内容をまとめておきましょう。

第一意味段落（1～20行目）まとめ

筆者の主張

- 人間は考えることをやめられない
- 人間の考えのベースには言葉があり、すべて言葉で考えなくてはいけない
- 言葉は人と人をつなぐうえで大変重要なもので、それが人間の尊厳につながる

続いて、第二意味段落を読んでいきましょう。

第二意味段落（21～48行目）

サクッとわかる！
アクティブ・レクチャー
MOVIE
正しい読み方がわかる講義動画にアクセス！
K6-03

日本では幸か不幸か、明治時代に日本語が大きく変わりました。わたしたちが学校で習う言葉のほとんどは、明治にできた翻訳語です。学校で学ぶ知識のほとんどは西洋由来だ[から]です。日本では漢字を

1500年以上使ってきて、西洋語が入ってきたときにも漢字で意味を移し替えてきましたが、特に明治時代におびただしい数の新たな造語ができました。（A◀比喩表現 柔軟性のある動物が異物を全部呑《の》み込んで、その食べた物のかたちになってしまったというのが近代以降の日本語だといえるでしょう。）漢字は音も表現しますが、基本的には意味を表現します。日本語の成り立ちを振り返る前に、漢字とアルファベットの違いについて考えてみましょう。

ここでは、さらに具体的に「日本語」についての説明が始まります。西洋の言葉が入ってきたことで、日本語が大きく変わったということですね。「柔軟性のある動物が異物を全部呑み込んで、その食べた物のかたちになってしまったというのが近代以降の日本語だといえるでしょう」という部分は**「比喩表現」**です。設問で問われていますので、これについては後ほど考えていくことにしましょう。

そして、この後の部分では「漢字とアルファベットの違い」が説明されるのだということがわかります。

まず、〈アルファベットは〉◀主語 音を表す記号で、意味には関係していません。そのため何語の表記にも使えます。一方、〈漢字は〉◀主語 意味だけで多言語を行き来するもので、音は関係ありません。読み（音）は時代によって変わることがあります。

「アルファベットは」と「漢字は」という主語に注意しながら、両者の**「差異」**をつかみましょう。「アルファベット」は音を表す記号で意味には関係せず、「漢字」は意味を表す記号で音は関係ないと書かれていますね。
これを踏まえて、次の部分に進みましょう。

具体例
（両方の違いがよくわかるのがヴェトナム語の経験です。ヴェトナム語はずっと漢字で表記されていたのですが、教養や漢字文化は一部の階層の人だけのもので、それ以外の人びとは読み書きすることができませんでした。その後フランスの植民地になると、学校教育ではアルファベットによるフランス語が教えられました。一方、ヴェトナムの独立を考える人たちは国民にヴェトナム人としての意識を育てようとしましたが、その際B漢字を使って大勢の人に教えようとすると現実的に大変難しいことに気がつきました。日常言語に結びつき、人びとがいろいろな考えを表現し伝えるためには、漢字よりもアルファベットのほうが簡便です。また、古い社会の影響を脱するためにも漢字を廃止したほうがいいという考えが広まり、ヴェトナム語をすべてアルファベットで表記することにしました。アルファベットは音を転写するので、こういった目的に適していたのですね。それでアルファベットによる読み書きが進められた結果、独立運動も広まりました。）

ここは、漢字とアルファベットの「差異」をわかりやすく説明するための**「具体例」**になっていますね。ヴェトナム語はずっと漢字で表記されていましたが、近代以降はアルファベットで表記されるようになり、多くの人が読み書きできるようになりました。
ここで、日本とヴェトナムの違いを整理してみおきましょう。日本では、西洋語が入ってきた際に、それをもともと利用していた漢字に意味を移し替えて表すことにしたのに対し、ヴェトナムでは、西洋語のアルファベットに合わせて、従来のヴェトナム語の表記を変えたということになります。

次の部分を読んでいきましょう。

◀譲歩

(日本で**も**明治時代の初めに、**そういった**議論があったことを知っていますか？　それまで日本には寺子屋などの教育の場はあったものの、社会形成に参加できるような国民教育はなされておらず、社会全体の底上げのために公教育の制度が始まったのは明治時代になってからのことでした。そのとき、古い因習を捨てて意識を改革するためには公的言語として西洋語(特に英語)を採用したほうがいいという主張までありました。)

しかしその当時、すでにおびただしい翻訳の努力が重ねられていて、翻訳語が通用し始めていました。西洋ではどんなことが語られているのか、その西洋の知識の在り方はどうなっているのか、それらを日本語で吸収できるように、西周《にしあまね》や福地桜痴《ふくちおうち》、福沢諭吉《ふくざわゆきち》といった人びとが翻訳を行ったのです。

まず、日本でもヴェトナムなどの他国と同じように、「公的言語として西洋語(特に英語)を採用したほうがいい」という議論があったことが説明されています。しかし、最終的には、日本語はヴェトナム語とは異なる道を歩むのですから、この部分は**「譲歩」**の働きをしているのですね。

これを受けて、46行目の「しかし」以降には、日本では先人たちの努力によって西洋語を漢字で表す「翻訳語」が作られたのだという**「筆者の主張」**が書かれます。

それでは、第二意味段落の内容をまとめておきましょう。

第二意味段落（21～48行目）まとめ

筆者の主張
明治時代に、西洋語が入ってきて、日本語が大きく変わった

日本
西洋語を漢字に移し替えた
↔（差異）
ヴェトナム
ヴェトナム語をアルファベットに変えた

筆者の主張
日本では先人たちの努力によって西洋語を漢字で表す翻訳語が作られた

日本語と他の言語の**「差異」**と**「筆者の主張」**をつかんだら、次の第三意味段落に進みましょう。

第三意味段落（49〜69行目）

サクッとわかる!
アクティブ・レクチャー
MOVIE
正しい読み方がわかる講義動画にアクセス!
K6-04

X。（◀具体例 たとえば「社会」という言葉。向こうでは「society（ソサイエティー）」といいますが、これは手に取って確かめることができませんから、初めは何かわからないわけです。しかし調べていくうちに、「どうやらsocietyという言葉は、西洋ではindividual（個人）という言葉と対《つい》で使われていて、individualが独立してあって、それの結びつきとしてsocietyがあると考えられているようだ」と理解するようになります。

societyを作るとみなされるさまざまな要素もすべて西洋の言葉です。こうして、それらをすべて日本語に置き換える必要が出てきます。individualの場合は「これ以上分けられない個々の人」と解釈して、「個人」という訳語が作られました。また、「個々の人がcontract（契約）を交わして自分たちの権利を調整しながら共同の秩序を作っている」といったこともわかってきます。それらを咀嚼《そしゃく》しながら、「society」をなんと翻訳するかいろいろな案が出た末に定着するようになったのが、「社会」という訳語だったのです。）

まずは、冒頭に空所があることに注目しましょう。空所の直後には、「たとえば」とあるので、その後の部分は**「具体例」**だとわかります。ですから、空所には、この「具体例」のもとになる**「筆者の主張」**が入るのではないかと考えることができますね。「具体例」には、「society（ソサイエティー）」という言葉も、初めは何かわからなかったけれども、調べていくうちに他の言葉との関連性によって理解していくことができたということが書かれています。関連する言葉をすべて日本語に置き換えて咀嚼したうえで、最終的に「society」の訳語が「社会」になったということです。

しかし、そうした訳語は初めから一般に通用したわけではありません。◀具体例（「シャカイ」なんていっても、そんなものは誰も知らないからです。「まあ、『世の中』みたいなものだな」ということで適当に理解して、だんだん人びとが議論するときに「社会」という語が使われるようになりました。）初めは新造語でも、それが20～30年も使われていけば、いつの間にか誰も奇妙に思わない普通の言葉になります。

ここでは、新たにできた「翻訳語」も、最初から一般に通用したわけではなく、長い期間使われていく中で徐々に定着していくのだということが説明されています。「社会（＝シャカイ）」はここでも**「具体例」**として登場しています。

明治時代における西洋語の日本語化は、日本語の構造を複合化しました。この時代、◀具体例（「個人」「社会」のように、）音で表現されている西洋語を、表意機能のある漢字を使って日本語に置き換えるやり方で、大量

の新造語が作られたのです。だから、（◀具体例「身体」とか「生命」とか、）C今わたしたちが使っている二字熟語を江戸時代の人に対して使っても何も伝わらないでしょう。

この段落では、今まで説明してきた日本語の**「変化」**をまとめています。音で表現されている西洋語を、表意機能のある漢字を使って日本語に置き換え、大量の新造語を作ったのが「明治時代における西洋語の日本語化」だということがわかればよいでしょう。

このように、西洋的な概念をすべて日本語に置き換えて、西洋から来た文物を国内で誰もが共有できるようになった結果、その後の日本の教育はかなりよく機能して、同時に翻訳文化も発展しました。全体の基礎的な知識の水準が上がり、あらゆる階層からいろいろな人材が出てきて国内が活性化したのです。

この最終段落では、日本語の変化によって、「教育」や「翻訳文化」が発展し、日本全体の知識水準が上がり、国内が活性化したのだという**「結論」**が示されています。

近代における日本の発展には、「日本語」の変化が大きく関係しているのだということがわかれば、文章の大きな流れはつかめていることになります。

第三意味段落の内容をまとめると、次のようになります。

第三意味段落（49〜69行目）まとめ

最終的な筆者の主張

音で表現される西洋語を、表意機能のある漢字を使って日本語に置き換えた

↓

- 日本の教育はかなりよく機能し、翻訳文化も発展した
- 全体の基礎的な知識水準が上がり、あらゆる階層から人材が出てきて国内が活性化した

それでは、文章全体の流れを確認していきましょう。

文章の全体像

サクッとわかる!
アクティブ・レクチャー
MOVIE
正しい読み方がわかる講義動画にアクセス!
K6-05

第一意味段落(1~20行目)……筆者の主張

筆者の主張

- 人間は考えることをやめられない
- 人間の考えのベースには言葉があり、すべて言葉で考えなくてはいけない
- 言葉は人と人をつなぐうえで大変重要なもので、それが人間の尊厳につながる

第二意味段落(21~48行目)……差異・筆者の主張

筆者の主張

明治時代に、西洋語が入ってきて、日本語が大きく変わった

日本

西洋語を漢字に移し替えた

↔（差異）

ヴェトナム

ヴェトナム語をアルファベットに変えた

筆者の主張

日本では先人たちの努力によって西洋語を漢字で表す翻訳語が作られた

第三意味段落（49〜69行目）……最終的な筆者の主張

最終的な筆者の主張

音で表現される西洋語を、表意機能のある漢字を使って日本語に置き換えた

←

● 日本の教育はかなりよく機能し、翻訳文化も発展した

● 全体の基礎的な知識水準が上がり、あらゆる階層から人材が出てきて国内が活性化した

これを踏まえて、問題の解き方を確認していきましょう。

解き方

問1

サクッとわかる!
アクティブ・レクチャー
MOVIE
正しい解き方がわかる講義動画にアクセス!
K6-06

STEP 1 設問を確認する

本文の［　］に入る1から5の文章について、どのような順番で並べるべきだと考えられるか。最も適切なものを次の中から一つ選びなさい。

この問題は、**「文を並べ替える問題」**ですね。本講の［LECTURE］でも説明したように、「文を並べ替える問題」では、文章中ではなく、**設問の中にある「並べ替える文」**を分析していくことが必要なので、設問で示されている1から5の文を見ていきましょう。

STEP 2　並べ替える文を分析する［文の構造からポイントをつかむ］

1　**それ**（◀指示語）は、しゃべらないとコミュニケーションできない仕組みになっている**から**です。

まずは、「から」という言葉に注目しましょう。「しゃべらないとコミュニケーションできない仕組みになっている」というのは、この前に来る文の**「理由」**を示していることがわかります。「それ」という**「指示語」**が指し示す内容にも注意しながらつなげていくようにしましょう。

2　しゃべらなければ、人に通じる言葉で自分の意思や考えを表現できません。

この文には「指示語」や「接続表現」がないので、少しつなげにくい文であると言えそうです。ただし、「しゃべらなければ」とあるので、この前の文では「しゃべる」ことについての説明が書かれているのではないかと推測できますね。

3　**その**（◀指示語）言葉にとりもちで絡め取られるようにしていくうちに、言葉を使ってしかコミュニケーションができなくなります。

この文には「その」という**「指示語」**が使われています。「その言葉」と書かれているので、この前の文は「言葉」の説明をしているはずだと考えられます。「指示語」でつなげることができるので、つなげる優先順位は高いと判断します。

4　オギャーと生まれて、親や回りの人の言葉を浴びながら言葉を覚えると、その言葉を使って考えるようになります。

この文には「その」という「指示語」が使われていますが、指示内容がこの文の中にあります。このように、一文の中で完結する指示語が使われている場合には、前の文との関係性がわからないので、つなげる優先順位は高くなりません。

5　子供はいつの間にか言葉をしゃべらされていますよね。

この文は、「指示語」や「接続表現」がないので、前の文とのつながりがつかみづらいですね。したがって、つなげる優先順位は低いと判断します。

STEP 3　文をつなげる

まずは、「指示語」が使われており、さらに、前の文の「理由」を示すことがわかっている「1」の文からつなげていきましょう。

1　それは、しゃべらないとコミュニケーションできない仕組みになっているからです。

先ほども確認したように、「しゃべらないとコミュニケーションできない仕組みになっている」というのは「理由」なので、この前には、人間が「しゃべる」という内容の文が来るということがわかりますね。「しゃべる」という内容になっているのは、次の二つです。

2　しゃべらなければ、人に通じる言葉で自分の意思や考えを表現できません。
5　子供はいつの間にか言葉をしゃべらされていますよね。

一つずつ確認していきましょう。

まず、「2　しゃべらなければ、人に通じる言葉で自分の意思や考えを表現できません。」↓「1　それは、しゃべらないとコミュニケーションできない仕組みになっているからです。」とすると、同じことを二回繰り返しているだけになってしまい、「1」の文が「理由」を表す働きになりません。ですので、このつながりは正しくないことがわかります。

次に、「5　子供はいつの間にか言葉をしゃべらされていますよね。」↓「1　それは、しゃべらないとコミュニケーションできない仕組みになっているからです。」としてみると、「1」の文が「5」の文の「理由」になるので、**「5」↓「1」のつながり正しいことがわかります。**

続いて、「その」という「指示語」が使われている「3」の文の前に来るものを考えてみましょう。

3　**その言葉にとりもちで絡め取られるようにしていくうちに、言葉を使ってしかコミュニケーションができなくなります。**　◀指示語

「その言葉」とあるので、「言葉」について説明している文がこの前に来ることがわかります。「言葉」について説明しているのは、「2」「4」「5」の文ですが、先ほど、「5」↓「1」のつながりを作ったので、「5」は除外することができますね。

すると、「3」の前に来ることができるのは、次の二つの文のどちらかであることがわかります。

2　**しゃべらなければ、人に通じる言葉で自分の意思や考えを表現できません。**
4　**オギャーと生まれて、親や回りの人の言葉を浴びながら言葉を覚えると、その言葉を使って考えるようになります。**

これらの文と「3」の文とのつながりを検討する前に、「3」の文中にある「その言葉にとりもちで絡め取られるようにしていくうちに」という**「比喩表現」**に注目しましょう。「とりもち」とは、小鳥や昆虫などを捕まえるときに使う粘着性のある物質のことなので、ここでは自分が意図しないうちに言葉にがんじがらめにされているということを表現しているのだと考えることができます。

まず、「2　しゃべらなければ、人に通じる言葉で自分の意思や考えを表現できません。」→「3　その言葉にとりもちで絡め取られるようにしていくうちに、言葉を使ってしかコミュニケーションができなくなります。」とすると、「3」の文の前が「人に通じる言葉で自分の意思や考えを表現する」という能動的な内容になってしまい、「とりもちで絡め取られる」という比喩につながらないことがわかります。

次に、「4　オギャーと生まれて、親や回りの人の言葉を浴びながら言葉を覚えると、その言葉を使って考えるようになります。」→「3　その言葉にとりもちで絡め取られるようにしていくうちに、言葉を使ってしかコミュニケーションができなくなります。」としてみるとどうでしょう。「親や回りの人の言葉を浴びながら言葉を覚えると、その言葉を使って考えるようになります」という説明は、自分が意図しないうちに言葉にがんじがらめにされているという内容に合っているので、**「4」→「3」という順番が決まります**。

このように、「文を並べ替える問題」では、**「指示語」**や**「接続表現」が含まれている「つなげやすい文」からつなげていく**ようにします。

ここで確定できた「5」→「1」と「4」→「3」のつながりをもとに、まだ確定できていないものがどこに入るのかを考えていきましょう。

STEP 4 文のつながりを確認する

先ほどの STEP 3 でとらえたつながりを整理すると、以下のようになります。

5 子供はいつの間にか言葉をしゃべらされていますよね。
←
1 それは、しゃべらないとコミュニケーションできない仕組みになっているからです。

4 オギャーと生まれて、親や回りの人の言葉を浴びながら言葉を覚えると、その言葉を使って考えるようになります。
←
3 その言葉にとりもちで絡め取られるようにしていくうちに、言葉を使ってしかコミュニケーションができなくなります。

残るは、「2　しゃべらなければ、人に通じる言葉で自分の意思や考えを表現できません。」ですが、これは、「1　それは、しゃべらないとコミュニケーションできない仕組みになっているからです。」をさらに詳しく説明したものだとわかるので、「1」の直後に入るのではないかと考えることができます。

STEP 5 解答する［選択肢を選ぶ］

以上から、⑤の「5―1―2―4―3」が正解だとわかります。「5」→「1」と「4」→「3」のつながりが正しく反映できているものはこれしかありません。

ちなみに、［　　］の直後の段落では、「なんでも言葉で言い表さないといけない」ことの苦しみが説明されています。並べ替えで最後にくる「3」の「言葉を使ってしかコミュニケーションができなくなります」という文は、この段落にすんなりつながりますね。

今回の問題のように、文の順番を正しく示した選択肢を選ぶ場合にも、まずは自分で文のつながりを考えるようにします。自分で文のつながりを考えないうちに選択肢を見てしまうと、どれも正しいつながりのように思えてしまうので、**「積極法」で答えを決めてから選択肢を検討するようにしましょう。**

TIPS　「文を並べ替える問題」でも、「積極法」で答えを決めてから選択肢を検討する。

問2

サクッとわかる!

アクティブ・レクチャー

MOVIE

正しい解き方がわかる講義動画にアクセス!

K6-07

STEP 1 設問を確認する

傍線部A「柔軟性のある動物」とあるが、それは何をたとえたものか。最も適切なものを次の中から一つ選びなさい。

これは、**傍線部の「内容」を説明する問題**です。傍線部に比喩表現が含まれていることに注意して、傍線部を含む一文を分析していきましょう。

STEP 2 傍線部を含む一文を分析する［文の構造からポイントをつかむ］

◀比喩表現 ▶主部

（〈A柔軟性のある動物が異物を全部呑《の》み込んで、その食べた物のかたちになってしまったというのが〉近代以降の日本語だといえるでしょう。）

第二意味段落を読んだときにも説明した通り、この一文の主部である「柔軟性のある動物が異物を全部呑み込んで、その食べた物のかたちになってしまったというのが」は、**「比喩表現」**です。そして、「近代以降の日本語だといえる」が述部なので、この「比喩表現」は日本語のあり方をたとえているのだとわかります。比喩の意味を明らかにするために、傍線部Aを含む段落に視野を広げていきましょう。

STEP 3 解答の根拠をとらえる［周囲を見る］

日本では幸か不幸か、明治時代に日本語が大きく変わりました。わたしたちが学校で習う言葉のほとんどは、明治にできた翻訳語です。学校で学ぶ知識のほとんどは西洋由来だからです。日本では漢字を1500年以上使ってきて、西洋語が入ってきたときにも漢字で意味を移し替えてきましたが、特に明治時代におびただしい数の新たな造語ができました。（〈A柔軟性のある動物が〉◀比喩表現 異物を全部呑《の》み込んで、その食べた物のかたちになってしまったというのが近代以降の日本語だといえるでしょう。）漢字は音も表現しますが、基本的には意味を表現します。日本語の成り立ちを振り返る前に、漢字とアルファベットの違いについて考えてみましょう。

「日本では漢字を1500年以上使ってきて、西洋語が入ってきたときにも漢字で意味を移し替えてきました」という部分に注目しましょう。「西洋語」が入ってきて、それを「日本語」が受け入れているという構図ですね。ここから、「柔軟性のある動物」とは、「異物＝西洋語」を飲み込んで、「その食べた物のかたちになってしまった＝自分たちの言葉を変えていった」日本語のことだとわかります。

STEP 4 解答の根拠をまとめる

STEP 3 でとらえた「比喩表現」のポイントをまとめていきましょう。

【A】西洋語が入ってきたときに、漢字で意味を移し替えた
【B】日本語は大きく変わった

これをもとに、選択肢を見ていきましょう。

STEP 5 解答する［選択肢を選ぶ］

正解は、②の「過去、西洋語が入ってきたときには、それまで使われてきた漢字に意味を移し替え、受容してきた日本語。」です。【A】と【B】ポイントがしっかり入っています。

他の選択肢を検討してみましょう。

①には「明治時代にその場しのぎで作られた」とありますが、1500年以上使っている漢字で意味を移し替えているので、「その場しのぎ」というのは【A】の説明として誤りであることがわかります。

③には「1500年の長きにわたって、西洋の知識を取り入れる際には臨機応変に対応し」とありますが、「1500年」は漢字を使ってきた年月のことであり、「西洋の知識」を1500年にわたって取り入れてきたわけではないので、【A】の説明として誤りであることがわかります。

④には「漢字の音だけを用いて作られた明治時代の日本語」とありますが、漢字で意味を移し替えていますので、「漢字の音だけを用いて作られた」というのは誤りであることがわかります。

⑤は、まず、「日本古来の概念をもとに多くの翻訳語を生み出した」とありますが、本文には「漢字で意味を移し替えた」と書かれているので、「日本古来の概念をもとに」という説明は誤りです。また、「近代以降の日本語」とありますが、日本では漢字を1500年以上使ってきています。ですから、「近代以降」に限定してしまっている点からも、この選択肢が誤りであるとわかります。

問3

サクッとわかる！
アクティブ・レクチャー
MOVIE
正しい解き方がわかる講義動画にアクセス！
K6-08

STEP 1 設問を確認する

傍線部B「漢字を使って大勢の人に教えようとすると現実的に大変難しい」とあるが、それはなぜか。最も適切なものを次の中から一つ選びなさい。

この問題は、**傍線部の「理由」を説明する問題**です。まずは、傍線部のある一文を分析していきましょう。

STEP 2 傍線部を含む一文を分析する【文の構造からポイントをつかむ】

一方、ヴェトナムの独立を考える人たちは国民にヴェトナム人としての意識を育てようとしましたが、その際B漢字を使って大勢の人に教えようとすると現実的に大変難しいことに気がつきました。

「漢字を使って大勢の人に教えようとする」という部分と「現実的に大変難しい」という部分の間には**「飛躍」**がありますね。ヴェトナムでは元々漢字を使っていたのに、「漢字を使って大勢の人に教えようとする」ことが「現実的に大変難しい」と言えるのはなぜでしょうか。この「飛躍」を埋めるために、「漢字」と「教育」について説明している部分を本文中で探していきましょう。

STEP 3 解答の根拠をとらえる［周囲を見る］

◀具体例

（両方の違いがよくわかるのがヴェトナム語の経験です。ヴェトナム語はずっと漢字で表記されていたのですが、教養や漢字文化は一部の階層の人だけのもので、それ以外の人びとは読み書きすることができませんでした。その後フランスの植民地になると、学校教育ではアルファベットによるフランス語が教えられました。一方、ヴェトナムの独立を考える人たちは国民にヴェトナム人としての意識を育てようとしましたが、その際B漢字を使って大勢の人に教えようとすると現実的に大変難しいことに気がつきました。日常言語に結びつき、人びとがいろいろな考えを表現し伝えるためには、漢字よりもアルファベットのほうが簡便です。また、古い社会の影響を脱するためにも漢字を廃止したほうがいいという考えが広まり、ヴェトナム語をすべてアルファベットで表記することにしました。アルファベットは音を転写するので、こういった目的に適していたのですね。それでアルファベットによる読み書きが進められた結果、独立運動も広まりました。）

傍線部Bの前の部分に注目すると、「漢字」は「一部の階層の人だけのもので、それ以外の人びとは読み書きすることができませんでした」という説明があり、大勢の人は漢字を使いこなせていなかったことがわかります。そして、大勢の人が受ける学校教育では「アルファベットによるフランス語」が教えられていて、フランス語を使用していたということもわかります。

以上を踏まえて、「飛躍」を埋めるための**「根拠」**をまとめていきましょう。

STEP 4 解答の根拠をまとめる

STEP 3でつかんだ「漢字を使って大勢の人に教えようとする」ことが「現実的に大変難しい」と言える「根拠」は、次のようにまとめられます。

【A】漢字は一部の階層の人だけのもので、それ以外の人びとは読み書きすることができない
【B】学校教育ではアルファベットによるフランス語が教えられた

これをもとに、選択肢を見ていきましょう。

②の「ヴェトナム語はもともと表意文字である漢字で表記されていたが、それを読み書きできるのは、一部の知的な階層のみであり、さらに、フランスの植民地となったヴェトナムではフランス語のアルファベットが教えられていたから。」です。【A】のポイントと【B】のポイントが、ともに入っています。

他の選択肢を検討してみましょう。

①には「フランスの植民地となると、ヴェトナム語そのものを廃止すべきだという考えが一気に広まった」とありますが、本文には「漢字を廃止したほうがいいという考えが広まり、ヴェトナム語をすべてアルファベットで表記することにしました」と書かれているので、誤りだということがわかります。

③は、「庶民はアルファベットを用いていた」が誤りです。「アルファベット」を用いるようになったのはフランスの植民地になった後のことです。

④の前半部分には【A】のポイントが入っています。後半は「フランスの植民地になったのちは、それらの人びとも日常ではフランス語を用いるようになってしまったから」となっています。本文ではフランス語が教えられていたことは説明されていましたが、日常でフランス語を用いるようになったとは書かれていなかったため、誤りです。

⑤には「ヴェトナム語の漢字は、意味と音が切り離された独特なものであった」とありますが、これは本文に書かれていない内容なので、【A】の説明として誤りであることがわかります。

問4

サクッとわかる！
アクティブ・レクチャー
MOVIE
正しい解き方がわかる
講義動画にアクセス！
K6-09

STEP 1 設問を確認する

空欄 X にはどのような表現が入るか。最も適切なものを次の中から一つ選びなさい。

この問題は、**空所に適切な表現を入れる問題**です。まずは、空所のある一文を分析しましょう。

STEP 2 空所を含む一文を分析する［文の構造からポイントをつかむ］

X 。

空所の直後に「。」があることから、空所は一文すべてが抜かれていることがわかります。先ほど第三意味段落を読んだときにも確認したように、空所には、この直後の「たとえば」から始まる「具体例」のもとになる**「筆者の主張」**が入ります。この「筆者の主張」をとらえるために、この後の部分を見ていきましょう。

STEP 3 解答の根拠をとらえる［周囲を見る］

これは手に取って確かめることができませんから、初めは何かわからないわけです。しかし調べていくうちに、「どうやらsocietyという言葉は、西洋ではindividual（個人）という言葉と対《つい》で使われていて、individualが独立してあって、それの結びつきとしてsocietyがあると考えられているようだ」と理解するようになります。

［X］。（具体例 たとえば「社会」という言葉。向こうでは「society（ソサイエティー）」といいますが、societyを作るとみなされるさまざまな要素もすべて西洋の言葉です。こうして、それらをすべて日本語に置き換える必要が出てきます。individualの場合は「これ以上分けられない個々の人」と解釈して、「個人」という訳語が作られました。また、「個々の人がcontract（契約）を交わして自分たちの権利を調整しながら共同の秩序を作っている」といったこともわかってきます。それらを咀嚼《そしゃく》しながら、「society」をなんと翻訳するかいろいろな案が出た末に定着するようになったのが、「社会」という訳語だったのです。）

空所の直後では、二つの段落にわたって「具体例」が書かれています。もちろん、この部分から「筆者の主張」をまとめていってもよいのですが、**「筆者の主張」は「具体例」の前後で繰り返されること**

が多いので、この「具体例」の後の63〜65行目の部分を見ていきましょう。

明治時代における西洋語の日本語化は、日本語の構造を複合化しました。この時代、（「個人」「社会」のように、）音で表現されている西洋語を、表意機能のある漢字を使って日本語に置き換えるやり方で、大量の新造語が作られたのです。

ここまで見れば、「音で表現されている西洋語を、表意機能のある漢字を使って日本語に置き換えるやり方で、大量の新造語が作られた」つまり「西洋語の日本語化」が行われたのだということがわかります。筆者が「society（ソサイエティー）」の「具体例」を通して主張したかったのは、これだったのです。**「具体例」をまとめている部分で「筆者の主張」をつかむようにしましょう。**

TIPS
「具体例」をまとめている部分をチェックして、「筆者の主張」をつかむ。

STEP 4 解答の根拠をまとめる

STEP 3で確認した「筆者の主張」をまとめると、次のようになります。

西洋語の日本語化＝音で表現されている西洋語を、表意機能のある漢字を使って日本語に置き換えた

これをもとに、選択肢を見ていきましょう。

STEP 5 解答する［選択肢を選ぶ］

正解は、④の「ただ、日本には西洋語の観念をそのまま表現できる言葉がありませんでした」です。「日本には西洋語の観念をそのまま表現できる言葉がない」↓「西洋語の日本語化＝音で表現されている西洋語を、表意機能のある漢字を使って日本語に置き換えた」という流れでつながります。

他の選択肢を検討してみましょう。

①には「日本には西洋的な概念に近い漢字の言葉がたくさんありました」とありますが、これだと「表意機能のある漢字を使って日本語に置き換え」て「新造語」を大量に作る必要がないので、誤りです。

②には「そのときに障害となったのが日本に古くから伝わる漢語」とありますが、本文には「漢語」が障害となったという説明はないので、誤りです。

③は、「日本と西洋との間の概念的定義の違い」という部分が誤りです。「違い」どころか、西洋語の多くはそもそも日本語にはない概念でした。

⑤の「西洋的な理論を実用化するまでには大変苦労しました」は要注意です。たしかに「具体例」の中には翻訳の苦労が書かれていましたが、この「具体例」を通して伝えたかったのは「音で表現されている西洋語を、表意機能のある漢字を使って日本語に置き換えた」ということです。「具体例」の後の「まとめ」の部分に注目できれば、この選択肢が正解にならないことがわかりますね。

問5

サクッとわかる！
アクティブ・レクチャー
MOVIE
正しい解き方がわかる講義動画にアクセス！
K6-10

STEP 1 設問を確認する

傍線部C「今わたしたちが使っている二字熟語を江戸時代の人に対して使っても何も伝わらないでしょう」とあるが、それはなぜか。最も適切なものを次の中から一つ選びなさい。

この問題は、**傍線部の「理由」を説明する問題**です。まずは、傍線部のある一文を分析しましょう。

STEP 2 傍線部を含む一文を分析する［文の構造からポイントをつかむ］

だから、（▲具体例「身体」とか「生命」とか、）C今わたしたちが使っている二字熟語を江戸時代の人に対して使っても何も伝わらないでしょう。

「今わたしたちが使っている二字熟語を江戸時代の人に対して使っても」という部分と「何も伝わらないでしょう」という部分の間には**「飛躍」**があります。「今わたしたちが使っている二字熟語を江戸時代の人に対して使っても」「何も伝わらない」のはなぜか。その「飛躍」を埋めるために、「今わたしたちが使っている二字熟語」がどういうものであるかがわかる部分を探していきます。

STEP 3 解答の根拠をとらえる［周囲を見る］

明治時代における西洋語の日本語化は、日本語の構造を複合化しました。この時代、（◀具体例「個人」「社会」のように、）音で表現されている西洋語を、表意機能のある漢字を使って日本語に置き換えるやり方で、大量の新造語が作られたのです。だから、（◀具体例「身体」とか「生命」とか、）C今わたしたちが使っている二字熟語を江戸時代の人に対して使っても何も伝わらないでしょう。

「今わたしたちが使っている二字熟語」は、「明治時代」に「音で表現されている西洋語を、表意機能のある漢字を使って日本語に置き換えるやり方で、大量の新造語が作られた」ときに生まれたものです。ポイントは、これらの言葉が新造語であるということです。新しい言葉をいきなり使っても、伝わらないのはなぜでしょうか。その理由は、59行目から始まる段落で説明されています。

しかし、そうした訳語は初めから一般に通用したわけではありません。（◀具体例「シャカイ」なんていっても、そんなものは誰も知らないからです。「まあ、『世の中』みたいなものだな」ということで適当に理解して、だんだん人びとが議論するときに「社会」という語が使われるようになりました。）初めは新造語でも、それが20～30年も使われていけば、いつの間にか誰も奇妙に思わない普通の言葉になります。

ここでは、新しい言葉が人々に理解され、広く使われるようになるまでには長い時間がかかるということが述べられています。

STEP 4 解答の根拠をまとめる

【A】明治時代に作られた
【B】音で表現されている西洋語を、表意機能のある漢字で日本語に置き換えて作った新しい言葉
【C】人々に理解され、広く使われるようになるまでには長い時間がかかる

これをもとに、選択肢を見ていきます。

STEP 5 解答する［選択肢を選ぶ］

正解は、⑤の「現在わたしたちが使っている漢字二字の熟語の多くは、明治時代に表意機能

のある漢字を使って西洋語を日本語化したものだが、その言葉の意味が一般の人にも理解され、広く使われるようになるまでには長い時間がかかるから。」となります。【A】【B】【C】のポイントが入っていますね。

①・③・④には、【A】の「明治時代に作られた」というポイントが入っていません。よって、これらは誤りです。ポイントが入っていないことがわかれば、すぐに誤りだと判断できますね。読解のスピードを上げるのではなく、**判断のスピードを上げる**ことを意識するとよいでしょう。

②は、「その結果、明治時代以降の日本語は非常に複雑になってしまった」という、本文にない因果関係が書かれているため、誤りです。

問題 6

解答

問1 ⑤
問2 ②
問3 ②
問4 ④
問5 ⑤

第6講

要点整理

TIPS

注目すべきポイントは、「文章」の中ではなく「設問」の中にある。「並べ替える文」を分析し、「旧情報↓新情報」になるようにつなげる。

……本冊248ページ

TIPS ▼

「指示語」や「接続表現」が含まれている「つなげやすい文」から優先的につなげていく。

……本冊274ページ

TIPS ▼

「文を並べ替える問題」でも、「積極法」で答えを決めてから選択肢を検討する。

……本冊275ページ

TIPS ▼

「具体例」をまとめている部分をチェックして、「筆者の主張」をつかむ。

……本冊286ページ

第7講

文章の中から答えを抜き出す問題

サクッとわかる!

ダイジェスト・レクチャー

MOVIE

重要ポイントを
ギュッと凝縮した
講義動画にアクセス!

K7-01

LECTURE

答えを探すのに時間がかかりすぎるのはなぜ？

TIPS

「何を」探すのかがわからないまま探しても、答えは見つからない。抜き出し問題は、答えを探す前の「設問の確認」が成否を分ける。

今回は、**抜き出し問題**の解き方を学んでいきましょう。

抜き出し問題は、文章中から答えになる部分を見つけるというものですが、この問題でとても多い悩みが**「時間がかかりすぎる」**ことです。

抜き出し問題で「時間がかかりすぎる」のは、なぜでしょうか？

抜き出し問題は、文章中に必ず答えがあるので、答えを探すことに全力投球しがちなのですが、答えを探すこと「だけ」に力を入れると、無駄に時間がかかるばかりか、正しい答えを見つけられなくなってしまいます。**抜き出し問題では、答えを探す前に、最も大切にしなくてはいけない手順がある**のです。

ここで、今まで学んできた「解き方」を思い出してください。どの問題でも、まずは、**設問を確認する**ところからスタートしていたはずです。その問題が傍線部の「内容」を説明する問題なのか、傍線部の「理由」を説明する問題なのか、もしくは「内容真偽問題」なのか……。それをつかむために、必ず設問を確認する必要がありました。

抜き出し問題でもそれは同じです。むしろ、抜き出し問題こそ、**設問の確認が成否を分ける重要なポイントになる**のです。

抜き出し問題では、設問で指定された語句などを文章中から見つけることが求められていますが、「何を」探すのかがわからないまま探しても、答えは見つかりません。ですから、実際に文章中で答えを探し始める前に、設問をよく読んで**「何を」探すのかを明確にする**必要があるのです。

抜き出し問題の設問では、「何を」探すのかがあいまいにならないように**細かな条件が付けられている**ので、それをしっかりチェックするようにします。

たとえば、次のような設問があったとしましょう。

例

傍線部「……」とあるが、これを具体的に言い換えた三十五字以内の部分を、これより後の本文中から抜き出し、その最初と最後の三字をそれぞれ記しなさい。

まず、「具体的に言い換えた」というのが、**「探すもの」**の指示です。これをきちんと確認しないまま答えを探し始めてしまう人がとても多いので、「探すもの」を絶対に押さえます。

「三十五字以内」というのは、**「字数」**の指示です。

「部分」というのは、**「抜き出す単位」**の指示です。

「これより後」というのは、**「解答を探す範囲」**の指示です。

「最初と最後の三字」というのは、**「解答する字数」**の指示です。

これらすべての指示を守らないと、この問題には正解できません。抜き出し問題に時間がかかりすぎている人の多くは、「字数」の指示を確認しただけで答えを探し始めています。この例で言えば、「三十五字以内」の部分は本文中に無数にあるでしょうから、「字数」の指示だけでは正解を絞り切れず、時間がかかってしまうのです。設問の確認をていねいに行うと、探し始めるまでに多少の時間はかかりますが、探すものが明確になっているため、最終的には短い時間で正解にたどり着くことができます。ですから、**答えを探す前の作業をていねいに行うようにしましょう。**

ちなみに、「抜き出す単位」は、多くの場合、次のように表現されます。

▼「抜き出す単位」の表現

●**語＝一単語**
●**語句＝複数の単語からなるまとまり**
●**表現＝一文の中の一部**
●**部分＝一文の中の一部**　※複数の文の集合を「部分」と呼ぶこともある
●**文＝句点の後から次の句点まで**
●**段落＝改行されて一字落としたところから、次に改行するところまで（形式段落）**

続いて、抜き出し問題を解く手順を具体的に確認していきましょう。抜き出し問題は、以下の手順で解いていきます。

STEP 1　設問を確認する
STEP 2　傍線部や空所を含む一文を分析する［文の構造からポイントをつかむ］
STEP 3　解答の根拠をとらえる［周囲を見る］
STEP 4　解答の根拠をまとめる
STEP 5　解答する［答えを記す］

一つひとつ、説明していきましょう。

STEP 1 設問を確認する

これは、先ほど説明した通りです。設問を読み、**「探すもの」「字数」「抜き出す単位」「解答を探す範囲」「解答する字数」**をチェックします。

STEP 2 傍線部や空所を含む一文を分析する［文の構造からポイントをつかむ］

本文中に傍線が引かれている場合には、**傍線部を含む一文を分析します**。空所に入る言葉を本文中から抜き出すという問題の場合には、**空所を含む一文を分析します**。

これらは、記号選択問題や空所補充問題と同じ手順ですね。

STEP 3 解答の根拠をとらえる［周囲を見る］

一文の分析が終わったら、**周囲に視野を広げて解答の根拠をとらえていきます**。

その際には、STEP 1で確認した**「探すもの」**と**「解答を探す範囲」**を手がかりにしていきましょう。

STEP 4 解答の根拠をまとめる

続いて、**解答の根拠をまとめていきましょう。** ここでは**「字数」**と**「抜き出す単位」**にも注意していきます。

STEP 5 解答する［答えを記す］

後は解答するだけですね。ここでは**「解答する字数」**に注意しましょう。字数そのものを間違えることはほとんどないと思いますが、「最初の三字」「最後の三字」「段落の最初の三字」などを守らずに失点してしまうというケースがよくあります。解答する前に細かな指定を必ず確認しましょう。

それでは、実際の問題を見ていきましょう。

問題は別冊58ページ

読み方

第一意味段落（第1～4段落）

サクッとわかる!
アクティブ・レクチャー
MOVIE
正しい読み方がわかる
講義動画にアクセス!
K7-02

1 人間のように二本の足で立ち上がり、もの言う［X］された動物は、古くから動物寓話《ぐうわ》や民話につきもので、それらの伝統的な物語をもとにした児童書にも必ず登場する。しかし、おもにその挿絵に現れる擬人化動物表現を詳しく見てみると、今日の多くの児童書にも欠かすことのできないあいきょうのある、かわいい動物たちは必ずしもいつの時代にも共通して描かれた普遍的なものではないことがわかる。

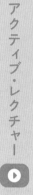

第1段落では、「人間のように二本の足で立ち上がり、もの言う」動物がテーマになっています。このような動物は古くから寓話や民話に登場するのですが、いつの時代にも「あいきょうのある、かわいい動物たち」が描かれていたわけではないというのが**「筆者の主張」**です。それでは、「あいきょうのある、かわいい動物たち」はいつ頃から登場するのでしょうか？　それをこの後の部分でつかんでいきましょう。

2（ペロー童話「長靴をはいた猫」の挿絵では、この猫は人間の身長で、ときには人間の顔をして、後ろ足に長靴をはいて人間のように二本足で立っている。しかも、その両掌には、農夫を脅すに十分な、大きな鉤爪《かぎ》が見られる。空いた二本の前足は、その鉤爪で、農夫を脅かすことに用いられているのである。人間よりも大きく、力あるものとして描かれていることは、たとえば、この時代の人々の獣に対する畏怖や恐怖の念と対応しているのであり、そうした姿勢を端的に表すのが、この猫の鉤爪であると言えよう。ペローの初版以降、十八世紀中葉までのフランスの多くの版に共通するのは、この鉤爪の表現である。しかし英語版の挿絵では、この鉤爪の表現は曖昧になっているのである。）

具体例

この段落では、「あいきょうのある、かわいい動物たち」がいつの時代にも登場するわけではないという主張を裏付ける**「具体例」**が提示されます。ペロー童話「長靴をはいた猫」に登場する猫は、十八世紀中葉までは畏怖や恐怖の対象である鉤爪を持ったものとして描かれており、全然かわいくありませんでした。ところが、英語版の挿絵では、鉤爪の表現は曖昧になっているとのことでした。このように、動物の描かれ方が**「変化」**していることがわかります。

3 イギリスにおける児童文芸の興隆期とされる十八世紀から十九世紀への転換期は、動物への虐待が、市《いち》などにおける民衆の残酷な遊びや粗暴な行動を象徴するものとして広く社会問題とされ、それに対する、社会の階層性を意識した中流諸勢力による批判が社会運動へと発展した時期でもあった。宗教家、社会改革家、児童文学作家などによって、神の秩序のもとの存在の連鎖のなかにあって、動物より上位にある人間には、動物を保護し、虐待から守ることが当然の責務であるとされたのである。この時期の児童書に見られる擬人化された動物は、動物虐待防止の理念と並行して、徐々にA人間との親和関係のなかにとらえられるようになってゆく動物像を示すものとなっているのである。

この段落では、イギリスの**「変化」**がより詳しく説明されています。動物への虐待が社会問題とされ、批判されました。この時期に、児童書に見られる擬人化された動物たちは「親和」の対象になっていったのです。

4 十八世紀の半ば過ぎには、まだ動物愛護の精神は必ずしも広範な共感を得ていたとは言えない。◀具体例（たとえば、一七七二年に動物への虐待に抗議する説教を行った牧師ジョン・グレインジャーは、会衆から反感や嘲笑を買ったとされる。）この時期の動物虐待防止についての言説の特徴は、動物に対する人間的愛の必要を説いていることである。動物への慈愛は人間としての義務であり、虐待は罪なのである。

第4段落では、前の段落に書かれていた「十八世紀から十九世紀への転換期」の様子をさらに詳細に説明しています。「十八世紀の半ば過ぎ」には、まだ動物愛護の精神は必ずしも広範な共感を得ていなかったということです。牧師ジョン・グレインジャーのエピソードは、その**「具体例」**ですね。ここでは、十八世紀の半ば過ぎには「動物への慈愛」が「人間としての義務」だと考えられていたのだということを押さえておきましょう。

それでは、第一意味段落の内容をまとめておきます。

第一意味段落（第[1]～[4]段落）まとめ

筆者の主張

あいきょうのある、かわいい動物たちは、いつの時代にも共通して描かれた普遍的なものではない

十八世紀中葉までのフランス

動物が人間よりも大きくて力あるものとして描かれていた

←（変化）

イギリスにおける十八世紀から十九世紀への転換期

動物が人間と親和的な存在として描かれるようになった

続いて、第二意味段落を読んでいきましょう。

第二意味段落（第5～8段落）

サクッとわかる！
アクティブ・レクチャー
MOVIE
正しい読み方がわかる講義動画にアクセス！
K7-03

5 そもそも、動物虐待防止運動にかぎらず、十八世紀後半からさかんとなるさまざまな人道的な社会改革運動の根本にあるのは、歴史家ローレンス・ストーンによれば、十七世紀のピューリタニズムを源流とする、生きとし生けるものへの「残虐さ」に対する嫌悪感であるという。また、「人権」思想をもたらした啓蒙《けいもう》主義のヨーロッパ的な広がりとも連動しているとされる。十九世紀に入って力強い社会運動としてのかたちをとるようになる動物虐待防止論は、ジョン・ロックの『教育に関する考察』に見られる次のような考えに基づいているのである。

第5段落では、動物が人間と親和的な存在として描かれるようになった「背景」が説明されています。「ピューリタニズム」と「啓蒙主義」の広がりによって、人道的な社会改革運動がさかんになったと書かれていますね。

そして、次の段落では、ジョン・ロックの『教育に関する考察』が、これらの思想を「背景」とする考え方の「具体例」として**「引用」**されます。

6

◀引用

（しばしばわたくしが子供たちに見かける一つのことは、子供たちが、なにか非力な生物を手に入れた場合、それを虐待する傾向のあることです。小鳥のひな、蝶《ちょう》、その他の非力な動物が手に入ると、しばしばいじめ、非常に乱暴に扱って、しかも一種の喜びを感じているようです。これは、子供たちにおいては充分気をつけねばならぬことと思います。B もし彼らがこのような残酷さの傾向をなにか持っているなら、その反対の取扱い方を教えてやるべきです。というのは、動物をいじめたり殺したりする習慣は、次第に彼らの心を人間に対してすら冷酷にさせるからですし、また人間より劣った生物を苦しめ、殺して喜ぶ者は、自分と同種族〔人間〕の中の劣った者に対して、非常に情愛深く、優しいことは、あまりないことですから。）

ジョン・ロックの考え方は、「非力な動物を虐待する者は、非力な人間に対しても同じようなことをする傾向がある」というものです。この考え方に基づいて、「動物虐待防止論」が主張されるようになったのですね。

続いて、第7段落を読んでいきましょう。

7 動物虐待防止への訴えは、おりからの児童書出版の隆盛のなかで、たちどころに子供向けの読み物の中心的な主題の一つとなる。（▼具体例 自然についての知識の本、教訓的な寓話集や詩集、子供たちの日常生活を描く物語など、さまざまな児童書に、動物愛護の必要や動物に対するやさしい扱いの重要性が主題としてもり込まれた。）これらの児童書に共通して見られるのは、生き物に対する虐待が、やがて非人道的な態度や、人間に対する慈悲心の欠如に結びついてゆくとする認識である。

この段落では、「動物虐待防止論」が、児童書の中心的な主題の一つになったことが説明されています。これらの児童書に共通するのは、先ほどのジョン・ロックの『教育に関する考察』の中にもあった、「生き物に対する虐待が、やがて非人道的な態度や、人間に対する慈悲心の欠如に結びついてゆくとする認識」でした。

第6段落では**「引用」**を用いて、また、第7段落では**「具体例」**を用いて、筆者はこの点を繰り返し主張しています。

8 動物虐待防止は、すでに一七八〇年代後半には子供の読書の世界において流行の主題となっており、やがて一八二〇年代にいたって上中流階級の人々にとっての言わば規範的な思想となるために、児童書の果たした役割は、決して小さくはなかったと言える。（▼引用 アンドルー・オマリーがその著書『近代的児童の形成』で言うように、先のロックの引用末尾に見られるような思想にしたがって「動物を下層階級と象徴的に等価のものとして描くことは、ある種の社会構造や経済モデルの正当性を立証することにだけでなく、中流階級の子供たちに社会構造のなかでの彼らの役割を教えることにも役立ったのである。」）ジョージ王朝期の児童文芸は、C寓話や民話における古い動物観を離れ、言わば人間と動物との新しい関わりを通して、D社会秩序についての規範を問いなおすことから出発したと言うこともできる。

ここでは、一八二〇年代に入って、児童書が、上中流階級の子供たちに「人間と動物との新しい関わり」を教える役割を果たすようになったと説明されています。動物を下層階級の象徴として描いた児童書を読むことで、子供たちは、社会での行動の仕方を学んでいったということです。

それでは、第二意味段落の内容をまとめておきましょう。

第二意味段落（第5～8段落）まとめ

背景

- 「ピューリタニズム」と「啓蒙主義」の広がり
- 「非力な動物を虐待する者は、非力な人間に対しても同じようなことをする傾向がある」と考えられた

↓

結果

「動物虐待防止」が児童書の主題となり、上中流階級の人々の規範的な思想となった

サクッとわかる！
アクティブ・レクチャー
MOVIE
正しい読み方がわかる講義動画にアクセス！
K7-04

9 （イギリスの擬人的な動物の表現の歴史は、さまざまなものの伝統のなかにあることは言うまでもない。そのため、子供の本における擬人化された動物の存在は、いずれも、言わば普遍的な性格を持つと考えられがちである。）しかし、寓話や民話そのものと擬人的動物との関係に比べ、児童書とあいきょうのある擬人化動物の固有の結びつきは、はるかに新しい。それは寓話や民話が子供のための読み物としてさかんに出版されるようになる十八世紀半ば以降のものなのである。

第9段落では、これまでの説明をまとめたうえで、**「筆者の主張」**が示されています。「児童書とあいきょうのある擬人化動物の固有の結びつき」は、普遍的なものではなく、十八世紀半ば以降のものであるということが読み取れれば大丈夫です。

続いて、最後の段落を読んでいきましょう。

10 民話をもとに文学的な脚色をほどこしたペロー童話をはじめとする妖精物語の動物像には、動物を畏怖する古い異教的な世界観が残存していた。やがて十八世紀を通して、愛護を要請する新しい動物観が定着するとともに、新たな擬人化動物が登場する。妖精物語が子供向けの本の格好の素材としてあらためて本格的に取り上げられるようになる十八世紀後半から十九世紀初頭にかけての時期には、古典時代からの寓話の伝統や民話の世界観を含む動物像は、動物虐待防止や動物愛護の理念による先入観のなかに置かれていた。動物は、人間との親和関係のもとに表象されるようになるのである。

第10段落では、今までの主張をふまえて、児童書の動物像の**「変化」**をまとめています。かつての童話には「動物を畏怖する古い異教的な世界観」が残っていましたが、十八世紀には、「愛護を要請する新しい動物観」が定着していきます。そして、十八世紀後半から十九世紀初頭にかけての時期には、「動物は、人間との親和関係のもとに表象される」ようになったのです。

第三意味段落（第9～10段落）まとめ

かつての童話

動物を畏怖する古い異教的な世界観が残っていた

←（変化）

十八世紀後半から十九世紀初頭にかけての時期の童話

動物は人間との親和関係のもとに表象されるようになった

続いて、文章全体の流れを確認していきましょう。

文章の全体像

サクッとわかる！
アクティブ・レクチャー
MOVIE
正しい読み方がわかる講義動画にアクセス！
K7-05

第一意味段落（第1～4段落）……筆者の主張・変化

筆者の主張
あいきょうのある、かわいい動物たちは、いつの時代にも共通して描かれた普遍的なものではない

十八世紀中葉までのフランス
動物が人間よりも大きくて力あるものとして描かれていた
←（変化）
イギリスにおける十八世紀から十九世紀への転換期
動物が人間と親和的な存在として描かれるようになった

第二意味段落（第5～8段落）……変化

背景

● 「ピューリタニズム」と「啓蒙主義」の広がり
● 「非力な動物を虐待する者は、非力な人間に対しても同じようなことをする傾向がある」と考えられた

←

結果

「動物虐待防止」が児童書の主題となり、上中流階級の人々の規範的な思想となった

第三意味段落（第9～10段落）……筆者の主張・変化（変化のまとめ）

かつての童話

動物を畏怖する古い異教的な世界観が残っていた

←（変化）

十八世紀後半から十九世紀初頭にかけての時期の童話

動物は人間との親和関係のもとに表象されるようになった

それでは、問題の解き方を確認していきましょう。

解き方

問1

サクッとわかる!
アクティブ・レクチャー
MOVIE
正しい解き方がわかる
講義動画にアクセス!
K7-06

STEP 1 設問を確認する

X に入る三字の語を本文中から抜き出して記しなさい。

この問題は、**空所に適切な語句を入れる問題**です。解答方式は**「抜き出し」**で、「三字」の「語」を抜き出すという条件が付けられています。まずは空所のある一文を分析しましょう。

STEP 2 空所を含む一文を分析する［文の構造からポイントをつかむ］

〈人間のように二本の足で立ち上がり、もの言う [X] された動物は〉、古くから動物寓話《ぐうわ》や民話につきもので、それらの伝統的な物語をもとにした児童書にも必ず登場する。

[X] を含む一文の主部は、「人間のように二本の足で立ち上がり、もの言う [X] された動物は」ですね。空所の直前にある「人間のように二本の足で立ち上がり、もの言う」という修飾部がヒントになっているので、これと同じ内容が書かれている箇所を探していきます。

STEP 3 解答の根拠をとらえる［周囲を見る］

3 イギリスにおける児童文芸の興隆期とされる十八世紀から十九世紀への転換期は、動物への虐待が、市《いち》などにおける民衆の残酷な遊びや粗暴な行動を象徴するものとして広く社会問題とされ、それに対する、社会の階層性を意識した中流諸勢力による批判が社会運動へと発展した時期でもあった。宗教家、社会改革家、児童文学作家などによって、神の秩序のもとの存在の連鎖のなかにあって、動物より上位にある人間には、動物を保護し、虐待から守ることが当然の責務であるとされたのである。この時期の児童書に見られる擬人化された動物は、動物虐待防止の理念と並行して、徐々に人間との親和関係のなかにとらえられるようになってゆく動物像を示すものとなっているのである。

第3段落では、十八世紀から十九世紀におけるイギリスの児童文芸の「変化」が説明されていました。

この中の「この時期の児童書に見られる擬人化された動物は」という部分に注目しましょう。「人間のように二本の足で立ち上がり、もの言う」を言い換えた「擬人化」という言葉があります。「X された」と同じ「〜された」という形になっていることもわかります。

STEP 4 解答の根拠をまとめる

人間のように二本の足で立ち上がり、もの言う X された

=

擬人化された

さらに、**「三字」**の**「語」**という条件に注意しましょう。「語」は一単語を意味するのでしたね。

STEP 5 解答する［答えを記す］

正解は、「擬人化」（17行目など）です。

「擬人化された」は、第9段落にもあります。もちろん、本文2〜3行目の「擬人化動物表現」というところから抜き出してもよいのですが、「X された」という形をヒントにして探していくほうが、答えが見つけやすかったのではないかと思います。

問2

サクッとわかる！
アクティブ・レクチャー
MOVIE
正しい解き方がわかる講義動画にアクセス！
K7-07

STEP 1 設問を確認する

傍線部Ａ「人間との親和関係のなかにとらえられるようになってゆく動物像」について、このような動物像を具体的に述べた部分を本文中より十五字以内（句読点を含む）で抜き出して、解答欄の形式に合わせて記しなさい。

［　　　　　　　　］動物像

この問題は、**傍線部の「内容」を説明する問題**です。設問につけられた説明の空所にあてはまるように、「このような動物像を具体的に述べた」「十五字以内」の「部分」を**抜き出す**ことが求められています。まずは、傍線部のある一文を分析しましょう。

STEP 2 傍線部を含む一文を分析する［文の構造からポイントをつかむ］

〈この時期の児童書に見られる擬人化された動物は〉、動物虐待防止の理念と並行して、徐々に人間との親和関係のなかにとらえられるようになってゆく動物像を示すものとなっているのである。

傍線部を含む一文の主部は、「この時期の児童書に見られる擬人化された動物は」ですね。「この」という**「指示語」**が指し示している内容を探し、「この時期」がいつなのかを確認しましょう。

STEP 3 解答の根拠をとらえる［周囲を見る］

3 イギリスにおける児童文芸の興隆期とされる十八世紀から十九世紀への転換期は、動物への虐待が、市《いち》などにおける民衆の残酷な遊びや粗暴な行動を象徴するものとして広く社会問題とされ、それに対する、社会の階層性を意識した中流諸勢力による批判が社会運動へと発展した時期でもあった。宗教家、社会改革家、児童文学作家などによって、神の秩序のもとの存在の連鎖のなかにあって、動物より上位にある人間には、動物を保護し、虐待から守ることが当然の責務であるとされたのである。〈この時期の児童書に見られる擬人化された動物は〉、動物虐待防止の理念と並行して、徐々に人間との親和関係のなかにとらえられるようになってゆく動物像を示すものとなっているのである。

「この」の前の部分を見ていくと、「この時期」とは「十八世紀から十九世紀への転換期」であることがわかります。第一意味段落を読んだときにも確認したように、かつては、動物は人間よりも大きくて力あるものとして描かれていたのですが、それがだんだん「変化」していき、人間と親和的な存在として描かれるようになったのでした。

「十八世紀から十九世紀への転換期」に登場した「人間との親和関係のなかにとらえられるようになった」動物像は、擬人化されたものですね。このような動物像を**「具体的に述べた部分」**を、本文中でさらに探していきましょう。

1 人間のように二本の足で立ち上がり、もの言う X された動物は、古くから動物寓話《ぐうわ》や民話につきもので、それらの伝統的な物語をもとにした児童書にも必ず登場する。しかし、おもにその挿絵に現れる擬人化動物表現を詳しく見てみると、今日の多くの児童書にも欠かすことのできないあいきょうのある、かわいい動物たちは必ずしもいつの時代にも共通して描かれた普遍的なものではないことがわかる。

第1段落の最後の「今日の多くの児童書にも欠かすことのできないあいきょうのある、かわいい動物たちは必ずしもいつの時代にも共通して描かれた普遍的なものではないことがわかる」という部分に注目しま

第7講 文章の中から答えを抜き出す問題

しょう。「今日」の児童書に見られる擬人化された動物像の描写は、「十八世紀から十九世紀への転換期」に登場したものなのでしたね。今日の多くの児童書には、「あいきょうのある、かわいい」動物たちの姿が描かれています。

STEP 4
解答の根拠をまとめる

「人間との親和関係のなかにとらえられるようになってゆく動物像」
＝
「あいきょうのある、かわいい」動物たちの姿

ここで、設問の条件をもう一度確認しておきましょう。**「このような動物像を具体的に述べた」「十五字以内」**の**「部分」**を抜き出すのでしたね。「あいきょうのある、かわいい」は、「動物像」を「具体的」に述べています。該当箇所は十三字なので、「十五字以内」という条件にも合っています。また、「部分」というのは一文の中の一部のことなので、これも条件に合っています。

そして、注意しなければならないのは、この問題では、**設問につけられた説明の空所にあてはまるように抜き出す**必要があるということです。「　　　　動物像」に合うものを解答しましょう。

STEP 5 解答する〔答えを記す〕

正解は、「あいきょうのある、かわいい」〔3〜4行目・十三字〕です。

似た表現に「あいきょうのある擬人化」というものが52〜53行目にありますが、これを設問につけられた説明の空所にあてはめると「あいきょうのある擬人化動物像」となってしまうので、この部分はふさわしくないことがわかります。

ちなみに、今回の問題では「十五字以内」という条件がつけられていました。大学入試の現代文の抜き出し問題で字数が指定される際には、ほとんどの場合、**五字ごとにカウントされます**。ですから、今回の場合だと、十字以下の部分は正解にならないことがあらかじめわかりますね。

「字数」だけをヒントにして答えを探してはいけませんが、**解答する際には「字数」の指示を確認するようにしましょう**。

TIPS 五字ごとの字数指定にしたがって、解答が正しいかどうかを確認する。

問3

サクッとわかる!
アクティブ・レクチャー
MOVIE
正しい解き方がわかる講義動画にアクセス!
K7-08

STEP 1 設問を確認する

傍線部B「もし彼らがこのような残酷さの傾向をなにか持っているなら、その反対の取扱い方を教えてやるべきです」について、このような意見はどのような考え方から出たものなのか。引用部分をのぞく本文中より該当する部分を五十字以内（句読点を含む）で抜き出し、その始めと終わりの三字を記しなさい。

この問題は、**傍線部の「根拠（＝理由）」を説明する問題**です。解答形式は**「抜き出し」**で、「このような意見はどのような考え方から出たものなのか」と問われているので、傍線部Bの意見のもととなっている「考え方」を答える必要があります。また、「引用部分をのぞく本文中」から該当する「部分」を「五十字以内（句読点を含む）」で抜き出すという条件が付けられていることにも注意しましょう。解答する字数は「始めと終わりの三字」です。

それでは、傍線部を含む一文を分析していきましょう。

STEP 2 傍線部を含む一文を分析する【文の構造からポイントをつかむ】

Bもし彼らがこのような（指示語）残酷さの傾向をなにか持っているなら、その反対の取扱い方を教えてやるべきです。

この一文では、「彼らがこのような残酷さの傾向をなにか持っている」という部分と「その反対の取扱い方を教えてやるべきです」という部分に**「飛躍」**があります。ですから、この「飛躍」を埋める説明を本文中で探していきましょう。「このような」という**「指示語」**の指示内容も合わせて確認していく必要がありますので、傍線部Bが含まれている第6段落を見ていきましょう。

STEP 3 解答の根拠をとらえる【周囲を見る】

6 （しばしばわたくしが子供たちに見かける一つのことは、子供たちが、なにか非力な生物を手に入れた場合、それを虐待する傾向のあることです。小鳥のひな、蝶《ちょう》、その他の非力な動物が手に入ると、しばしばいじめ、非常に乱暴に扱って、しかも一種の喜びを感じているようです。これは、子供たちにおいては充分気をつけねばならぬことと思います。（引用）Bもし彼らがこのような（指示語）残酷さの傾向をなにか持っているなら、その反対の取扱い方を教えてやるべきです。というのは、動物をいじめたり殺したりする習慣は、次第に彼らの心を人間に対してすら冷酷にさせるからですし、また人間より劣った生物を苦しめ、殺して喜ぶ者は、自分と同種族〔人間〕の中の劣った者に対して、非常に情愛深く、優しいことは、あまりないことですから。）

まず、「このような残酷さの傾向」とは、「非力な生物を虐待する傾向」であることがわかりました。

では、なぜ「非力な生物を虐待する傾向」を持っていたら、「その反対の取扱い方を教えてやるべき」だと言えるのでしょうか。その**「根拠」**をつかむために、傍線部の直後の「というのは」から始まる部分を確認しましょう。「動物をいじめたり殺したりする習慣は、次第に彼らの心を人間に対してすら冷酷にさせるからですし、また人間より劣った生物を苦しめ、殺して喜ぶ者は、自分と同種族〔人間〕の中の劣った者に対して、非常に情愛深く、優しいことは、あまりないことですから」と書かれていますね。「また」という言葉があり、次の二点が根拠として示されています。

- **動物をいじめたり殺したりする習慣は、次第に彼らの心を人間に対してすら冷酷にさせる**
- **人間より劣った生物を虐待する者は、人間に対して情愛深く優しくなれない**

ただし、この問題では、答えを「引用部分をのぞく本文中」から探すという条件がつけられていたので、この部分は正解にはなりません。引用部分以外でこれと同じことを言っている箇所を探してきましょう。

7 動物虐待防止への訴えは、おりからの児童書出版の隆盛のなかで、たちどころに子供向けの読み物の中心的な主題の一つとなる。（自然についての知識の本、教訓的な寓話集や詩集、子供たちの日常生活を描く物語など、さまざまな児童書に、動物愛護の必要や動物に対するやさしい扱いの重要性が主題としてもり込まれた。）これらの児童書に共通して見られるのは、生き物に対する虐待が、やがて非人道的な態度や、人間に対する慈悲心の欠如に結びついてゆくとする認識である。

◀具体例

すると、次の第7段落の最後に「生き物に対する虐待が、やがて非人道的な態度や、人間に対する慈悲心の欠如に結びついてゆく」という箇所があることがわかります。先ほど確認した二点の根拠が「非人道的な態度」と「人間に対する慈悲心の欠如」という表現で言い換えられていますね。

STEP 4 解答の根拠をまとめる

- **動物をいじめたり殺したりする習慣は、次第に彼らの心を人間に対してすら冷酷にさせる**
- **人間より劣った生物を虐待する者は、人間に対して情愛深く優しくなれない**
  ＝（言い換え）
- **非人道的な態度**
- **人間に対する慈悲心の欠如**

先ほども確認したように、引用部分は正解にならないので、第7段落の「非人道的な態度」と「人間に対する慈悲心の欠如」が含まれた部分をもとにして解答していきます。

今回の問題では、第6段落で根拠をつかんだ後に、第7段落に視野を広げていきましたね。一度で解答にたどりつかない場合にも、このように、**同じ内容になっている部分を探し、根拠をつないで正解を導き出していきましょう。**

TIPS 同じ内容になっている部分を探し、根拠をつないで正解を導き出す。

STEP 5 解答する［答えを記す］

正解は、「生き物」～「る認識」〔40～41行目〕です。

この問題で問われていたのは「考え方」なので、「認識」という末尾がこれに対応していることがわかりますね。**解答として抜き出したものが、問われていることに正しく対応しているかどうか**を、必ずチェックするようにしましょう。

TIPS 問題と解答が正しく対応しているかどうかをチェックする。

問4

サクッとわかる！
アクティブ・レクチャー
MOVIE
正しい解き方がわかる講義動画にアクセス！
K7-09

STEP 1 設問を確認する

傍線部C「寓話や民話における古い動物観」が具体的に述べられている段落の始めの三字を記しなさい。

この問題は、**傍線部の「内容」を説明する問題**です。解答形式は**「抜き出し」**で、傍線部Cが「具体的」に述べられている「段落」の「始めの三字」を答えるという条件が付けられています。まずは、傍線部を含む一文を分析しましょう。

STEP 2 傍線部を含む一文を分析する［文の構造からポイントをつかむ］

〈ジョージ王朝期の児童文芸は〉、C寓話や民話における古い動物観を離れ、言わば人間と動物との新しい関わりを通して、社会秩序についての規範を問いなおすことから出発したと言うこともできる。

傍線部を含む一文の主部は、「ジョージ王朝期の児童文芸は」です。これは新しい「児童文芸」であり、傍線部Cの「寓話や民話における古い動物観」は、その新しい「児童文芸」が生まれる前の古い動物観ですね。ですから、変化する前の寓話や民話の説明がある段落を見ていきましょう。

STEP 3 解答の根拠をとらえる［周囲を見る］

2（ペロー童話「長靴をはいた猫」の挿絵では、この猫は人間の身長で、ときには人間の顔をして、後ろ足に長靴をはいて人間のように二本足で立っている。しかも、その両掌には、農夫を脅すに十分な、大きな鉤爪《かぎ》が見られる。空いた二本の前足は、その鉤爪で、農夫を脅かすことに用いられているのである。人間よりも大きく、力あるものとして描かれていることは、たとえば、この時代の人々の獣に対する畏怖や恐怖の念と対応しているのであり、そうした姿勢を端的に表すのが、この猫の鉤爪であると言えよう。ペローの初版以降、十八世紀中葉までのフランスの多くの版に共通するのは、この鉤爪の表現である。しかし英語版の挿絵では、この鉤爪の表現は曖昧になっているのである。）

「寓話や民話における古い動物観」の**「具体例」**として挙げられていたのが、第2段落にある「ペロー童話」の「長靴をはいた猫」でした。そこには鉤爪を持った猫が登場し、それは畏怖や恐怖の対象でした。これが変化する前の寓話や民話に出てくる動物の姿です。

STEP 4 解答の根拠をまとめる

傍線部C「寓話や民話における古い動物観」の「具体例」である「ペロー童話」の「長靴をはいた猫」については、次のようにまとめることができます。

ペロー童話の「長靴をはいた猫」
……鉤爪を持った猫が登場し、畏怖や恐怖の対象として描かれている

設問で問われていたのは、傍線部Cが**「具体的」**に述べられている**「段落」**でしたね。第2段落はこの条件にあてはまっています。

STEP 5 解答する［答えを記す］

正解は、「ペロー」〈5行目〉です。

「段落」の**「始めの三字」**を答えるという条件に注意しましょう。

問5

サクッとわかる!
アクティブ・レクチャー
MOVIE
正しい解き方がわかる講義動画にアクセス!
K7-10

STEP 1 設問を確認する

傍線部D「社会秩序についての規範を問いなおす」とあるが、その結果どのような規範へと変わっていったのか。説明として最も適当なものを次の中から一つ選びなさい。

この問題は、**傍線部の「内容」を説明する問題**です。「その結果どのような規範へと変わっていったのか」と問われているので、「変化」を答える必要がありますね。まずは、傍線部を含む一文を分析していきましょう。

STEP 2 傍線部を含む一文を分析する［文の構造からポイントをつかむ］

〈ジョージ王朝期の児童文芸は〉、寓話や民話における古い動物観を離れ、言わば人間と動物との新しい関わりを通して、社会秩序についての規範を問いなおすことから出発したと言うこともできる。

先ほどの**問4**と同じ一文ですね。**問4**では、古い動物観について考えましたが、ここでは、「ジョージ王朝期の児童文芸」によって問いなおされた新しい規範について考えていく必要があります。傍線部Dの直前には「人間と動物との新しい関わりを通して」とあるので、同じ第8段落で、「人間と動物との新しい関わり」が説明されている箇所を見ていきましょう。

STEP 3 解答の根拠をとらえる［周囲を見る］

8 動物虐待防止は、すでに一七八〇年代後半には子供の読書の世界において流行の主題となっており、やがて一八二〇年代にいたって上中流階級の人々にとっての言わば規範的な思想となるために、児童書の果たした役割は、決して小さくはなかったと言える。〔アンドルー・オマリーがその著書『近代的児童の形成』で言うように、先のロックの引用末尾に見られるような思想にしたがって「動物を下層階級と象徴的に等価のものとして描くことは、ある種の社会構造や経済モデルの正当性を立証することにだけでなく、中流階級の子供たちに社会構造のなかでの彼らの役割を教えることにも役立ったのである。」〕〈ジョージ王朝期の児童文芸は〉、寓話や民話における古い動物観を離れ、言わば人間と動物との新しい関わりを通して、社会秩序についての規範を問いなおすことから出発したと言うこともできる。

第8段落の前半に、「上中流階級の人々にとっての言わば規範的な思想となるために、児童書の果たした役割は、決して小さくはなかったと言える」とあることから、新しい規範とは、上中流階級の人々の規範であることがわかります。引用部分でも説明されているように、動物を下層階級の象徴として描いた児童書を読むことで、子供たちは、社会規範（下層階級の人々への愛護の精神）を学んでいったのです。

STEP 4 解答の根拠をまとめる

STEP 3で確認したことをもとに、解答のポイントをまとめていきましょう。

【A】上中流階級の人々が持つようになった
【B】下層階級の人たちに愛護の精神を持って接するべきだという社会規範

STEP 5 解答する［選択肢を選ぶ］

正解は、4の「階級制度を基盤として成り立つ社会においては、階級の高い者同士だけではなく下層の者に対してもやさしく接するようにしなければならない。」です。【A】の「上中流階級の人々」というポイントと【B】の「下層階級の人たちに愛護の精神を持って接するべき」というポイントが入っていますね。

1は、「ごく少数の支配者による被支配者の虐待を是認する階層社会は古いものであり」「平等な新しい社会の仕組みを築いていかねばならない」という部分が誤りです。【A】【B】のポイントで確認したように、当時は厳然とした階層社会でした。

2には「中流階級の子供たちは児童書を読んで、この社会が動物愛護の精神を基盤として成り立っていることを学ぶようにしなければならない」とあり、実際に子供たちは児童書を読んでこのことを学びましたが、これは「社会規範」の内容ではありません。問われていることに答えていないので、不正解です。

3は、「身分制度という社会構造や、それによって成り立つ経済構造が絶対的に正しいことを上中流の者は下の者に教えるようにしなければならない」とありますが、【B】のポイントと異なるので、誤りです。

5は、「この社会に存在する規範は、神が定めた絶対的なものであり、すべての生きとし生けるものが受け入れていかなければならない」とありますが、これも【B】のポイントと異なっているので、誤りです。

問題7 解答

問1 擬人化〔17行目など〕
問2 あいきょうのある、かわいい〔3〜4行目・十三字〕
問3 生き物〜る認識〔40〜41行目〕
問4 ペロー〔5行目〕
問5 4

要点整理

TIPS
「何を」探すのかがわからないまま探しても、答えは見つからない。抜き出し問題は、答えを探す前の「設問の確認」が成否を分ける。
……本冊294ページ

TIPS
▼五字ごとの字数指定にしたがって、解答が正しいかどうかを確認する。
……本冊319ページ

TIPS
▼同じ内容になっている部分を探し、根拠をつないで正解を導き出す。
……本冊324ページ

TIPS
▼問題と解答が正しく対応しているかどうかをチェックする。
……本冊324ページ

第8講 答えを記述する問題

サクッとわかる!

ダイジェスト・レクチャー

MOVIE

重要ポイントを
ギュッと凝縮した
講義動画にアクセス!

K8-01

LECTURE

記述問題は選択問題よりも難しい？

TIPS

記述問題も選択問題も正解するための手順はほとんど変わらない。文章中でつかんだ根拠をまとめれば、記述式でも無理なく解答できる。

今回は、**「記述問題」**の考え方を学んでいきます。

受験生の中には「記述問題が苦手だ」「選択問題では点数が取れるのに、記述式では点数が取れなくなる」と悩んでいる人がかなりいます。

たしかに、自分で文章を考えて解答欄を埋めないといけないので、「自分で答えを記述する」というのは難しい作業のように思われがちです。

しかし、本当は、**記述問題も選択問題も同じ考え方で解いていくことができる**のです。

なぜなら、**記述問題特有の読み方と解き方というのは存在しない**からです。

本書で学んだ選択問題を解くときの手順を再確認しておきましょう。どの問題も、「設問の確認」→「一文の分析」→「根拠の把握」→「ポイントの確認」→「解答」という流れで解いていきましたね。

記述問題でも、この手順は変わりません。具体的に見てみると、次のようになります。

STEP 1 設問を確認する

STEP 2 傍線部を含む一文を分析する［文の構造からポイントをつかむ］

STEP 3 解答の根拠をとらえる［周囲を見る］

STEP 4 解答の根拠をまとめる

STEP 5 解答する［記述する］

選択問題と記述問題で違うのは、最後に解答する際に**「選択肢を選ぶ」**のか**「記述する」**のかだけです。記述問題では、解答の根拠がわかったら、後はそれを書くだけなので、選択肢同士を比較して検討するという手間がありません。そのぶん、**選択問題よりも記述問題のほうが、作業がシンプルで解きやすい**とも言えるでしょう。

しかし、選択肢の誤りを見つけていって最後に残ったものを選ぶという「消去法」では、記述問題には対応できません。ですから、「消去法」だのみの解き方をしていると、記述問題が解けなくなってしまうのです。間違いを探すことをいくら練習しても、自分自身で正解を出せるようにはなりません。**正解の根拠をつかむことこそが、すべての基本なのです。**

「記述」と言われると、自分で解答の文章を全部考えなくてはいけないと思ってしまう人もいるかもしれませんが、それは違います。本文中でつかんだ根拠は正解するための大切な要素なのですから、それを使ってまとめていけば、記述式でも無理なく解答することができます。

本書で「積極法」の解き方を学んできた皆さんは、**記述問題に正解するための正しい手順をすでに知っています。**自信を持って、答えを書いていきましょう。

読み方

今回の文章は、「モニュマン・フランセ」と「伊勢神宮」から始まり、「歌舞伎の名跡《みょうせき》」などの**「具体例」**を挙げながら、「西欧」と「日本」の**「差異」**を説明していました。段落ごとの役割に注目しながら読み進めていきましょう。

第一意味段落（第1〜4段落）

サクッとわかる！
アクティブ・レクチャー
MOVIE
正しい読み方がわかる講義動画にアクセス！
K8-02

1 ◀具体例（パリのトロカデロには、モニュマン・フランセ（フランス記念建造物）の美術館と称するものがあって、そこには、中世やルネサンスの壁画、彫刻などの文字通り「寸分違わぬ」コピーが収められている。ロマネスク時代の壁画など、本物は薄暗い不便な場所にあって、たとえ現地に出かけて行っても、普通では充分に鑑賞することの出来ないものが少なくないが、この美術館に行けば、良好な条件でゆっくり眺めることが出来る。そのうちのいくつかのものは、もとの教会堂が荒廃して亡失の危機が伝えられているが、もし実際にもとの建物が失われてしまったら、この美術館に収められたコピーが、過去の有様を伝える唯一の貴重な証言となってしまう。）したがって、その記録的、資料的、教育的価値はきわめて大きいと言ってよいのだが、たとえいかにそれが貴重なものであっても、失われたもとの壁画と同じ価値を持つことは出来ない。それはあくまでも「二十世紀のコピー」として、永遠に伝えられていくのである。

第1段落は、「モニュマン・フランセ（フランス記念建造物）の美術館」という**「具体例」**から始まります。この「具体例」の後に書かれているように、西欧では「たとえいかにそれが貴重なものであっても、失われたもとの壁画と同じ価値を持つことは出来ない」と考えられます。この、「コピーは失われた本物と同じ価値を持つことは出来ない」という西欧の考え方を踏まえて、第2段落を読んでいきましょう。

2 ところが、伊勢神宮においては、コピーが本物にとって代わる——というか、コピーこそが本物である——という、西欧の論理ではあり得ないはずのことが、現実に行なわれている。神殿が二十年ごとに建て直されるというのは、もともとは建物が古くなって損傷が激しくなったから新しいものに代えるという理由から始められたものであろうが、それは、本物がいたんできたからコピーで間に合わせるというものではない。新しく出来上がった瞬間に、それは「本物」となるのである。

第2段落では、**「ところが」**という逆接の接続表現によって、西欧とは反対の内容が示されます。「伊勢神宮」では神殿が二十年ごとに建て直されているという**「具体例」**からもわかるように、日本には「コピーこそが本物である」という考え方があるのです。

続いて、第3段落を読んでいきます。

3 (パリのモニュマン・フランセ美術館の考え方は、ダイヤの首飾りを金庫の奥深くしまいこんで、平素は精巧な模造品を身につけるという西欧の金持ちの夫人の思考法と同じものである。模造品は精巧に出来ていなければならないが、しかしいかに精巧であっても、宝石屋に持って行けば、模造品としての価値しかない。不幸にして本物が失われたからと言って、だから模造品が本物にとって代わったと主張するわけにはいかない。)

◀比喩

第3段落では、「パリのモニュマン・フランセ美術館」つまり「西欧」の考え方が説明されています。「ダイヤの首飾りを金庫の奥深くしまいこんで、平素は精巧な模造品を身につけるという西欧の金持ちの夫人の思考法と同じものである」というのは**「比喩」**ですね。「本物」を大事にしまいこんで、普段は「模造品」

が使われるのですが、「模造品」はあくまでも「模造品」であり、「本物」になることはできません。

この部分では、「コピーが本物と同じ価値を持つことは出来ない」という考え方を、形を変えて繰り返し説明しているのです。

---

4 しかし、実に驚くべきことに、伊勢神宮は、表面的に見れば、模造品——という言葉がこの場合に適当かどうかは大きな問題だが——こそが本物だという西欧では不可解な論理を、千数百年間にわたって主張し続けているのである。それは、ものの本質、ないしは価値の本質についての西欧的考え方に対する重大な挑戦であるとも言える。

第4段落には、再び「伊勢神宮」が登場するので、これは「日本」の話ですね。「伊勢神宮」では神殿が二十年ごとに建て直され、「模造品こそが本物だ」ということになっています。第2段落の「コピーこそが本物である」という考え方を、形を変えて繰り返し説明しているのですね。

こうして見てみると、第3段落も第4段落も、新たな主張が登場していたわけではなく、第1段落と第2段落で述べられていた主張を繰り返しているのだということがわかります。段落の役割を考えながら読んでいくようにしましょう。

それでは、「西欧」と「日本」の**「差異」**をポイントにして、第一意味段落の内容をまとめておきます。

第一意味段落（第[1]〜[4]段落）まとめ

西欧

コピーが本物と同じ価値を持つことは出来ない（モニュマン・フランセ美術館）

↔（差異）

日本

コピーこそが本物である（伊勢神宮）

続いて、第二意味段落を読んでいきましょう。

第二意味段落（第[5]〜[8]段落）

サクッとわかる！
アクティブ・レクチャー
MOVIE
正しい読み方がわかる
講義動画にアクセス！
K8-03

[5] 問題は、もちろん伊勢神宮[だけ]にあるの[ではない]。日本古代のこの神殿が、西欧の論理を戸惑わせる

ようなやり方で今日まで生き続けているということは、とりも直さず、それが日本人の心性、価値観、ものの見方と、深いところでつながっているからであろう。

ここでは、「コピーこそが本物である」という考え方が「伊勢神宮」だけのものではないことが示されます。それは、「日本人の心性、価値観、ものの見方」と深いところでつながっているのだということです。ここで、「伊勢神宮」の**「具体例」が一般化された**ことに注意しましょう。「筆者の主張」は、「具体例」をまとめた（＝一般化）した部分に書かれることが多いので、**「具体例」が一般化された部分で「筆者の主張」を確認していくようにしましょう。**

TIPS

「具体例」が一般化された部分で「筆者の主張」を確認する。

続いて、第6段落を読んでいきましょう。

6 差し当《あた》りまずはっきりしていることは、日本人は西欧人ほどものそのものに価値を置いていないということである。あるいは、ものそのもののなかに本質はないと考えている、と言ってもよいかもしれない。伊勢神宮で大事なのは、建物そのものではない。いや、◀譲歩（建物はむろん大事ではある）が、その大事だということが、建物の材料であるものとは、必ずしもそのまま結びついていない。現実には二十世紀に建てられたものであっても、あるいは途中で何回も壊され、建て直されたものであっても、現在の伊勢神

宮は、われわれにとって、やはり千数百年前とまったく同じ価値を持っている。(中略)

ここでは、「日本人の心性、価値観、ものの見方」について、さらに詳しく説明しています。「日本人は西欧人ほどものそのものに価値を置いていない」「ものそのもののなかに本質はないと考えている」の中にある「ない」という「否定」の表現に注意しましょう。この表現によって、西欧との違いが見えてきますね。「西欧」と「日本」の**「差異」**は次のようにまとめられます。

西欧
ものそのものに価値(あるいは本質)があると考える
↔(差異)
日本
ものそのものには価値(あるいは本質)がないと考える

7 伊勢神宮の場合は、西欧の論理で言えば「まがいもの」であるはずのものを二十年ごとに繰り返し作り出していながら、それはつねに日本人によって「本物」と受け取られている。とすれば、それを「本物」たらしめているのは、物質的存在である建物ではなく──あるいは少なくともそれだけではなく──それを越えた何か別の存在であろう。それが何であるか、ひと言で言うことは難しいが、強いてふさわしい言葉を探すなら「精神」「心」「霊」とでも言うべきものである。(中略)

続く第7段落も「日本」の考え方についての説明ですね。「本物」であるために重要なのは、「物質的存在」ではなく（だけではなく）「それを越えた何か別の存在」（＝「精神」「心」「霊」とでも言うべきもの）だったのです。

これを踏まえて、先ほどの「西欧」と「日本」の**「差異」**を、次のようにまとめ直してみましょう。

西欧
物質的なものに価値（あるいは本質）があると考える
↔（差異）
日本
精神的なものに価値（あるいは本質）があると考える

続いて、第8段落を読んでいきます。

8 「形見」という言葉は、もともと「かた」（型、形）に由来するものであろうが、とすれば、そのこと自体、きわめて意味深い。事実、西欧に「ものの思想」というものがあるとすれば、日本には「かたの思想」とでも呼ぶべきものがあって、ものそのものよりもかたないしはかたちの方を重要視する傾向が強いからである。伊勢神宮が六十回も建て直され、そのたびにものとしてはまったく新しい別の存在になりながら、一貫して同じ価値を保ち続けた理由は、それが同じ「かたち」を受け継いでいるからなのである。

ここでは、「日本」の考え方に「かたの思想」という名前をつけています。「ものそのもの」よりも「かた」や「かたち」を重視するのが「日本」の考え方なのですね。

第二意味段落の内容を整理します。

第二意味段落（第5～8段落）まとめ

西欧
物質的なものに価値（あるいは本質）があると考える＝「ものの思想」

↔（差異）

日本
精神的なものに価値（あるいは本質）があると考える＝「かたの思想」

新たに示された「かたの思想」という考え方を踏まえて、第三意味段落を読んでいきましょう。

第三意味段落（第9〜14段落）

サクッとわかる！
アクティブ・レクチャー
MOVIE
正しい読み方がわかる
講義動画にアクセス！
K8-04

9 日本人の◀指示語このような価値観は、宗教の世界を離れて日常の世界においても、その現われを見出すことが出来る。◀具体例（さしずめ、歌舞伎の名跡《みょうせき》などというものはその代表例であろう。）

まず、冒頭の「このような」という**「指示語」**は、もちろん直前の段落までに説明されていた「かたの思想」のことですね。「かたの思想」は「宗教の世界を離れて日常の世界においても、その現われを見出《みいだ》すことが出来る」とあり、「歌舞伎の名跡」がその**「具体例」**として挙げられています。

10 ◀具体例（かつては、梨園《りえん》においてのみならず、武家でも商家でも似たようなことが行なわれていたが、団十郎とか歌右衛門《うたえもん》という名前は、それを名乗る人が何回入れ代《かわ》っても、一貫してある一定の価値を示している。）ちょうど伊勢神宮が、何回建て直されてもつねに伊勢神宮であるのと同じである。◀具体例（西欧でも、例えば王様など、アンリ四世とか、ルイ十六世とか、同じ名前に順番を示す数字をつけて呼ぶことがあるが、これは、たまたま同じ名前の人を区別するために番号をつけただけであって、アンリとかルイという名前に特別の意味や価値はない。）だが ◀具体例（団十郎は、それ自体がある種の性格と価値を持った名前であって、ほとんどひとつの人格に近い。だからこそ、襲名ということが行なわれる。団十郎という名前が、ルイやアンリのように単なる符号だとすれば、なにもわざわざ襲名する必要はないであろう。）◀譲歩（もちろん、一人一人の団十郎役者はそれぞれに別人である）が、襲名することによっていずれも同じ「団十郎」になり、その結果、個人を越えたひとつの価値が、次つぎに交代する個人によって、一貫して受け継がれていくことになる。つまり、襲名ということは、伊勢神宮の遷宮ときわめてよく似ているのである。

第10段落では、「歌舞伎の名跡」の**「具体例」**を詳しく説明しています。「団十郎とか歌右衛門という名前は、それを名乗る人が何回入れ代っても、一貫してある一定の価値を示している」という点で、「伊勢神宮」が何回建て直されてもつねに伊勢神宮であるのと同じであると説明されています。これは「歌舞伎の名跡」と「伊勢神宮」の**「類似」**ですね。また、「西欧」の「アンリ四世」や「ルイ十六世」という名前とは異なるとして、その**「差異」**についても説明されています。これらの関係をまとめていきましょう。

西欧の名前
特別の意味や価値を持たない
↔（差異）
歌舞伎の名跡・伊勢神宮
それ自体がある種の性格と価値を持つ・ひとつの価値が一貫して受け継がれていく

続いて、第11段落に進みましょう。

11 （このことは、個人の方から言えば、襲名によっていわば別の人格になることを意味する。団十郎になった以上、昨日までの海老蔵《えびぞう》と変わりがないというのでは困るのである。少なくとも、周囲は彼が海老蔵ではなくて団十郎になることを期待し、本人もそうなるよう努めるというところに襲名の意義がある。とすれば「団十郎」は、あたかも個人が演じなければならない役柄のようなものだと言ってよいであろう。日本のことをよく知っている西欧人が、日本人の特性のひとつとしてよく指摘する「役割意識」というもののおそらくは原型がここにはある。役割というのもひとつの「かた」なのである。）

具体例

ここでは、個人の側面から「歌舞伎の名跡」を説明しています。「役割」というものもひとつの「かた」なのだということを押さえておきましょう。

12 （具体例 事実、日本人はしばしば、自分は個人としては別の意見だが、立場上こう言わざるを得ないという言い方をよくする。これはきわめて日本的な言い方で、西欧人にとっては、良く言って不可解、悪く言えば狡《ずる》いと受け取られる。それは、C自分個人に対しては不誠実で、役目に対しては不忠実だと考えられるからである。）

第12段落では、日本人がよく使う「言い方」を**「具体例」**として挙げています。これは、「個人」と「役割」を分けるという意識がない西欧人からすると理解できないものであるということがわかればよいでしょう。

13 しかし一般的に日本人は、立場によって意見が（本音はともかく、少なくとも建前が）変わることを、さして不思議とは思わない。立場はいわば与えられた役割であり、そうである以上、その役割にふさわしいせりふを喋《しゃべ》るのは当然だと考えられているからである。おそらくは、そのような考え方と表裏一体の関係にあることだが、日本人は一般に会社を変えることは好まないし、また好ましいこととも思われていないが、同じ会社のなかで役割が変わることには、それほど大きな抵抗を示さない。（具体例 昨日まで人事担当だったのが、今日から急に工場の現場に廻《まわ》されたり、はなはだしい場合には、労働組合の委員長が一転して労務担当重役になったりする。そしてその場合、昨日まで賃上げの必要性を訴えていた同じ人間が、今日から賃上げ抑制を論じても、「立場上」当然だとして、人はそれほど怪しまない。彼は、労務担当重役をいわば「襲名」したのであるから、そこで別の人間になっても不思議はないのである。）

第8講 答えを記述する問題

第13段落では、日本人にとっては「個人」の意見と「役割」上の意見が異なることは不思議なことではないのだということが説明されます。「個人」の意見は「本音」であり、「役割」上の意見は「建前」であるととらえれば、「役割（立場）」によって「建前」が変わるのは当然なのです。歌舞伎の「襲名」も「役割」が変わったのだと考えれば、ごく自然なことだと言えるのですね。

---

14 だが、前に述べた建築の比喩を使うなら、建物の素材と価値とが分ち難く結びついているように、個人と役割とがストレートにつながっていると考える西欧人にとって、このような考え方は容易に理解し難いところであろう。そこから、日本人は狡いとか、信用できないという評価さえ出てくるのである。

ここでは、西欧人から見た日本人の姿について説明されています。西欧人にとっては「個人」と「役割」がストレートにつながっていますから、「個人」の意見である「本音」と、「役割」上の意見である「建前」が異なるという日本人の考え方は、理解し難いのです。ここでも、「日本」と「西欧」との**「差異」**が説明されていました。

以上を踏まえて、第三意味段落の内容をまとめていきましょう。

第三意味段落（第9～14段落）まとめ

西欧

「個人」と「役割」がストレートにつながっていると考える

↔（差異）

日本

「個人」と「役割（かた）」は異なるものだと考える

- 「個人」の意見である「本音」と「役割（かた）」上の意見である「建前」が異なる
- 「役割」が変われば「意見（建前）」も変わるのは不思議ではない

文章の全体像

サクッとわかる!
アクティブ・レクチャー
MOVIE
正しい読み方がわかる講義動画にアクセス!
K8-05

第一意味段落（第1～4段落）……差異

西欧
コピーが本物と同じ価値を持つことは出来ない（モニュマン・フランセ美術館）
↔（差異）

日本
コピーこそが本物である（伊勢神宮）

第二意味段落（第5～8段落）……差異

西欧
物質的なものに価値（あるいは本質）があると考える＝「ものの思想」
↔（差異）

日本

精神的なものに価値（あるいは本質）があると考える＝「かたの思想」

第三意味段落（第9～14段落）……差異

西欧

「個人」と「役割」がストレートにつながっていると考える

↔（差異）

日本

「個人」と「役割（かた）」は異なるものだと考える

- 「個人」の意見である「本音」と「役割（かた）」上の意見である「建前」が異なる
- 「役割」が変われば「意見（建前）」も変わるのは不思議ではない

本文は、「伊勢神宮」「歌舞伎の名跡」などのさまざまな**「具体例」**を取り上げながら、日本人特有の考え方を説明するという流れになっていました。このような場合には、**「具体例」そのものよりも「筆者の主張」にあたる部分に注目すると、文章の主題がつかみやすくなります。**

TIPS

「具体例」よりも「筆者の主張」に注目すると、文章の主題がつかみやすくなる。

解き方

問1

サクッとわかる!

アクティブ・レクチャー

MOVIE

正しい解き方がわかる講義動画にアクセス!

K8-06

STEP 1 設問を確認する

傍線部A「新しく出来上がった瞬間に、それは『本物』となるのである」について、伊勢神宮が新しく出来上がった瞬間に、「本物」となるのはなぜか。本文から、その理由を的確に示す十五字以内の箇所を抜き出し、次の文の空欄を埋める形で答えなさい。

［（十五字以内）］から。

この問題は、「なぜか」と問われているので、**傍線部の「理由」を説明する問題**ですね。また、「理由を的確に示す十五字以内の箇所」を**抜き出す**ことが求められています。

STEP 2 傍線部を含む一文を分析する［文の構造からポイントをつかむ］

A新しく出来上がった瞬間に、〈それは〉◀指示語「本物」となるのである。

一文すべてに傍線が引かれていますね。この一文の主語は「それは」となっており、「それ」という**「指示語」**が使われているとわかります。また、「それは」と『本物』となるのである」の間に**「飛躍」**があるので、この「飛躍」を埋める説明を本文で探していきましょう。

STEP 3 解答の根拠をとらえる［周囲を見る］

2 ところが、伊勢神宮においては、コピーが本物にとって代わる——というか、コピーこそが本物である——という、西欧の論理ではあり得ないはずのことが、現実に行なわれている。神殿が二十年ごとに建て直されるというのは、もともとは建物が古くなって損傷が激しくなったから新しいものに代えるという理由から始められたものであろうが、それは、本物がいたんできたからコピーで間に合わせるというものではない。A新しく出来上がった瞬間に、〈それは〉◀指示語「本物」となるのである。

「それ」が指し示している内容は、「二十年ごとに建て直される神殿」であるとわかります。それでは、なぜ「建て直された」ものであるにもかかわらず、「本物」と言えるのでしょうか。その**「理由」**を説明している部分をさらに探していきましょう。

8「形見」という言葉は、もともと「かた」(型、形)に由来するものであろうが、とすれば、そのこと自体、きわめて意味深い。事実、西欧に「ものの思想」というものがあるとすれば、日本には「かたの思想」とでも呼ぶべきものがあって、ものそのものよりもかたないしはかたちの方を重要視する傾向が強いからである。伊勢神宮が六十回も建て直され、そのたびにものとしてはまったく新しい別の存在になりながら、一貫して同じ価値を保ち続けた理由は、それが同じ「かたち」を受け継いでいるからなのである。

すると、第8段落に「伊勢神宮が六十回も建て直され、そのたびにものとしてはまったく新しい別の存在になりながら、一貫して同じ価値を保ち続けた理由は」と書かれている部分があり、まさに**「理由」**が説明されていることがわかります。

STEP 4 解答の根拠をまとめる

STEP 3で確認したことを整理していきましょう。

伊勢神宮の神殿は同じ「かたち」を受け継いでいる
↓
新しく出来上がった瞬間に、それ（＝二十年ごとに建て直される神殿）は「本物」となるのである

この問題では、「から。」につながる**「十五字以内」**の**「部分」**を抜き出すことが求められているので、その条件に合うように解答しましょう。

STEP 5 解答する［答えを記す］

正解は、「同じ『かたち』を受け継いでいる」（から。）（42行目・十五字）です。

問2

サクッとわかる!

アクティブ・レクチャー

MOVIE

正しい解き方がわかる
講義動画にアクセス!

K8-07

STEP 1 設問を確認する

傍線部B「西欧の論理で言えば『まがいもの』である」について、伊勢神宮を「まがいもの」とみなす「西欧の論理」の背景にある考え方とはどのようなものか。次の文の空欄を、二十五字以内で埋める形で説明しなさい。

（二十五字以内）という考え方。

この問題は、**傍線部の「内容」を説明する問題**です。「伊勢神宮を『まがいもの』とみなす『西欧の論理』の背景にある考え方」が問われているので、その説明が書かれているところを本文で探していく必要があることがわかります。まずは、傍線部を含む一文を分析していきましょう。

STEP 2 傍線部を含む一文を分析する［文の構造からポイントをつかむ］

伊勢神宮の場合は、B西欧の論理で言えば「まがいもの」であるはずのものを二十年ごとに繰り返し作り出していながら、〈それは〉つねに日本人によって「本物」と受け取られている。

この一文の主語は「それは」で、ここに含まれる「それ」という「指示語」は、「伊勢神宮」を指していることがわかります。ここでは、日本人が伊勢神宮を「本物」と考えていることが説明されていますが、この問題で問われているのは、これを「まがいもの」とする「西欧の論理」です。「西欧の論理」がどういうものなのかを本文で確認していきましょう。

STEP 3 解答の根拠をとらえる［周囲を見る］

6 差し当《あた》りまずはっきりしていることは、日本人は西欧人ほどものそのものに価値を置いていないということである。あるいは、ものそのもののなかに本質はないと考えている、と言ってもよいかもしれない。伊勢神宮で大事なのは、建物そのものではない。いや、（建物はむろん大事ではある）が、その大事だということが、建物の材料であるものとは、必ずしもそのまま結びついていない。現実には二十世紀に建てられたものであっても、あるいは途中で何回も壊され、建て直されたものであっても、現在の伊勢神宮は、われわれにとって、やはり千数百年前とまったく同じ価値を持っている。（中略）

7 伊勢神宮の場合は、B西欧の論理で言えば「まがいもの」であるはずのものを二十年ごとに繰り返し作り出していながら、それはつねに日本人によって「本物」と受け取られている。とすれば、それを「本物」たらしめているのは、物質的存在である建物ではなく――あるいは少なくともそれだけではなく――それを越えた何か別の存在であろう。それが何であるか、ひと言で言うことは難しいが、強いてふさわしい言葉を探すなら「精神」「心」「霊」とでも言うべきものである。（中略）

第6段落の冒頭には、「日本人は西欧人ほどものそのものに価値を置いていない」「ものそのもののなかに本質はないと考えている」という、「日本」の考え方が書かれています。「西欧の論理」は日本の考え方とは反対のものですから、「ものそのものに価値を置いていない」あるいは「ものそのもののなかに本質はないと考えている」の反対を考えていきましょう。

STEP 4 解答の根拠をまとめる

日本
ものそのものに価値を置いていない・ものそのもののなかに本質はないと考えている

↔（差異）

西欧
ものそのものに価値を置いている・ものそのもののなかに本質があると考えている

このうちの、「西欧」の考え方の内容を、「という考え方。」に続くように、二十五字以内でまとめましょう。

STEP 5 解答する［記述する］

解答例は、「ものそのものに価値を置き、そのなかに本質がある」（という考え方。）（二十三字）です。

記述の問題ではありますが、本文中で根拠となる部分を探し、それを整理すれば、ほぼそのまま解答可能な状態になりましたね。

講義の冒頭でもお話ししたように、本文中できちんと根拠をつかんでいけば、記述式でも無理なく解答することができるのです。

記述問題特有の読み方と解き方というのは存在しないというのは、こういうことです。「設問の確認」→「一文の分析」→「根拠の把握」→「ポイントの確認」→「解答」という流れは、選択問題でも記述問題でも変わりません。**記述問題でも、解答するために必要な手順をしっかり守りましょう。**

TIPS 記述問題でも、解答するために必要な手順をしっかり守る。

問3

サクッとわかる！
アクティブ・レクチャー
MOVIE
正しい解き方がわかる
講義動画にアクセス！
K8-08

STEP 1 設問を確認する

傍線部Ｃ「自分個人に対しては不誠実で、役目に対しては不忠実だと考えられる」について、立場によって意見を変える日本人の特性を、西欧人が「自分個人に対しては不誠実で、役目に対しては不忠実」と考えるのはなぜか。本文から二十五字以内の箇所を抜き出し、次の文の空欄を埋める形で答えなさい。

（二十五字以内）から。

この問題は、**傍線部の「理由」を説明する問題**です。設問の条件を確認すると、「西欧人」が「立場によって意見を変える日本人の特性」を「自分個人に対しては不誠実で、役目に対しては不忠実」と考える「理由」が問われているのだとわかります。整理すると、次のようになりますね。

西欧人は、「立場によって意見を変える日本人の特性」を、「自分個人に対しては不誠実で、役目に対しては不忠実」と考える

これを踏まえて、傍線部を含む一文を分析していきましょう。

STEP 2 傍線部を含む一文を分析する［文の構造からポイントをつかむ］

〈それは〉、自分個人に対しては不誠実で、役目に対しては不忠実だと考えられるからである。

傍線部を含む一文の主語は「それは」ですね。「それ」の指し示す内容を確認していきましょう。

STEP 3 解答の根拠をとらえる［周囲を見る］

12 （事実、日本人はしばしば、自分は個人としては別の意見だが、立場上こう言わざるを得ないという言い方をよくする。これはきわめて日本的な言い方で、西欧人にとっては、良く言って不可解、悪く言えば狡《ずる》いと受け取られる。〈それは〉、自分個人に対しては不誠実で、役目に対しては不忠実だと考えられるからである。）

「それ」が指し示しているのは、「自分は個人としては別の意見だが、立場上こう言わざるを得ない」という日本人の「言い方」ですね。では、「個人」と「立場（＝役割）」について、「西欧人」はどのような考えを持っているのでしょうか。それが書かれていた第14段落を見ていきましょう。

14 だが、前に述べた建築の比喩を使うなら、建物の素材と価値とが分《わか》ち難く結びついているように、個人と役割とがストレートにつながっていると考える西欧人にとって、このような考え方は容易に理解し難いところであろう。そこから、日本人は狡いとか、信用できないという評価さえ出てくるのである。

ここには、「個人と役割とがストレートにつながっていると考える西欧人」と書かれていますね。西欧人はこのような考えを持っているので、立場（＝役割）によって意見を変える日本人のことを「狡い」「信用できない」と評価するのですね。

STEP 4 解答の根拠をまとめる

西欧
個人と役割とがストレートにつながっていると考える

「から。」につながる**「二十五字以内」**の箇所を抜き出すという指示にしたがって解答していきましょう。

STEP 5 解答する［答えを記す］

正解は、「個人と役割とがストレートにつながっていると考える」（から。）〔76～77行目・二十四字〕です。

問4

サクッとわかる!
アクティブ・レクチャー

MOVIE
正しい解き方がわかる講義動画にアクセス!

K8-09

STEP 1 設問を確認する

著者は、歌舞伎役者が襲名することの意義を二つ挙げている。それはどのようなところか。次の文の空欄を、それぞれ十五字以内で埋める形で説明しなさい。

［　　　　（十五字以内）］というところ。

［　　　　（十五字以内）］というところ。

この問題には傍線部がありませんが、「歌舞伎役者が襲名することの意義」を説明することが求められているので、**傍線部の「内容」を説明する問題**と同じように解いていくことができます。「歌舞伎役者が襲名する」ことについて書かれている箇所を見ていきましょう。

STEP 2 傍線部を含む一文を分析する［文の構造からポイントをつかむ］

だからこそ、襲名ということが行なわれる。

これは、52行目に書かれていた一文です。この前後の部分に視野を広げて、「歌舞伎役者が襲名することの意義」を二つ確認していきましょう。

STEP 3 解答の根拠をとらえる［周囲を見る］

9 日本人の◀指示語このような価値観は、宗教の世界を離れて日常の世界においても、その現われを見出《みいだ》すことが出来る。◀具体例（さしずめ、歌舞伎の名跡《みょうせき》などというものはその代表例であろう。）

10 ◀具体例（かつては、梨園《りえん》においてのみならず、武家でも商家でも似たようなことが行なわれていたが、団十郎とか歌右衛門《うたえもん》という名前は、それを名乗る人が何回入れ代《かわ》っても、一貫してある一定の価値を示している。）ちょうど伊勢神宮が、何回建て直されてもつねに伊勢神宮であるのと同じである。◀具体例（西欧でも、例えば王様など、アンリ四世とか、ルイ十六世とか、同じ名前に順番を示す数字をつけて呼ぶことがあるが、これは、たまたま同じ名前の人を区別するために番号をつけただけであって、アンリとかルイという名前に特別の意味や価値はない。）だが◀具体例（団十郎は、それ自体がある種の性格と価値を持った名前であって、ほとんどひとつの人格に近い。だからこそ、襲名ということが行なわれる。団十郎という名前が、ルイやアンリのように単なる符号だとすれば、なにもわざわざ襲名する必要はないであろう。）（◀譲歩 もちろん、一人一人の団十郎役者はそれぞれに別人である）が、襲名することによっていずれも同じ「団十郎」になり、その結果、個人を越えたひとつの価値が、次つぎに交代する個人によって、一貫して受け継がれていくことになる。つまり、襲名ということは、伊勢神宮の遷宮ときわめてよく似ているのである。

11（◀具体例 このことは、個人の方から言えば、襲名によっていわば別の人格になることを意味する。団十郎になった以上、昨日までの海老蔵《えびぞう》と変わりがないというのでは困るのである。少なくとも、周囲は彼が海老蔵ではなくて団十郎になることを期待し、本人もそうなるよう努めるというところに襲名の意義がある。とすれば「団十郎」は、あたかも個人が演じなければならない役柄のようなものだと言ってよいであろう。日本のことをよく知っている西欧人が、日本人の特性のひとつとしてよく指摘する「役割意識」というもののおそらくは原型がここにはある。役割というのもひとつの「かた」なのである。）

まず、第10段落に「襲名することによっていずれも同じ『団十郎』になり、その結果、個人を越えたひとつの価値が、次つぎに交代する個人によって、一貫して受け継がれていくことになる」とあります。また、このことを「個人」の方から考察した内容が第11段落に書かれています。「襲名によっていわば別の人格になることを意味する」がそれにあたりますね。さらにこれを言い換えて、「周囲は彼が海老蔵ではなくて団十郎になることを期待し、本人もそうなるよう努めるというところに襲名の意義がある」と説明されているので、「個人」の方については、この部分を中心に解答していきます。

STEP 4 解答の根拠をまとめる

先ほどの STEP 3 でとらえたポイントは以下の二点です。

- **個人を越えたひとつの価値が、次つぎに交代する個人によって、一貫して受け継がれていく**
- **周囲は彼が海老蔵ではなくて団十郎になることを期待し、本人もそうなるよう努める**

ただし、今回の問題では、解答を十五字以内にまとめなければならないため、ポイントをしぼる必要があります。「海老蔵」「団十郎」などの「具体例」を挙げていると、最も伝えるべき内容が入らないため、**短い字数で記述する場合には「具体例」を解答に入れないようにする**ということを覚えておきましょう。

TIPS 短い字数で記述する場合には、「具体例」を解答に入れないようにする。

先ほどのポイントを、「具体例」などを省いて簡潔にまとめると、次のようになります。

- **個人を越えた価値が受け継がれていく**
- **周囲の期待する役割になるよう努める**

ともに十七字なので、まだ字数がオーバーしていますね。最後に、十五字以内になるように微調整します。

STEP 5 解答する〔記述する〕

解答例は、「個人を越えた価値が受け継がれる」（ところ。）〔十五字〕／「期待された役割になるよう努める」（ところ。）〔十五字〕です。

問5

サクッとわかる！
アクティブ・レクチャー
MOVIE
正しい解き方がわかる講義動画にアクセス！
K8-10

STEP 1 設問を確認する

この文章の内容に合致するものを、次の中から二つ選びなさい。

この問題は、**文章の内容に合致するものを選ぶ問題**ですね。このような問題では、選択肢と本文を照らし合わせていくのでしたね。さっそく一つずつ確認していきましょう。

STEP 2 選択肢と本文を照らし合わせる

ア　西欧人は個人と役割とを分けて考えるので、立場によって意見が変わることに違和感を覚える。

西欧人が「立場によって意見が変わることに違和感を覚える」という説明は、第12段落と第14段落に書かれていました。特に、第14段落を見てみると、「個人と役割とがストレートにつながっていると考える西欧人にとって、このような考え方は容易に理解し難いところであろう」とあるので、この選択肢の後半の「立場によって意見が変わることに違和感を覚える」という説明は正しいのですが、前半の「西欧人は個人と役割とを分けて考える」という部分が、第14段落の説明と合いません。

イ　日本人は、物質的存在を越えたところで伊勢神宮に価値を見出すので、建物そのものは必要としない。

「日本人は、物質的存在を越えたところで伊勢神宮に価値を見出す」という話は、第7段落にありましたが、「建物そのものは必要としない」とは書かれていないので、この選択肢の説明は、文章の内容と合致しません。

ウ　西欧と異なり日本においては、一般的に、精巧に作られた模造品が本物と同等の価値を持つ。

第3段落では、西欧においては、いかに精巧であっても模造品には本物と同じ価値はないのだということが説明されていました。それに対して、日本人は、表面的に見れば「模造品」である「伊勢神宮」を「本物」と見なして、その価値を認めていますが、それは、物質的存在を越えたところに価値を見出しているからなのでした。ですから、どんな「模造品」にも価値があるわけではなく、しかも、「精巧に作られた」から価値を持つわけでもありません。したがって、この選択肢は、文章の内容に合致しているとは言えません。

エ　歌舞伎役者の襲名は、芸を次世代に継承することに意味があるのであり、名を継ぐことに本質はない。

これは、「襲名の意義」について書かれた第9～11段落を確認していきましょう。先ほどの**問4**でも考えたように、「襲名することによっていずれも同じ『団十郎』になり、その結果、個人を越えたひとつの価値が、次つぎに交代する個人によって、一貫して受け継がれていくことになる」ことや「襲名によっていわば別の人格になる」ことが「襲名の意義」なのでした。もちろん、「団十郎」という名前も大切な要素ですので、この選択肢の「名を継ぐことに本質はない」という説明は誤りです。

オ　模造品を展示するフランスの美術館は、良好な条件で作品を鑑賞することを目的のひとつとする。

模造品を展示するフランスの美術館（＝モニュマン・フランセ）について説明していたのは、第1段落でした。4〜5行目に「この美術館に行けば、良好な条件でゆっくり眺めることが出来る」とあるので、**この選択肢の説明は、文章の内容に合致しています**。

カ　西欧人が会社を移ることをためらわないのは、自身を役割に当てはめつつ、個の信条を優先させるからである。

日本人が「一般に会社を変えることは好まない」ということが書かれていたのは、第13段落でしたが、西欧人が会社を移ることをためらわないという説明はありませんでした。

また、第14段落では、西欧人が「個人と役割とがストレートにつながっていると考える」と説明されていましたが、「自身を役割に当てはめつつ、個の信条を優先させる」という説明はありませんでした。したがって、この選択肢の説明は、文章の内容と合致していません。

キ　伊勢神宮の建て直しも、日本人の役割意識も、共通してその背景には「かたの思想」を見出すことができる。

「かたの思想」について説明されていたのは、第8段落でした。日本では「ものそのものよりもかたないしはかたちの方を重要視する傾向が強い」ため、六十回も建て直された伊勢神宮に価値を見出すのでしたね。それと同様の例として、「歌舞伎の名跡」などに見られる「日本人の役割意識」が挙げられていたので、**この選択肢の説明は、文章の内容に合っています。**

STEP 3 解答する［選択肢を選ぶ］

正解は、「オ」「キ」ですね。

問題
8
解答

問1　同じ「かたち」を受け継いでいる（から。）〔42行目・十五字〕
問2　ものそのものに価値を置き、そのなかに本質がある（という考え方。）〔二十三字〕
問3　個人と役割とがストレートにつながっていると考える（から。）
〔76～77行目・二十四字〕
問4　個人を越えた価値が受け継がれる（ところ。）〔十五字〕
期待された役割になるよう努める（ところ。）〔十五字〕
問5　オ・キ　※順不同

第8講

要点整理

TIPS

記述問題も選択問題も正解するための手順はほとんど変わらない。文章中でつかんだ根拠をまとめれば、記述式でも無理なく解答できる。

……本冊334ページ

TIPS

「具体例」が一般化された部分で「筆者の主張」を確認する。

……本冊342ページ

TIPS

「具体例」よりも「筆者の主張」に注目すると、文章の主題がつかみやすくなる。

……本冊353ページ

TIPS

記述問題でも、解答するために必要な手順をしっかり守る。

……本冊361ページ

TIPS

短い字数で記述する場合には、「具体例」を解答に入れないようにする。

……本冊369ページ

巻末付録1 「文の成分」

文の成分（五種類）

文節や連文節が、文を組み立てるときの役割を「文の成分」といいます。文の成分には、次の五種類があります。

1 **主語（主部）　文の主題を示す**
2 **述語（述部）　主題を説明する**
3 **修飾語（修飾部）　他の部分（被修飾語・被修飾部）を詳しく説明する**
4 **接続語（接続部）　前後の文や文節をつないで、それらの関係を示す**
5 **独立語（独立部）　他の部分から独立して呼びかけや感動などを表す**

「語」と「部」の違い

一文節から成るものを「〜語」と呼び、連文節から成るものを「〜部」と呼びます。

文の成分をとらえるコツ

まずは、省略されづらい「述語（述部）」をチェックし、そのうえで、文の中で意味のまとまりのある部分をつかんでいくと、文の成分を上手にとらえることができます。

巻末付録2 「指示語」「接続表現」

指示語

名詞や説明を指すもの	より広い範囲の説明を指すもの
これ・この・こう・それ・その・そう・あれ・あの・ああ	このような・こういう・そのような・そういう・あのような・ああいう

接続表現

働き	例	解説
説明	言わば・言い換えれば・すなわち	前の内容を説明する
要約	つまり・要するに・結局	前の内容をまとめる
例示	たとえば・とりわけ	具体例を示したり一部を強調したりする
理由	なぜなら・というのも	前の内容に対する理由を説明する
順接	だから・したがって・ゆえに・よって	結論や結果を示す
補足	ただし・もっとも	前の内容を補足する
選択	または・あるいは・もしくは・それとも	いずれか一方（もしくは両方）を選ぶ
逆接	しかし・ところが・だが・けれども	前の内容とは逆のことを述べる
転換	さて・ところで	前の主張・主題・話題を転換する
添加 並列	さらに・しかも・また・そのうえ・かつ	前の内容に別の内容をつけ加えたり並べたりする

巻末付録3「レトリック」

覚えておきたいレトリック

問題提起	疑問文の形で読者に問いかけたあと、自らの主張を述べる。問題提起があったら、それに対する「答え」を探しながら読むようにする。
具体例 エピソード	自らの主張をわかりやすく説明するために挙げられる。「具体例」や「エピソード」そのものよりも、その前後にある「筆者の主張」が重要。
引用	自分の文章の中に他者の文や文章を入れ込むこと。引用部分の前後に書かれている「筆者の主張」を確認して、引用の意図をつかむ。
譲歩	一般論や反対意見にあえて一歩譲り、その後の部分でそれを否定する。自らの主張の説得力を増す効果がある。
比喩	あるものを別のものにたとえてわかりやすく説明する。「〜ようだ」「〜ごとし」を使うものが「直喩（明喩）」で、使わないものが「隠喩（暗喩）」。
論証	「根拠」から「主張」を導くこと。「前提」と「帰結」の間にある「飛躍」を埋める説明を探すことで、「根拠」をつかむようにする。

おわりに

「映像授業」と「参考書」のいいとこ取りをした「クロスレクチャー」の体験は、いかがでしたか？
「映像授業」で概要を把握した後に「参考書」で復習するという本書のコンセプトは、ぼく自身が受験生の時に行っていた勉強法をもとにしたものです。当時は１９９０年代でしたが、その頃は映像授業が予備校の教室で放送されていました。ぼくはその映像授業を視聴し、家に帰って同じ先生の参考書を読んで復習していました。映像授業は、「わかる」ためにとても有効な手段ですが、それを自分自身で「できる」ようにするためには、しっかりと復習をして定着させることが必要です。「クロスレクチャー」は、その両方を最も効率よく行えるように工夫しています。この「クロスレクチャー」の映像授業では、ぼくと一緒に文章を読んで、重要なポイントを確認できるようになっています。また、問題を解くときの手順も一つひとつ見られるようになっているので、正しい解法のプロセスを体験することができます。そして、学んだことをじっくりと確認する際には、「参考書」が役に立ちます。各講義の最後にある「要点整理」を見れば、解説が掲載されているページがわかるので、必要な情報に素早くアクセスすることができます。

よく、人間には「視覚優位」の人と「聴覚優位」の人がいると言われます。これらは、情報を処理するときに、人によって得意な方法が異なることを意味します。たとえば、視覚優位の人は、目で見たものにもとづいて情報を処理することが得意で、視覚的に情報を整理し、解釈することができます。一方、聴覚優位の人は、耳で聞いたものにもとづいて情報を処理することが得意で、聞いたことをよく覚えやすい傾向があるとされています。人によって優位な方法が異なることで、その人に向いている学び方も変わってきます。ですから、参考書を読むだけでスムーズに学習ができる人もいますが、映像授業を視聴することで学習しやすくなる人もいます。「映像授業」と「参考書」のいいとこ取りをした「クロスレクチャー」なら、自分にとって最適な方法で現代文を学ぶことができます。

皆さんが本書を徹底的に活用して、「わかる」を「できる」に変えてくれたら、著者としてこれほどうれしいことはありません。

今後は、本書で学んだことを使って問題集や過去問に取り組んでいくことになりますが、もしも現代文の問題を解いていて「最近スランプだな」と思ったら、いつでも「クロスレクチャー」に戻ってきてください。正しい「目の動かし方」や「手の動かし方」を確認したいときには「映像授業」が、ポイントをていねいに確認したいときには「参考書」が、皆さんの学習をベストな形でサポートします。

また、本書のシリーズである［読解編］では、どんな問題でも使える「文章の読み方」を伝えています。［読解編］と［解法編］の二つの「クロスレクチャー」で「わかる」を「できる」に変えて、現代文を得点源にしていきましょう。

出典一覧

日比嘉高　「声の複製技術時代」（『スポーツする文学』所収）青弓社

宮下規久朗　「墓場としてのミュージアム」
（『月刊みんぱく　2006年6月号』所収）国立民族学博物館

小川洋子　『ことり』朝日新聞出版

佐倉統　「科学技術は暴走しているのか？」
（『世界思想　47号　2020年4月10日』所収）世界思想社教学社

渡辺裕　『聴衆の誕生　ポスト・モダン時代の音楽文化　新装増補版』中央公論新社

西谷修　『《ニューノーマルな世界》の哲学講義』アルタープレス

鶴見良次　『マザー・グースとイギリス近代』岩波書店

高階秀爾　『増補　日本美術を見る眼　東と西の出会い』岩波書店

著者紹介

柳生　好之（やぎゅう・よしゆき）

リクルート「スタディサプリ」現代文講師。難関大受験専門塾「現論会」代表。

早稲田大学第一文学部総合人文学科日本文学専修卒業。

「文法」「論理」という客観的ルールに従った読解法を提唱し、誰でも最短で現代文・小論文ができるようになる授業を行う。その極めて再現性の高い読解法により、東大など最難関大学を志望する受験生から現代文が苦手な受験生まで、幅広く支持されている。

自身が代表を務める難関大受験専門塾「現論会」では、「最小の努力で、最大の結果を。」を教育理念に掲げ、オンライン映像授業や参考書などの効果的な活用方法を指導。志望校合格に向かって伴走するコーチング塾として、全国の受講生から高い評価を獲得している。

主な著書に、『大学入試問題集 柳生好之の現代文ポラリス１基礎レベル・２標準レベル・３発展レベル』（KADOKAWA）、『ゼロから覚醒 はじめよう現代文』（かんき出版）、『入試現代文の単語帳 BIBLIA2000 現代文を「読み解く」ための語彙 × 漢字』（Gakken）などがある。

現論会　https://genronkai.com/

□本文デザイン・DTP　高橋明香（おかっぱ製作所）
□編集協力　㈱オルタナプロ　足達研太
□動画編集　㈱アート工房
□カバーデザイン　OKIKATA
□写真撮影　榊智朗

シグマベスト
柳生好之の
現代文クロスレクチャー
解法編

著　者　柳生好之
発行者　益井英郎
印刷所　株式会社加藤文明社
発行所　株式会社文英堂
〒601-8121　京都市南区上鳥羽大物町28
〒162-0832　東京都新宿区岩戸町17
(代表)03-3269-4231

本書の内容を無断で複写（コピー）・複製・転載することを禁じます。また，私的使用であっても，第三者に依頼して電子的に複製すること（スキャンやデジタル化等）は，著作権法上，認められていません。

©柳生好之　2023　Printed in Japan

●落丁・乱丁はおとりかえします。

ΣBEST シグマベスト

大学入試 柳生好之の

現代文

CROSS LECTURE

クロスレクチャー

解法編

別冊問題

文英堂

CONTENTS

柳生好之の　現代文クロスレクチャー　解法編
別冊問題

問題

1

目安時間 20分

解答・解説は本冊26ページ

次の文章を読んで、後の問いに答えなさい。

1 スポーツへの熱狂は、ラジオ時代を迎えて新たな局面に入ったといっていいだろう。それまでスポーツを楽しむには、自らがおこなうか、他者がおこなうそれを観に行くか、あるいは新聞・雑誌などで報道される経過や結果を読むか、という選択肢だけが存在していた。そこへラジオ、とりわけライブでの中継放送が、別の空間でおこなわれるゲームをリアルタイムで聴取するという形態を創出した。全国中継網が整備され、受信機の前の聴衆が同じ内容を同時に聴くことにより、等しく同じ競技の享受者になるという新しい局面が始まったのである。

2 だが、新しいマスメディアの登場と新しい経験の創出という図式は、その切れ味と見通しのよさと引き替えに、重要な要素を消し去ってしまうことにも留意せねばならない。既存メディアとの関係がそれである。ラジオの時代はまた、新聞・雑誌など既存の活字メディアが大幅に部数を増やし、マスメディア化が進行した時代でもあることを忘れてはならない。

3 たとえば一九二七年頃の雑誌「野球界」(野球界社)を見てみよう。試合記録や試合後の選手たちの所感、戦評、次の試合やリーグの予想が掲載されるのは当然として、選手論の特集が頻繁に組まれる。経歴紹介や逸話、ゴシップ、生い立ちの記――これらは充実したグラビア写真をともなうことも多く、試合風景やプレーする姿のみならず、顔や手、全身像、はたまた合宿所の私室でくつろぐ姿までもが掲載される。

4 大多数の聴取者たちの脳裏には、多かれ少なかれこうしたさまざまな情報が蓄積されていたはずである。「野球界」などの専門誌を見ずとも、六大学野球などの人気スポーツにまつわる記事は、この時期の通俗的な娯楽雑誌や新聞の運動欄に盛んに掲載されていた。ラジオを聞くスポーツ・ファンはこれらの記事を読み、B自分なりのデータベースや物語を構築しながら、そのときどきのゲームの展開のなかに差し挟み、総体として一つの奥行きのある仮想空間を随時構築していたはずである。

5 モダニズム作家の楢崎勤に「野球と護謨菓子《ちういん・がむ》」（「文藝春秋　オール読物」一九三一年十一月号、文藝春秋）という小品がある。慶応―帝大戦のスタジアムで、主人公の女性がかつて少しだけ個人的な関係をもった男性の弟とめぐり逢い、追憶と感慨にうたれる、という他愛もないコントである。ただ、Cこの主人公の女性の造形が興味深い。

6 　斎藤夫人には、子供はなかつたし、閑があるので、スポオツといふスポオツにひどく興味をもつやうになつてゐた。だから、朝の新聞をひろげて先づ最初に読む記事は、決して、一面の政治欄でもなければ、三面の社会欄でもなかつた。だといつて、評判のいい連載小説でもなかつた。運動欄だつた。例へば、野球の試合経過の記事が出てゐると、斎藤夫人は、その前日に、ラヂオでその経過を聴いてゐるのだつたが、改めて叮嚀《ていねい》に、そのチイムのメムバアから、経過を見直すのだつた。そして、誰が過失をしたとか、誰が安打を何本打つたとか云ふことで、興味をおぼえた。そして夫人は白い球がぐんぐんのびて、外野席の塀にとどくやうな三塁打に、どんなに観衆が熱狂したらうかとか、投手の暴投で、折角の機会を、むざむざと逸して敗けたチームにひどく同情するのだつた。

7 この斎藤夫人の造形は、スポーツ・ファンがどのように〈スポーツ空間〉を創り上げていたのかを物語ってくれる。夫人は、ゲームを単独のメディアで一度だけ享受するのではない。彼女はまずラジオで野球放送を聴く。その翌日、新聞記事により、さらにそのゲームを反復して享受すると同時に、チームのメンバー構成やエラー、安打といったスコアからその試合を再度吟味する。球場に足を運ぶ彼女は「気のせゐか今日の前田にはコントロオルがあるやうに思はれた」という判断を下しており、相当な見識をもったファンであるらしい。すなわち彼女はこうした反復的なゲームの享受を日常的におこなっており、その脳裏にはさまざまなチームや選手の成績や背景、調子、戦歴などのデータが蓄積されていると見ていいだろう。彼女が実際に球場に足を運ぶにせよ、ラジオに耳を傾けるにせよ、そこで展開されるゲームは、彼女の手持ちの情報あるいは参照可能となっている外部の情報によって肉付けされながら、より深みのある〈スポーツ空間〉を形作っているはずである。であるからこそ彼女は、たんに試合の結果を欲するだけでなく、「敗けたチームにひどく同情」したりもするのである。

8 ここで注意しておくべきなのは、彼女の振る舞いのなかに、人々が自然におこなっていたであろうラジオと活字との使い分けが見て取れることである。この時期のラジオは広範な同時伝達性をもって登場した新しいテクノロジーではあったが、一方、録音することはかなわない、はかない媒体であった。それゆえ聴衆は耳を傾ける間、そのライブ性を堪能しながらも、停止不能で不可逆的な時間を生きねばならなかった。これに対比したとき、紙媒体のもつ蓄積性と縦覧性という特色が際立つ。戦歴や勝率などのデータ、さらには視覚的なイメージが紙面に載せられてファンの手元に届き、長くとどまる。それは貯め置かれ、繰り返し参照される知の貯蔵庫として機能する。

9 〈スポーツ空間〉の構築は、こうした複数の異なるメディアの異なる利用の乗算として現出する。そしてもちろん、その空間の構築には各種情報を掛け合わせていく、斎藤夫人のような能動的なオーディエンスが必要である。

10 ところが人々の欲望は、〈空間〉の構築と消費だけにとどまるわけではない。D本物の試合を、選手を見たいという欲求を、複製という存在自体が高めるからである。

11 今日でも球場に足を運べば、目の前で試合が繰り広げられているにもかかわらず、ラジオを持ち込んで同時に聞いているファン（昨今では携帯式テレビもだろうか）をしばしば眼にする。

12 なるほど、本物は見てみたい。だが、その本物がいつも期待に違わぬ輝きを放っているとは限らない。球場にラジオを持ち運ぶファンは、本物であるはずの眼前のゲームを、その表象であり再現であり複製である媒介物なしには見られないのである。この風景は、E《媒介》を経ない生のゲームがいかに冗漫かということを逆説的に証している。攻守の交代は長く、選手は遠く、周囲の観客はうるさく、そして頭上には何もない空がそっけなく広がっている。

13 アナウンサーの魔術が何であるのか、ここで気づくことができる。それは散漫な情景に色づけを施していく修辞と散漫さそのものを滅しさる消去である。そして本物のゲームを不可知なままにして伝達する隠蔽である。オーディエンスは、飾られ、冗漫さを消された複製品をもとに〈スポーツ空間〉を創る。熱狂はこの操作ゆえに加速するのであり、F幻像は複製の向こうの本物が不可知であるがゆえに持続する。

（日比嘉高「声の複製技術時代」による）

問1 傍線部A「新たな局面に入った」の説明として最適なものを次の中から一つ選びなさい。

① スポーツの能動的な楽しみ方が受動的なものに変わった。
② 新聞・雑誌の報道を自他ともに共有できるようになった。
③ 活字の情報が声としても聴取できることになった。
④ スポーツの情報が誰にとっても平等になった。
⑤ 人々が同じ競技内容を同時に聴く時代となった。

問2 傍線部B「自分なりのデータベースや物語を構築しながら」とはどういう意味か。説明として最適なものを次の中から一つ選びなさい。

① ばらばらなデータを一律化し、自分の推測の正しさを確定しながら、ということ。
② 活字化された記事を各人が整理し、そのうえで試合の勝敗を予想しながら、ということ。
③ すでに収集したデータをもとに、一番正確な試合展開を予測しながら、ということ。
④ 各自が得た情報や、それらを織り交ぜたさまざまな空想をふくらませながら、ということ。
⑤ メディアの情報を極力排して、自分の個人的な思い入れを最も尊重しながら、ということ。

問3 傍線部C「この主人公の女性の造形が興味深い」とあるが、それはどのような点か。説明として最適なものを次の中から一つ選びなさい。

① スポーツに対する感受性が強く、観戦もして相当な見識をもっている点。
② 反復的なゲームの享受により、深みのある〈スポーツ空間〉を形成している点。
③ ラジオ放送だけでなく、新聞の記事によっても試合経過を確認している点。
④ 実際に観戦していなくても、想像力だけで試合の臨場感を夢想できる点。
⑤ ラジオと活字の情報を冷静に使い分けながらも、勝敗に感情移入できる点。

問4 傍線部D「本物の試合を、選手を見たいという欲求を、複製という存在自体が高める」とはどういう意味か。説明として最適なものを次の中から一つ選びなさい。

① 蓄積された多くのデータに対する不満が、スポーツ・ファンを本物の試合や選手観戦に誘い出す、ということ。
② リアルタイムによるラジオ中継のライブ性が、現実のゲームを見ることで増幅される、ということ。
③ 活字や写真データの不完全性が、かえって情報の欠陥を補完しようという意欲を高める、ということ。
④ 複製はあくまでも虚像であるという限界が、受動的なオーディエンスの行動に拍車をかける、ということ。
⑤ 複数のメディアのデータの蓄積により構築された物語が、本物を見たいという願望をかきたてる、ということ。

問5 傍線部E「《媒介》を経ない生のゲームがいかに冗漫か」とはどういう意味か。説明として最適なものを次の中から一つ選びなさい。

① ライブ性という本物のゲームの面白さは、ファンの知の貯蔵庫の奥深さをはるかに凌ぐ、という意味。

② 信頼性のあるデータを蓄積しなければ、生のゲームを正確に楽しむことはできにくくなる、という意味。

③ ラジオ、活字、写真などが形成する虚像に比べると、生のゲームの方がリアルに楽しめる、という意味。

④ メディア情報やアナウンサーの魔術がない本物のゲームは、散漫でしまりがないものだ、という意味。

⑤ 粉飾されたデータを媒介すると、真のゲームの本質は見えなくなってしまうものだ、という意味。

問6 傍線部F「幻像は複製の向こうの本物が不可知であるがゆえに持続する」とはどのような意味か。説明として最適なものを次の中から一つ選びなさい。

① スポーツ・ファンが複数メディアによって構築した仮想の物語は、本物の正体を隠蔽してしまうため、いつまでも終わることがない、ということ。

② 粉飾された情報が数多くあり、それらに振り回されている限りは、スポーツ・ファンが本当のゲームの醍醐味を知ることはできない、ということ。

③　理想的な試合は本物のゲームによって実現するのではなく、消極的なオーディエンスが観戦しなければ現実化されない、ということ。

④　アナウンサーの魔術により作られる複製品は、非現実的なゲームを形成し、どこまでもスポーツ・ファンを幻惑させ続ける、ということ。

⑤　冗漫なスポーツの実態に気づかないかぎり、ファンは複数メディアの情報を信じて、さらに多くのデータを集めようとする、ということ。

問題

2

目安時間 20分

解答・解説は本冊80ページ

次の文章を読んで、後の問いに答えなさい。

1 わたしは仕事の都合上しばしばイタリアに行くが、いつも感じるのは、美術鑑賞の本拠地と思われているかの国では、ミュージアムは意外に少ない、というか重要ではない、ということである。ミュージアムに収められていない遺跡、建築、美術であふれており、それがこの国の文化的豊かさを証しているように思われる。ミュージアムを必要としないということは、モノが本来の環境で生きているということだ。「街自体が博物館」という惹句《じゃっく》をよく聞くが、街が歴史的なモノや環境をよく保存しているということであり、同時に、街が時代に乗り遅れて現代的な活力を失っているということでもある。

2 モノが、保存や展示のために博物館・美術館に送られるのは仕方のない場合があるが、モノ本来の場所に残して見せてくれる方が望ましい。

3 たとえば宗教美術の場合、保存や防犯のために美術館に移され、収蔵・修復されて展示されることが多いが、本来の場所である教会で見る方が生き生きと見える。美術館の方が照明も明るく、きちんとしたキャプションもあって他の展示品との関係から美術史的な位置づけもよくわかる一方、教会の祭壇に飾られている絵は薄暗くてよく見えず、キャプションも説明もないが、その場合の方が観者に雄弁に語りかけてくれるのは間違いない。香が立ち込め、聖歌が流れ、老婦人が一心に祈る薄暗い宗教空間にあってこそ、それは生きるのである。美術館に収蔵・展示された宗教美術は、祈りの対象という本来の文脈を剥奪されて美術史や文化史の体系に無理に組み込まれた一種の標本になってしまっているのだ。しかも、画家は通常、作品がどのような明るさで、どのくらいの高さに設置されるか、観者はどの地点からそれを見るのか、などについて考慮しながら制作するため、当初の空間にある方が美術館の明るい空間よりもよく見えるのが当然である。

4 イタリアでも最近は、祈りの場である教会が美術鑑賞の重要なスポットであることを認識し始めたのか、教会自体をミュージアムに再編成する傾向が進んでいる。多くがすでに教会の機能を果たさなくなったものだが、入場料をとって拝観させるのだ。当初設置された環境のなかで作品を見ることができるので、ミュージアムのなかで見るよりはよいが、祈りの場という機能を喪失したため、香や聖歌や祈る人の姿などはなく、何かが足りないように感じられる。ただ、開館時間もはっきりし、計画的に見学できるので旅行者にとってはありがたい。先日ナポリを訪れたのだが、いくつもの教会が整備されてミュージアム化されており、道案内の看板まであった。かつてのわかりにくさと観光客をはねつけるような無表情さを思い起こすと、隔世の感があった。しかも昔から何度訪れても閉まっていた教会ばかりであり、今回六度目にしてやっと見ることのできた教会もあって嬉《うれ》しかった。

5 保存や防犯上の理由で本来の文脈に置いておくのが無理で、どうしてもミュージアムに移送する必要がある場合には、本来の場所にレプリカを置いておくというやり方もよいだろう。屋外の遺跡などで一般的におこなわれている手法だが、現在の技術によるレプリカは精巧なので指摘されなければわからないものもある。

6 マルタ島の世界遺産である巨石遺跡をめぐったとき、神殿の内部に豊穣《ほうじょう》の女神像を見つけ、その力強いフォルムや生命力に打たれたことがあった。しかし、その後、首都ヴァレッタにあるマルタ国立考古学博物館を訪れると、同じ女神像がケースのなかに展示してあり、先ほど見たのがレプリカだったのに気づかされた。しかも遺跡のなかにあったものはかなり復元されており、本物はもっと損傷が激しいものであることもわかった。しかし、裏切られたという気持ちはなく、たとえレプリカであっても、あの遺跡のなかで、自然環境のなかでその像を見ることができてよかったと思ったものである。大事なのは、ミュージアムの文脈だけでモノを見ないで、当初の環境のなかでとらえることであろう。もっとも、マルタの巨石神殿群は土中から掘り起こされた遺跡であり、現在はいずれも屋外ミュージアムとして入場料をとって見せるようになっている。にもかかわらず、そしてそのなかの彫像や祭壇のいくつかがレプリカに置き換えられていようとも、青い海を見下ろし、黄色い花が咲き乱れる自然も含めて環境がそのまま保存されているのが貴重なことである。親切な解説パネルとともに出土品の多くが展示されている国立考古学博物館は、こうした遺跡を補完する資料庫にして情報センターにすぎない。

7 では、一般的な箱もののミュージアムは、保存・修復という守りの側面以外の意味はないものだろうか。ミュージアムは、本来の環境が失われてしまったモノや、出所不明のモノを収容する役割を担っている。故郷を喪失し、当初の意味を失ったモノはミュージアムの展示室にこそ安住の地を見出《みいだ》すのだ。「博物館行き」というのは役に立たぬ骨董《こっとう》を指すのに用いるが、「博物館はモノの墓場である」といういいまわしもよく聞く。ミュージアムにあるモノは死物《しぶつ》であり、ミュージアムは墓場にほかならないが、それゆえに独特の雰囲気が生まれるのである。墓場や霊廟《れいびょう》には、宗教施設特有の厳粛な空気と緊張感が漂っているが、よいミュージアムには必ずそれがある。墓地は死者と対話し瞑想《めいそう》する場であるが、ミュージアムも死んだモノを弔うことから、墓地としての空気が生じ、祀《まつ》られたモノがそこで永遠の命をえるといえないだろうか。そもそも芸術は死と結び付いており、あらゆる芸術作品は死を扱ったものと見ることができる。また、芸術とは畢竟《ひっきょう》、宗教と等しいものであるため、C博物館や美術館が墓場に類似するのは当然なのである。一八三〇年、ベルリンで※シンケルがヨーロッパ最初の美術館のひとつアルテス・ムゼウムを建てたとき、内部をパンテオンに模した空間としたのは、それが美術作品の霊廟であるという認識からであった。

8 近年、各種イベントやミュージアムショップ、レストランなどによってミュージアムを開放して親しませようとする試みがさかんである。それは、ミュージアムを都市の文脈に適合させることであって、大都市にあるミュージアムはその方向で活動したらよいだろう。しかし、あらゆるミュージアムがその方向を目指す必要はないと思う。デパートのように騒がしくなることがミュージアムの活性化につながると考えるのは間違っている。そんなうわべの活性化よりも、死者の声に耳を傾けることができるよう、静謐《せいひつ》な空間を作り出すほうが大事である。墓場にはそれにふさわしい澄み切った静穏な空気が要求される。モノの霊場としての荘厳な雰囲気、つまり宗教性にも似たものこそが、ミュージアムに永続的な生命を与えるのではなかろうか。ミュージアムはもう終わったのではないか、という疑念をよく聞くが、ある種の廃墟《はいきょ》が美しいように、D終わったものだからこそ生き続けると言えよう。

（宮下規久朗「墓場としてのミュージアム」による）

（語注）
※シンケル＝カール・フリードリッヒ・シンケル。ドイツの建築家。

問1　傍線部Ａ「重要ではない」とあるが、筆者がそのように考える理由として最も適当なものを、次の中から一つ選びなさい。

①　イタリアでは、街中でも美術品の保存や防犯について徹底した管理が行われているため、わざわざ建物の中に入れる必要がないから。

②　イタリアでは、ミュージアムには文化的豊かさを証するものは収められていないという考えが浸透しており、そもそもミュージアムを建造する必要がないから。

③　イタリアでは、それぞれの街の歴史や環境といった文脈の中に芸術品があることを重んじているので、新たな芸術品としてのミュージアムを建設する必要がないから。

④　イタリアでは、本来的な形で歴史的なモノや環境がよく保存されており、ミュージアムのような施設に入れる必要がないから。

問2　傍線部Ｂ「その場合の方が観者に雄弁に語りかけてくれるのは間違いない」とあるが、筆者がそのように考える理由として最も適当なものを、次の中から一つ選びなさい。

①　祈りの対象という本来の文脈である宗教空間の中にあってこそ、宗教美術が生き生きと存在しうるか

ら。

② 信仰の対象である宗教美術を、明るい照明の下で見ることは禁じられており、暗い中だからこそ心に訴えかけるものがあるから。

③ ロウソクの灯の下に飾られていた当時の宗教空間が再現されており、創作者のメッセージを受け取ることができるから。

④ 宗教美術は教会の中に置くことを前提に創作されており、信仰心をもってそこを訪問した者にのみ、その美術品が語りかけてくるものだから。

問3 傍線部C「博物館や美術館が墓場に類似するのは当然なのである」とあるが、筆者がそのように考える理由として最も適当なものを、次の中から一つ選びなさい。

① ミュージアムは将来その価値が認められるモノを死蔵させる場所といった意味において、つながりを失った死者を弔う墓所とは親和性があるから。

② 時代に乗り遅れ、現代的な活力を失い死んでしまっている街であっても、街全体を美術館とすることで聖地として再生しうる点が似ているから。

③ 墓所が死者の声に耳を傾け瞑想する場所であるように、美術館や博物館も故郷を失い当初の意味を失ったモノを弔う場所であるから。

④ あらゆる芸術作品は死への興味や想像力をもとに創られているので、それを収めるミュージアムと死者を弔う墓所は自然と外観が似たものになるから。

問4　傍線部D「終わったものだからこそ生き続ける」とあるが、その説明として最も適当なものを、次の中から一つ選びなさい。

① マルタの巨石神殿群という土中から掘り起こされた遺跡は、荒れ果てたまま放置されているからこそ歴史を感じさせ、恒久的に荘厳な空気をたたえ続けるものになる。

② ミュージアムはすでに死んでしまったと思われているからこそ、それが復活するといった奇跡に対して過剰な意味を付与され、信仰対象として崇拝され続けるものになる。

③ モノが本来あるべき場所から切り離されて死物としてミュージアムに収められたとしても、そこが緊張感のある静謐な空間であれば、向き合う人がいる限りモノもミュージアムも永遠の命が与えられることになる。

④ 街が時代に乗り遅れて廃れていたとしても、芸術はつまるところ宗教と等しい価値を持っているため、芸術品のある街はそれだけで訪れる人が絶えることのない祈りの場所となる。

問題
2

問題

3

目安時間

20分

解答・解説は本冊115ページ

次の文章を読んで、後の問いに答えなさい。

〔鳥のような言葉を話す兄と二人暮らしだった「小父《おじ》さん」は、兄を亡くしたあと、幼稚園の小鳥を世話していたことから、園児たちに「小鳥の小父さん」と呼ばれるようになった。〕

すっかり覚えてしまった※『空に描く暗号』の一節を彼は暗唱した。書棚の間にいた何人かの利用者が、怪訝《けげん》な様子でカウンターの方をうかがっていた。しかし彼の声は間違いなく、目の前にいる※司書の耳に届いていた。

彼女はうなずき、再び微笑《ほほえ》み、※『ミチル商会　八十年史』を差し出した。

「さあ、どこでも、空いている席をお使いになって下さい」

窓に面した部屋の片隅に、閲覧用の机と椅子がいくつか並んでいた。子供が一人、絵本を読んでいるだけで他に人影はなかった。

「どうもありがとう」

彼は本を受け取った。

「どうぞ、ごゆっくり、小鳥の小父さん」

Aそうだ、自分は小鳥の小父さんなのだ、と不意に彼は思った。幼稚園児たちに散々そう呼び掛けられ、時に辟易《へきえき》していたのが、彼女の口から発せられた途端、その名は自分一人だけに授けられた格別の印となった。自分の左胸に、光を放つ名札が留められているかのような気分だった。

いつの間にか、返却する本を抱えた人が後ろに並んでいた。ようやく小父さんはカウンターの前から離れた。

「あの、ポーポーは……棒つきキャンディーはどこに……」

次の水曜日、仕事の帰りに小父さんは青空薬局に立ち寄った。

「ああ、あれは製造中止になったの」

事も無げに店主は言った。あらかじめ予想された通りの答えだったので、彼は少しもショックを受けずに済んだ。そもそも青空薬局に寄ったのは、ポーポーが最早《もはや》そこにないことを確かめるためだった。

「最近は流行《はや》らないらしいわね、ああいうキャンディーは」

長く広口ガラス瓶が置かれていたところは、そこだけ黒ずんだ跡が残っていた。代わりの口臭予防ガムは素っ気ないラックに並べられていたが、広口ガラス瓶ほどの存在感はなく、カウンターはどこかぼんやりした雰囲気になっていた。

「それほど美味《おい》しいってわけでもないし、包装紙も古臭かったからね」

ほつれた白衣の袖口をいじりながら、店主はぼそぼそと喋《しゃべ》った。

まさか彼女は忘れてしまったのだろうか。毎週毎週水曜日、お兄さんがポーポーを買いに来たことを。そのパッとしない包装紙から、お兄さんが見事な小鳥ブローチを作り上げ、それをあなたにプレゼントしたという事実を。

小父さんは天井を見上げ、それから広口ガラス瓶の名残の黒ずみに指を這《は》わせた。いつしか店主は初老と言っていい年頃になり、雑貨店だった頃の前店主と見分けがつかないほどになっていた。よく計算してみれば、兄弟二人で店に通いはじめた頃から、既に四十年以上が経《た》っていた。

「で、残りのキャンディーはどうなったんでしょう」

「廃棄したよ。瓶も一緒に。会社からそう指示があってね。製造中止にした品がいつまでも出回ってると、いろいろ不都合があるらしくて」

小父さんは黒いビニール袋に詰め込まれ、残飯の中に埋もれ、ゴミ収集車の中で押し潰されてゆくポーポーを思い浮かべた。棒が折れ、粉々に砕け、甘い匂いの欠けらさえ残せず消えてゆく様を想像した。それから、ブローチになれなかった可哀そうな小鳥たちの冥福を祈った。※あらかじめ小鳥ブローチを青空薬局から救出しておいたことだけが、せめてもの慰めだった。

「そうですか。じゃあ、これで」

本当は肩こり用の湿布薬を買うつもりだったが、B結局、何も買わないまま小父さんは青空薬局を後にした。

その夜、ラジオからは小説の朗読が流れていた。前世紀、どこかヨーロッパの遠い国で書かれたらしい物語だった。お兄さんのいない夜を過ごすことに、小父さんはいつまで経っても慣れなかった。お兄さんの真似をして一心に耳を澄ませようと努め、その一心の表し方はどんなふうだったろうかと思って、ついいつも座っていたソファーのあたりを見てしまうことも、しばしばだった。

お兄さんはチェストの上にある写真の中にしかいなかった。母親の写真の隣で、はにかむような眩しいような目をしてこちらを見つめている。架空旅行へ出掛ける時、すべての荷物を無事詰め終え、ほっとして、庭先に出て撮った一枚だ。あれはどこへの旅行だったろう。客船でのクルージングだったか、カルスト台地のハイキングと鍾乳洞《しょうにゅうどう》の見物だったか、記憶があいまいになって思い出せなかった。写真の前にはちゃんと小鳥ブローチが九個、レモンイエローを先頭に順番どおり並んでいた。

ラジオの朗読は小父さんの暗唱よりずっと上手だった。抑揚に富み、思わせぶりで、臨場感にあふれていた。道ならぬ恋に溺れる貴族の夫人が、相手の青年に向けて書いた手紙を小間使いに託す場面だった。万が一誰かの目に触れてもいいよう、手紙は二人だけの間で通じる暗号で書かれていた。

鳥が空に描く軌跡、お兄さんが語る※ポーポー語、それ以上に絶対的な暗号などこの世に存在しないのに、と小父さんは思った。邪悪な欲望のために苦し紛れで編み出した暗号など、きっとすぐに正体が暴かれてしまうはずだ。案の定、好奇心にかられ、こっそり手紙を開封してしまった小間使いは、中身を石板に書き写して解読をはじめる。

C カウンターの向こう側でじっと暗唱を聞いていた司書の姿を、小父さんは思い出す。小父さんの声に導かれて今にも鳥が空を横切ってゆくのでは、という様子で窓を見つめていた姿をよみがえらせる。自分はただ渡り鳥について本に書いてあったとおりのことを語っただけで、あとはほとんど彼女一人が喋っていたにもかかわらず、二人で長い時間会話したかのように感じられるのが不思議だった。胸に詰まって上手く出てこない言葉たちも、全部彼女の元に届いている、と信じさせてくれる話し方をする人なのだ。お兄さんと自分との会話がいつでもそうであったのと同じように。

彼女は図書の整理をしている。返却された本を点検して元の棚に戻したり、本館から届いた本を分類したりする。利用者の目が届かないところでも、もちろん本に触れる手の振る舞いに変わりはない。すべての本をいたわりつつ平等に扱う。そんな時、ふっと手が止まる。タイトルか、表紙の絵か、背表紙の感触か、紙の黄ばみ具合か、何かが彼女を引き止める。彼女は目次を眺め、前書を斜め読みし、更にページをめくってみる。そしてどこか片隅に、誰にも聞こえない声でさえずっていた小さな鳥を見つける。格別の飾りもない慎ましやかな姿形ながら、うっとりするほど綺麗《きれい》な歌声を持つ鳥だ。彼女は息をひそめ、耳を傾け、口元にうっすら笑みを浮かべる。

「小鳥の小父さんに、見つけてもらいなさい」

そうつぶやきながら、さえずりを邪魔しないよう静かに本を閉じる。この本を小父さんが借りに来るのを、カウンターの向こう側でいつまでも待っている。

司書と小父さんの間は秘密の航路でつながっている。その航路をたどれるのは鳥だけだ。ただ鳥だけが、二人を結ぶ暗号を解くことができる。

小父さんはラジオのボリュームを少し下げた。それでも朗読者の声はよく通った。小間使いは仕事が済んだ真夜中、屋根裏部屋で石板の暗号を解明しようと努める。その間、夫人と青年との関係は抜き差しならない状態に陥ってゆく。ある夜、小間使いはとうとうキーとなる数字を見つけ出し、手紙の解読に成功する。そこに書かれたみだらな言葉の連なりに怒りと興奮を覚えた彼女は、次の手紙を託された時、二人が逢引《あいびき》する待ち合わせ場所を記した箇所に細工をする。ほんの小さな細工、たった一本、横棒を付け加えただけの悪戯が、青年の身に取り返しのつかない災いをもたらすことになる……。

そこでBGMが大きくなり、朗読者の声は遠のき、「続きは来週水曜日、同じ時間にお送りします」という告知が流れた。

司書との間の暗号が、邪悪な解読者によって乱されないよう、D小父さんはラジオのスイッチを勢いよく切った。

（小川洋子『ことり』による）

（語注）

※『空に描く暗号』＝人間には解けない秘密に導かれて飛んでゆく渡り鳥について書かれている本。

※司書＝小父さんが思いを寄せている図書館の司書。

※『ミチル商会　八十年史』＝鳥籠を専門に製造、販売する会社の社史。

※あらかじめ小鳥ブローチを青空薬局から救出しておいた＝プレゼントの小鳥ブローチがたまってしまって、店主から返された小鳥ブローチを小父さんが預かっていた。

※ポーポー語＝小鳥のマークがついている棒つきキャンディーの商品名（ポーポー）にちなんで、兄の話す言葉に小父さんがつけた名前。

問1 傍線部A「そうだ、自分は小鳥の小父さんなのだ、と不意に彼は思った」とあるが、「不意に」思ったとはどういうことか。最も適当なものを、次の中から一つ選びなさい。

① 「小鳥の小父さん」と幼稚園児に呼ばれることもそれなりに楽しくはあったが、「彼女」から呼ばれることは、格別の味わいがあることに思い至ったということ。

② 「小鳥の小父さん」という同じ呼び方でも、幼稚園児から呼ばれるのと「彼女」から呼ばれるのとでは、大きな違いがあることに気づかされたということ。

③ 今まで幼稚園児に呼ばれるのさえも嫌だった「小鳥の小父さん」という呼ばれ方が、「彼女」のやさしい声によって急にみずみずしく感じられたということ。

④ 今まで決してよくは思っていなかった「小鳥の小父さん」という呼ばれ方が、「彼女」の口から発せられたことで、急に誇らしく思えたということ。

問2 傍線部B「結局、何も買わないまま小父さんは青空薬局を後にした」とあるが、このときの小父さんの気持ちとして最も適当なものを、次の中から一つ選びなさい。

① 商売の都合を優先してポーポーを廃棄してしまったという店主の様子に失望し、ポーポーの包装紙から小鳥のブローチを作った兄の無念さを思いやる気持ちになっている。

② 店主と兄の思い出を語り合えたらと思っていたが、店主は初老と言っていいほどになって、かつての面影もなく、兄との記憶も薄れていたので、落胆した気持ちになっている。

③ 肩こり用の湿布薬を買うはずだったのに、兄がポーポーの包装紙から作った小鳥のブローチまで捨て

られていたことに強いショックを受けて、ぼんやりした気持ちになっている。

④ 兄とポーポーにまつわる出来事が何もなかったかのような店主のそっけない対応や、残りのキャンディーを廃棄したという言葉に、喪失感を覚えて沈んだ気持ちになっている。

問3 傍線部C「カウンターの向こう側でじっと暗唱を聞いていた司書の姿を、小父さんは思い出す」とあるが、小父さんがこのように思い出していることから読み取れるのはどのようなことか。最も適当なものを、次の中から一つ選びなさい。

① 小父さんが『空に描く暗号』を暗唱するのを聞いて、司書が、実際に鳥が空を横切ってゆくのを想像し、小父さんのすべての感情を受け止めてくれているということ。

② 司書が小父さんと直接多くの会話を交わさなくても言葉が届いていると信じさせてくれる存在であり、小父さんが二人の間にある秘密の航路をたどる鳥の存在を感じているということ。

③ 小父さんの暗唱にじっと耳を傾けていた司書の姿から、自分の暗唱を通じて鳥が彼女に語りかけ、彼女がすべてを理解してくれていると小父さんが確信しているということ。

④ 司書は最も小父さんをよく理解してくれる存在であり、小父さんは自分が気づかないときでも二人を結ぶ暗号を読み解く鳥に思いをはせて自分の声に耳を澄ませてほしいと思っているということ。

問4　傍線部D「小父さんはラジオのスイッチを勢いよく切った」とあるが、なぜ「勢いよく切った」と考えられるか。その理由として最も適当なものを、次の中から一つ選びなさい。

① ラジオで朗読されている物語の密会で使われている暗号の解読に成功した小間使いが、悪戯をして災いを引き起こすという展開を不快に感じ、今後聞くのをやめようと思ったから。

② ラジオの朗読の道ならぬ恋の暗号の解読によってもたらされたみだらな言葉や小間使いのよこしまな悪戯が、自分と司書の間にある清爽な関係を汚すのではないかと感じられたから。

③ ラジオに流れる朗読の道ならぬ恋の暗号が小間使いによって解読されたことを聞き、小間使いの解読がもたらす物語の展開への影響のようなことが自分と司書との間にも起こることを恐れたから。

④ ラジオの朗読が上手だったので聞いていたが、世俗的な展開の中で使われている暗号解読の消息が自分の立場にも重なり合うもののように感じ、聞くべきでないと思ったから。

問題

4

目安時間

20分

解答・解説は本冊156ページ

次の文章を読んで、後の問いに答えなさい。

1 人工知能（ＡＩ）やロボット技術がものすごい勢いで発展している。囲碁の世界チャンピオンを破ったと思ったら、あっという間に人の能力を置き去りにして、囲碁ＡＩプログラムどうしで腕を磨き、今まで人が見たこともないような展開や作戦を発見し、「囲碁」というゲームの世界を作りかえてしまった。

2 同じようなことが、書類の作成や簿記や経営判断などでも起こるのか？　だとすると、ほとんどの人間は失業者になってしまうのか？

3 そうなる、と予想する人もいる。ＡＩが全人類を合わせた知能を上回る技術的特異点《シンギュラリティ》までもうすぐだと言ったアメリカの未来学者レイ・カーツワイル。あるいは、人類は技術とデータを独占できる富裕支配層と、それらを管理する能力や経済力を持たない被支配層とに二分され、後者は奴隷のような地位になるという未来を予想するイスラエルの歴史家ユヴァル・ノア・ハラリ。彼らの描く未来像は、限りなく暗い。

4 ＡＩ／ロボットだけではなく、ゲノム編集技術や脳と機械の接続（ブレイン・マシン・インタフェイス：ＢＭＩ）など、生命や人間の側を操作する技術の発展もとどまるところを知らない。ほんの数十年前までは、遺伝子を大雑把に組み換えることすら「神の領域の冒瀆《ぼうとく》」と批判されていたのが、A遠い昔のことのように思える。

5 これらの状況を目の当たりにすると、科学技術はとどまるところを知らず暴走していると言いたくもなる。ある意味では、もちろんそうだ。しかし、ちょっと待っていただきたい。科学技術が暴走するのは、昨日今日の話ではない。はるか大昔から、ひょっとすると何万年、何十万年も前から、ぼくたちの技術はずーっと暴走してきたのではなかろうか。

6 たとえば農耕。その起源は茫漠《ぼうばく》としているが、現在のところ最古の農耕の証拠は今から二万三〇〇〇年前のイスラエルあたりにさかのぼるとされている。今から一万年ほど前になると、西アジアや中国でも農耕が行われるようになってくる。

7 この農耕、食料を安定して生産することができるので、あちこち移住する必要がなくなり、人々の栄養状態もよくなって人口が増え、生産力が上がれば富の余剰が社会に蓄積されて強大な統治権力を生み出す母体となったとされている。

8 だが、農耕開始期からしばらくの間、人口はむしろ減少したことが知られている。人々が同じところに密集して、しかも長期間その状態で生活するようになったため、感染症による被害の規模が大きくなったのだ。

9 人類に害悪をもたらした技術は農耕に限らない。さまざまな武器は戦争での死者を増やした。運搬や移動のための技術も、移動中の事故で怪我や死亡が生じる。生産のための鋤《すき》や鍬《くわ》も水車ですら、事故はつきものだ。もちろん、これらのデメリットを上回るメリットをもたらしてくれるからこれらの技術は定着したのである。だがその一方で、B技術には負の側面が常に付きまとう。

10 【技術が非人間的なのは、今に始まったことではない。ＡＩやロボットなどの先端技術が人類社会に与える影響の少なくとも一部は、今までの技術革新の影響を歴史的に振り返れば見当がつくのである。失業者は出るだろう。仕事の中身も変わるだろう。一方で社会全体の生産性は上がるだろう。その恩恵を被ってさらに豊かになる人々もいる一方で、新しい技術を使いこなせずに貧しくなる人もいるので、経済格差は大きくなるはずだ。だが、その格差が支配層と奴隷のような被支配層とに分かれて固定するまでになることは、まずないだろう。

11 もちろん、だからといって、ＡＩやロボットなどの先端技術が社会に与える影響のすべてが過去の技術革新から類推できるわけではない。これらの技術が今までとは決定的に異なる点もいくつかあるからだ。

12 まず第一に、従来の技術は人間の能力を増強する方向で開発されてきたが、現在の先端技術は新たな判断や情報を提供することで、人間が機械に従うような方向性の働きかけをする。このような、機械から人へという方向に情報を発信する機能は、テレビやラジオなどのメディア技術に始まるものである。たとえば、テレビでコメンテーターの解説を聞いて新商品の購入を決めたりするように、メディア技術から発信される情報は、発信者の意図や目的に沿う行動を視聴者にうながすことが多い。

13 第二に、従来の技術は人間ひとりひとり、あるいはせいぜい数人から数十人ぐらいの能力を増強したり運搬したりするものだったのが、現在の先端技術、とくに情報関係の技術はぼくたちを取り巻く環境となって、あらゆるところに遍在している。このような外部環境化も、メディア技術や通信技術あたりから見られる特徴だ。

14 第三に、人体の内部に技術が入り込んでいることだ。今までの技術はたとえば望遠鏡や顕微鏡のように、人体の外部にあって付加的に人間の能力を拡張していたが、現在のマイクロマシーンや人工臓器などは人体の内部に深く入り込んで、一体化している。

15 第四に、ＡＩやロボットは人の代わりとなっていろいろな仕事をしてくれる、エージェントとしての機能を持っている。単に人に使われる道具ではなく、自律して動く仲間なのである。

16 これらの点——自律化、環境化、内部化、代理性——は、従来の技術にほとんど見られなかったか、見られたとしてもごくわずかでしかなかった特徴だ。言いかえると、もともと人と共生体を形成していた人工物は、ここにきていよいよ人体との一体化の度合いが高くなってきたということである。】

17 これが将来どのような帰結をもたらすのかは、現在のところはよくわからない。もちろん良い面も多数あるはずだが、人間の認知能力などに悪い影響を与える可能性も否定できない。新しい技術の導入は、少しずつ様子を見ながら進めていくしかないだろう。

18 人間の、新しい技術に対するイメージは、常にアンビバレントだった。中世ヨーロッパでゼンマイ仕掛けの時計が出現したら、これは生命の仕組みを具現化したものだと持ち上げる人たちの一方で、教会の塔に据え付けた時計の時報が聞こえる範囲が「都市」として定められることで、それまでの自由を失う人たちも出てきた。それらの人々にとっては時計のイメージは自由の喪失であり、管理の象徴である。

19 あるいは、一九世紀にアメリカで消しゴム付き鉛筆が発明されると、便利なので急速に普及したが、その一方で子どもたちが字を書く際に後でも消せるからと安直になるとの批判も起こった。イギリスの小学校では消しゴム付き鉛筆の使用が長い間禁止されていたほどである。

20 新しい技術への賞賛と嫌悪の入り混じったまなざし——これを、ＳＦ作家のアイザック・アシモフは「フランケンシュタイン・コンプレックス」と名付けた。一九世紀ゴシックロマンの傑作、メアリー・

シェリーの『フランケンシュタイン』に登場するモンスターは、その製作者や家族や友人たちの命を次つぎに奪っていく。人は、みずからが生み出した技術によって滅ぼされるという恐れを、常にいだいているのではないか――人々の抱く技術イメージを、アシモフは喝破した。

21 C このアンビバレンスは新しい技術が出現するたびに再生産されてきた。しかし、昨今の自律的技術や生命操作技術に関しては、おそらく先に挙げた四つの新しい特性ゆえに、ことにその度合いが強いように思う。ロボットやＡＩは、たとえば『鉄腕アトム』に登場するプルートゥのように、とてつもない破壊力を持ち、災厄をぼくたちにもたらすものとしても描かれてきたし、ぼくたちのさまざまな問題や悩みを解決してくれるドラえもんのようなものとしても描かれてきた。フランケンシュタインという名前が、他ならぬ、このような人体再生技術をもたらした発明者と結びついていることが象徴的だ。

22 ロボットやＡＩは、結局のところ、敵なのか、味方なのか？　どちらでもある、という答しかありえないのだが、そこに多少なりとも選択の余地がぼくたちに残されているのであれば、やはりそれは味方であり、友であってほしい。

23 古来日本では、人工物と人の境界をあまり重視せず、ロボットなどの技術に対しても西洋社会より友好的だとされてきた。その背景にはアニミズム的心性があると指摘する人類学者もいる。人形供養や針供養など、長く身近にあった道具の寿命が尽きたとき、ただそれらを捨てるのではなく、命あるもののように弔う。カメラのようなもっと現代的な道具についても、それは同じだ。外観も機能ももっと人間に近いロボットとなれば、共感の度合いはもっと高くなる。

24 フィクションの世界で描かれるロボットの姿も、日本では鉄腕アトムやドラえもんやガンダムなど、友好的であったり人間の完全な道具であるものが多い。さらに新しい《攻殻機動隊》では、人間と機械が一体となった姿が描かれる。それに対しアメリカやヨーロッパでは、すでに名前の出た『フランケンシュタイン』を始めとして、ロボットの語源となったカレル・チャペックの戯曲『ロボット（R・U・R）』、映画の《ターミネーター》、《2001年宇宙の旅》など、人類に危害を加える敵としてのロボットやAIが主流ではないか。

25 もちろん、東洋／西洋という二分法はあまりにも単純化しすぎており、取り扱いには注意が必要だ。より実証的なデータも集めなければならない。しかし、技術と社会の関係は双方向的であり、社会の背景には文化システムが厳然と横たわっていることも事実だ。新しい技術と社会の関係を考える際に、やはり文化システムのあり方を考えることは不可欠である。

26 だとすれば、人と人工物の距離が近いという日本の文化や社会の特性は、AIやロボット技術との共存を目指す際に、ひとつの拠《よ》り所となるのではないだろうか。

27 日本が長年培ってきたノウハウとその背後にある機械観を抽出することは、AIやロボットとの共生が必須の時代における新しい社会的価値を形成する上で、きっと役に立つはずだ。

28 暴走を繰り返す科学技術は今まで何度も私たちを翻弄し、大きな災厄をもたらしてきた。しかしそれでも、人類はどうにかこうにかそれらを手なずけ、飼い慣らし、豊かな社会を実現してきた。AIやロボットとて例外ではない。いや、例外にしてはいけないのだ。

（佐倉統「科学技術は暴走しているのか？」による）

問1　傍線部A「遠い昔のことのように思える」とあるが、このような表現がもたらす効果の説明として最も適当なものを次の中から一つ選びなさい。

①　時間は大きく隔たるのになぜか共通点を感じさせる表現を用いて、ほんの数十年前のことでも現在とは異なる点を強調する効果

②　時間の長さを誇張するような表現を用いて、最近の技術革新が人間に与える影響の大きさを読者に確実に伝えようとする効果

③　過去の出来事として確認する表現を用いて、過ぎ去った時間を戻すことができないという後悔を読者に自然と感じさせる効果

④　過去を理想化するような表現を用いて、人間の限界をわきまえながら神への畏敬の念を持っていた時代を懐かしく思わせる効果

⑤　過去との隔たりを意識するような表現を用いて、ここ数十年の技術革新とそれに伴う意識の変化の速さを読者に印象付ける効果

問2　傍線部B「技術には負の側面が常に付きまとう」とあるが、筆者はどのようなことを「農耕」技術における「負の側面」として挙げているか。その説明として最も適当なものを次の中から一つ選びなさい。

①　農耕による生産力の向上が富の不均衡を生み、経済的な格差が生まれたこと

②　農耕によって人々が同じ場所で生活するようになり、強大な統治権力が生まれたこと

③　農耕による経済格差が争いを生み、新たな武器の発明が死者を増やしたこと

④ 農耕による定住化で感染症の被害規模が拡大し、人口を減少させたこと

⑤ 農耕により人工的な耕作地が生まれ、開拓という自然破壊が進んだこと

問3 傍線部C「このアンビバレンス」の説明として最も適当なものを次の中から一つ選びなさい。

① 新しい技術によって生産性が上がり豊かになる恩恵を被る人がいても、一方で技術を使いこなせず貧しくなる人もいるように、格差が大きくなるという不均衡が必ずあること

② 新しい技術の良い面を褒めて持ち上げ心の底から感嘆する気持ちと、悪い影響をいやがったり避けたりしてひどく憎む気持ちと、全く対立する感情が常に同時に存在すること

③ 新しい技術により不可能が可能になることをたたえる一方で、その利点を認めつつも効果はごく僅かなものかもしれないという疑問も感じ、技術に対する判断ができなくなること

④ 新しい技術には便利で優れているというイメージがあるが、別の見方をすれば安易になって管理されやすいというイメージもつきまとっていて、全体的印象が定まらないこと

⑤ 新しい技術のおかげで困難を解決できるようにはなるが、技術の産物によって物や人間が破壊されたり滅ぼされたりする場合もあるので、絶えず注意が必要だということ

問4 問題文の文章の構成や段落の関係についての説明として最も適当なものを次の中から一つ選びなさい。

① 最初の二つの段落で提示した問題の答えを、第三段落で示すというように、問いかけの直後の段落で筆者の考えを記すという展開を繰り返しながら、説得力のある論述を進めている。

② 第五段落までがこの文章の序論に当たる部分で、その末尾は「暴走してきたのではなかろうか」という問いかけになっているが、次の段落から示される具体例はこの問いかけを否定している。

③ 【　】で囲んだ第十段落から第十六段落の、AIやロボットが社会に与える影響を記す複数の段落は、「起承転結」の「転」に当たる部分で、論旨とはあまり関係ない説明を加えて文章に変化を与えようとしている。

④ 「ロボットやAIは、結局のところ、敵なのか、味方なのか?」から始まる、終わりの七つの段落が、この文章の結論に当たる部分で、筆者の希望を含んだ最終的な考えが記されている。

⑤ 最後の段落は、冒頭の段落の問いかけに応えており、最初に述べたAIやロボットの特徴に再び言及して終わることで論の話題や筆者の主張が理解しやすい文章になるよう工夫がなされている。

問5 次のア〜オについて、問題文の内容に合致するものには1を、そうでないものには2を、それぞれ答えなさい。

ア　AIやロボット技術の発展はすさまじく、生命や人間の側を操作する科学技術の発展も、かつての限界を越えてきている。

イ　テレビやラジオなどの機械へ向かってコメンテーターが新商品の情報を発信するという働きかけは、現在の先端技術の特徴である。

ウ　現在では、ＡＩやロボットは、人間が果たすべき役割を担い、私たち人間の代わりとなることもある。

エ　古来日本では人と人工物との距離が近かったが、現代的な道具の場合も距離が近いかどうかの判断には注意が必要だ。

オ　科学技術には害悪もあるが、それを上回る利益を得られるから技術は定着し、技術をうまく扱いながら人類は豊かな社会を実現してきた。

問題 4

問題

5

目安時間

20分

解答・解説は本冊206ページ

次の文章を読んで、後の問いに答えなさい。

1 十九世紀に成立した「近代的」演奏会の聴衆にとって、「作品」を鑑賞することが演奏会の第一の目的であるとされた。前世紀のように社交目的で演奏会にやってくる者はもちろんのこと、ヴィルトゥオーソ（芸術（音楽）の技術に優れた人をいう言葉）の場合のように、もっぱら「演奏」ばかりに気をとられるような聴き方も厳しく排除された。「作品」を鑑賞するということは、単なる感性的な楽しみに堕してはならないということであった。「この旋律はきれいだ」とか「このリズムはノリがいい」などという具合に、細部の感性的な音響刺激にとらわれるような聴き方は「娯楽音楽」のそれであり、「高級」な音楽鑑賞にはふさわしくなかった。真の聴衆には、感覚表層に現われるそれらの多彩な音響刺激を統一的に捉える精神の働きが要求された。それは言い換えれば、作品を一つの全体として理解し、各部分をその全体の中に位置づけるような構造的な聴き方が求められているということである。

2 「ジャジャジャジャーン」というモチーフを聴いて、それが勇ましくてカッコイイと言ってしびれていてはいけないのである。「高級音楽」にふさわしい聴衆は、このモチーフが楽曲の中でどのような役割を果たしているかを聴き取ることのできる人である。それは、楽曲全体が「過酷な運命に立ち向かって戦いの末勝利する人間」を描いたものであるという理解に立てば、このモチーフを「運命が扉をたたいているさま」として聴くことであるかもしれないし（この解釈の正当性はこの際関係ない）、楽曲全体が「緊密に連関した純粋な音の構成体」であるという理解に立てば、このモチーフを「第一楽章の第一主題で、全楽章を統一するタタタターンというリズムをもつもの」として聴くことであるかもしれない。しかし、いずれにせよそれは、当のモチーフを「○○として聴く」ことなのだ。そして、この○○を理解することによって、われわれの音楽体験には「精神的な高み」への道が開ける、という仕組みになっているのである。だからこういう精神的体験に関わりのないものは聴いてはならないのだ。たとえばヴァイオリン奏者が弓を下ろすときに誤って弦にさわってしまうことによって出た音とか、ホルン奏者の出すGの音がしくじって不安定になっているところ、そんなものは作品を［X］に理解することには何の関わりもない、あらずもがなのものなのである。

3 ［A］逆のケースを考えれば、ヴィルトゥオーソのわざを聴くことは作品を理解することとは何ら関わりがないということになる。われわれのなすべきことは、精神の力によって音の背後に込められている内容を解釈することなのであり、そのような精神的内容に関与するものとして音を聴くことである。いかに超人的な技巧を誇る華麗な演奏であっても、それが作品自体を［X］に理解することに関わらない限り、無意味であるし、むしろそれが作品そのものからわれわれの目をそらさせてしまうだけ有害ですらあるということになるのである。極端に言ってしまえば、われわれは音を聴くのではなく、音の一つの機能として捉えることによって、その背後にあるものを聴くのである。［B］こう言い切ってしまうことはいささか乱暴に過ぎるかもしれない。かの「高級音楽」の思想も、決して感性的なものを無視しているのではなく、そういう多様な感覚刺激を統一するものとしての精神の働きを強調しているだけのことなのである。しかし、音楽が「精神性の欠如」という批判を恐れるあまり、いささか過剰防衛ぎみに「精神面」を強調しすぎたことは否めない。

4 [C]、「近代」的な音楽聴取とは、可能な限り純粋にこのような要求を実現する行為でなければならなかった。それは音楽体験の中で作品理解に関与性をもつ有意味なものとそれを欠く無意味なものとを峻別《しゅんべつ》することを要求した。そして多かれ少なかれ、われわれはそういう能力を身につけている。われわれは譜面をめくる音や指揮者の足音が作品理解にとって無意味であることを知っており、音楽を聴きながらそれらを無意識のうちに排除してゆく。また、オーボエの奏する旋律を聴くとき、それが副次主題として主部と対照的な雰囲気を醸し出しているというようなことには意味があるが、それが昨日酔っ払ってきいたチャルメラのラッパの音に似ているというようなことは無意味だ、ということをわれわれは知っている（それを知らないと「不謹慎」な聴き方だということになる）。このように、われわれを取り巻く音事象の中から作品理解に関与的なものだけを集中的に聴き取り、それ以外のものを可能な限りシャットアウトしようとする禁欲的な聴き方、それをマリー・シェーファーに倣って「集中的聴取」と呼んでもよいだろう。

5 そして実際、こうした「集中的聴取」をできるだけ理想的に実現するために、あらゆる努力がはらわれてきたのである。ほとんどピューリタニズムと言ってよいほど禁欲的な「演奏会のモラル」の確立もその一つであろう。巨額の資金を投じてつくられた、外の音を完全にシャットアウトするホールもまた、作品理解と関係ない音をできるだけ排除しようとする思想の産物である（少なくとも内部の音が外に漏れないようにして、はた迷惑にならないようにしようという観点からつくられたものではない）。演奏中に客席の照明を落として暗くするのもまた、周囲の人間関係や雑事をできるだけ取り払い、作品にじかに向き合って集中できるための配慮であった。

6 こうして演奏会場は周囲から切り離され、隔離された Y となる。それは単に音響的な意味でそうなったにとどまらなかった。こうした聴取はきわめて個人的な体験となる。聴衆は（少なくとも演奏中は）社会的なしがらみから切り離されて一個人として作品と向き合うようになったのである。暗くなる客席はそれを象徴している。十八世紀、演奏会が社交の場であったときには、明るい客席で聴衆たちは互いの姿を見せ合った。しかもそれはほとんどが知っている人間同士であり、たとえ音楽を聴いているときでも、彼らが日常の主従関係や社交上のつながりから切り離されることは難しかった。客席が暗くなることによって、たとえ隣に上司がいようとも、聴衆はそれにわずらわされることなく作品鑑賞に集中できるようになった。このことはそのまま聴取行為の脱社会化の歴史であり、非日常化の歴史であった。

7 もちろん、すべてが理屈のとおりになったわけではない。ヴィルトゥオーソ的な演奏家が今世紀になっても残り続けたように、「作品を聴かない」聴衆も完全に消え去ることはなかった。演奏会をデートの場にしている聴衆はいつの日でもいないことはないだろう。いや、もっと言うなら、どんな聴衆でも百パーセント社会から切り離されて、百パーセント集中的聴取に没頭するなどということはありえないと言ったほうがよいだろう。しかしそういうとき、問題が「倫理的」な性格を帯びているだけ規制力は大きくなる。何しろそういう聴き方をしない人は「低俗」な聴衆であり、聴衆の本分にもとる存在にされてしまうのである。別に他人に言われないまでも、ヴィルトゥオーソにうつつを抜かしてしまった聴衆は、その「ミーハー」的な態度を心のうちで恥じ、ひそかに「本当はこういうことではいけないんだけど」と反省したことであろう。そういう禁欲的な自己規制が働いている限り、たとえ聴衆の大半がそういうありかたをしていなかったとしても、こうした聴取の規範は崩れることがなかったにちがいない。いや実際のところ、ここに述べてきたような聴き方を忠実に実践する「近代的聴衆」という概念はあくまでも理念的なものであって、実体は存在しなかったと言ったほうが適切なのかもしれない。

[8] その意味で、この「近代的聴衆」のありかたは、ポスト・モダニズムの建築家チャールズ・ジェンクスがモダニズム建築の想定する大衆を指して呼んだ「神話的近代人」という言葉を思い出させるところがある。ジェンクスが言うには、モダニストの建築家たちは、建築の象徴性といった「低俗」なことがらに一切関心を示さない「高級」な人間を想定して建築デザインを行ったが、それはそもそも実体のないものであったというのである。彼の言う「神話的近代人」と同じく、われわれがここで取り上げてきた「近代的聴衆」も、「エリート」として、ある種普遍的な存在として想定されていた。彼らの聴き方は「倫理的」に正しいものであって、それは時代の [Z] などの問題ではなかった。ワーグナーに端的にみられたような「真面目派」の主張が、「モード」や「ファッション」に対して、音楽はそういうものに流されてはいけない、価値ある古典作品こそが聴かれなければならない、というものであったことを思い出してほしい。そういう意味で、こうした「集中的聴取」のありかたが、決して数ある聴取の形態の一つにすぎないものではなく、他とは違う「正しい音楽の聴き方」であることを彼らは信じて疑わなかったのである。

（渡辺裕『聴衆の誕生 ポスト・モダン時代の音楽文化』による）

問1　A ～ C に入るものとして最も適当と思われるものを次の中から一つ選びなさい。ただし、同じ選択肢を二度以上選んではいけない。

ア　だから　イ　つまるところ　ウ　もちろん　エ　やはり

問2　X（二箇所ある）に入るものとして最も適当と思われるものを次の中から一つ選びなさい。

ア　絶対的　イ　比喩的　ウ　芸術的　エ　統一的

問3　Y に入るものとして最も適当と思われるものを次の中から一つ選びなさい。

ア　特権的な空間
イ　公共的な会場
ウ　芸術的な建築
エ　音楽的な象徴

問4　Z に入るものとして最も適当と思われるものを次の中から一つ選びなさい。

ア　真理　イ　現実　ウ　遺産　エ　流行

問5 傍線部「正しい音楽の聴き方」とあるが、次のⅠ～Ⅴのうち、本文中においての「正しい音楽の聴き方」にあてはまるものの組み合わせとして最も適当と思われるものを、後のア～エの中から一つ選びなさい。

Ⅰ ヴィルトゥオーソのわざを聴く
Ⅱ 社交の場としての演奏会での聴取
Ⅲ 音響刺激の感性的な楽しみ
Ⅳ 「近代」的な音楽聴取
Ⅴ 「集中的聴取」

ア Ⅰ・Ⅱ・Ⅲ　イ Ⅱ・Ⅲ・Ⅴ　ウ Ⅰ・Ⅲ・Ⅳ　エ Ⅳ・Ⅴ

問題
6

目安時間
20分

解答・解説は本冊253ページ

次の文章を読んで、後の問いに答えなさい。

人がものを考えるのは、何かの役に立つからではありません。人間は生まれて言葉を発するようになると、どういうレベルであれ避けがたく考えるようになってしまいます。「今晩、何食べようかな」「あそこにはうまい酒があるから毎日足が向くけど、それでいいのか」とか、人間は「何も考えていない」ときでも、みんな常に何かを「考えて」います。考えることはやめられないのです。「馬鹿な考え休むに似たり」とふてくされて寝ても、寝ている間に見る夢は、自分が考えたくないものを「無意識のわたし」が考えさせているのかもしれません。

コンピューターの技術が進んで、考えずになんでも機械に計算させればいいとなっても、人間は何かが足りなくなって、悩み始めてしまうでしょう。自分は世の中で人間関係を築けないんじゃないかとか、最近流行っているようですが「生まれてこないほうがよかった」とか悩んで、そうこうするうちに病院に通って薬をもらうとか、よくある話です。

すると、話していようと黙っていようとそれがその人の意思や考えの表現になってしまいます。そのベースには言葉があります。なんでも言葉で言い表さないといけないから、何か言い表せないことがあると苦しいし、自分のいったことが人に通じないとまた苦しい。それでさらに余分なことをいろいろと考えてしまいます。これらも全部、言葉で考えなくてはいけないのです。

これは言葉で生きる人間の悲劇といえば悲劇で、喜びといえば喜びです。なぜならこれによって社会との、具体的には人びととのコミュニケーションが成立するのですから。成立しない場合ももちろんありますが、言葉は人と人をつなぐうえで大変重要なものです。

言葉の脈絡がうまくつながらず、それが苦しかったりする状況でも、それを受け止めて生きなくてはいけませんが、そういうふうに生きている、それが人が尊厳をもつということです。

（中略）

日本では幸か不幸か、明治時代に日本語が大きく変わりました。わたしたちが学校で習う言葉のほとんどは、明治にできた翻訳語です。学校で学ぶ知識のほとんどは西洋由来だからです。日本では漢字を1500年以上使ってきて、西洋語が入ってきたときにも漢字で意味を移し替えてきましたが、特に明治時代におびただしい数の新たな造語ができました。A柔軟性のある動物が異物を全部呑《の》み込んで、その食べた物のかたちになってしまったというのが近代以降の日本語だといえるでしょう。漢字は音も表現しますが、基本的には意味を表現します。日本語の成り立ちを振り返る前に、漢字とアルファベットの違いについて考えてみましょう。

まず、アルファベットは音を表す記号で、意味には関係していません。そのため何語の表記にも使えます。一方、漢字は意味だけで多言語を行き来するもので、音は関係ありません。読み（音）は時代によって変わることがあります。

両方の違いがよくわかるのがヴェトナム語の経験です。ヴェトナム語はずっと漢字で表記されていたのですが、教養や漢字文化は一部の階層の人だけのもので、それ以外の人びとは読み書きすることができませんでした。その後フランスの植民地になると、学校教育ではアルファベットによるフランス語が教えられました。一方、ヴェトナムの独立を考える人たちは国民にヴェトナム人としての意識を育てようとしましたが、その際B漢字を使って大勢の人に教えようとすると現実的に大変難しいことに気がつきました。日常言語に結びつき、人びとがいろいろな考えを表現し伝えるためには、漢字よりもアルファベットのほうが簡便です。また、古い社会の影響を脱するためにも漢字を廃止したほうがいいという考えが広まり、ヴェトナム語をすべてアルファベットで表記することにしました。アルファベットは音を転写するので、こういった目的に適していたのですね。それでアルファベットによる読み書きが進められた結果、独立運動も広まりました。

日本でも明治時代の初めに、そういった議論があったことを知っていますか？　それまで日本には寺子屋などの教育の場はあったものの、社会形成に参加できるような国民教育はなされておらず、社会全体の底上げのために公教育の制度が始まったのは明治時代になってからのことでした。そのとき、古い因習を捨て意識を改革するためには公的言語として西洋語（特に英語）を採用したほうがいいという主張までありました。

しかしその当時、すでにおびただしい翻訳の努力が重ねられていて、翻訳語が通用し始めていました。西洋ではどんなことが語られているのか、その西洋の知識の在り方はどうなっているのか、それらを日本語で吸収できるように、※西周《にしあまね》や※福地桜痴《ふくちおうち》、※福沢諭吉《ふくざわゆきち》といった人びとが翻訳を行ったのです。

[X]。たとえば「社会」という言葉。向こうでは「society（ソサイエティー）」といいますが、これは手に取って確かめることができませんから、初めは何かわからないわけです。しかし調べていくうちに、「どうやらsocietyという言葉は、西洋ではindividual（個人）という言葉と対《つい》で使われていて、individualが独立してあって、それの結びつきとしてsocietyがあると考えられているようだ」と理解するようになります。

societyを作るとみなされるさまざまな要素もすべて西洋の言葉です。こうして、それらをすべて日本語に置き換える必要が出てきます。individualの場合は「これ以上分けられない個々の人」と解釈して、「個人」という訳語が作られました。また、「個々の人がcontract（契約）を交わして自分たちの権利を調整しながら共同の秩序を作っている」といったこともわかってきます。それらを咀嚼《そしゃく》しながら、「society」をなんと翻訳するかいろいろな案が出た末に定着するようになったのが、「社会」という訳語だったのです。

しかし、そうした訳語は初めから一般に通用したわけではありません。「シャカイ」なんていっても、そんなものは誰も知らないからです。「まあ、『世の中』みたいなものだな」ということで適当に理解して、だんだん人びとが議論するときに「社会」という語が使われるようになりました。初めは新造語でも、それが20～30年も使われていけば、いつの間にか誰も奇妙に思わない普通の言葉になります。

明治時代における西洋語の日本語化は、日本語の構造を複合化しました。この時代、「個人」「社会」のように、音で表現されている西洋語を、表意機能のある漢字を使って日本語に置き換えるやり方で、大量の新造語が作られたのです。だから、「身体」とか「生命」とか、C今わたしたちが使っている二字熟語を江戸時代の人に対して使っても何も伝わらないでしょう。

このように、西洋的な概念をすべて日本語に置き換えて、西洋から来た文物を国内で誰もが共有できるようになった結果、その後の日本の教育はかなりよく機能して、同時に翻訳文化も発展しました。全体の基礎的な知識の水準が上がり、あらゆる階層からいろいろな人材が出てきて国内が活性化したのです。

（西谷修『《ニューノーマルな世界》の哲学講義』による）

（語注）

※西周＝啓蒙思想家（一八二九―一八九七）。

※福地桜痴＝劇作家、小説家、政論家（一八四一―一九〇六）。

※福沢諭吉＝著述家、啓蒙思想家、教育者（一八三五―一九〇一）。

問1 本文の［　　］に入る1から5の文章について、どのような順番で並べるべきだと考えられるか。最も適切なものを次の中から一つ選びなさい。

1 それは、しゃべらないとコミュニケーションできない仕組みになっているからです。

2 しゃべらなければ、人に通じる言葉で自分の意思や考えを表現できません。

3 その言葉にとりもちで絡め取られるようにしていくうちに、言葉を使ってしかコミュニケーションができなくなります。

4　オギャーと生まれて、親や回りの人の言葉を浴びながら言葉を覚えると、その言葉を使って考えるようになります。

5　子供はいつの間にか言葉をしゃべらされていますよね。

① 2—5—3—1—4

② 2—3—4—5—1

③ 3—4—5—2—1

④ 5—2—1—3—4

⑤ 5—1—2—4—3

問2　傍線部Ａ「柔軟性のある動物」とあるが、それは何をたとえたものか。最も適切なものを次の中から一つ選びなさい。

①　西洋由来の知識をできるだけ多く吸収するために、明治時代にその場しのぎで作られた新しい日本語。

②　過去、西洋語が入ってきたときには、それまで使われてきた漢字に意味を移し替え、受容してきた日本語。

③　１５００年の長きにわたって、西洋の知識を取り入れる際には臨機応変に対応し、発展してきた日本語。

④　西洋からさまざまな知識を取り入れる必要に迫られ、漢字の音だけを用いて作られた明治時代の日本語。

⑤　西洋語を取り入れるにあたって、日本古来の概念をもとに多くの翻訳語を生み出した近代以降の日本語。

問3　傍線部Ｂ「漢字を使って大勢の人に教えようとすると現実的に大変難しい」とあるが、それはなぜか。最も適切なものを次の中から一つ選びなさい。

①　ヴェトナムでは、教養や漢字文化は一部の階層の人びとに独占され、庶民に十分な教育が行われてこなかったことに加え、フランスの植民地となると、ヴェトナム語そのものを廃止すべきだという考えが一気に広まったから。

② ヴェトナム語はもともと表意文字である漢字で表記されていたが、それを読み書きできるのは、一部の知的な階層のみであり、さらに、フランスの植民地となったヴェトナムではフランス語のアルファベットが教えられていたから。

③ ヴェトナムでは、漢字のヴェトナム語を理解することができるのは教養のある階層のみで、庶民はアルファベットを用いていたが、フランスの植民地となってからは、国民全体がフランス語を使用するようになっていたから。

④ ヴェトナムでは、表意文字である漢字を理解することのできる人びとがごく一部に限られていたのに加え、フランスの植民地になったのちは、それらの人びとも日常ではフランス語を用いるようになってしまったから。

⑤ ヴェトナム語の漢字は、意味と音が切り離された独特なものであったことに加え、フランス植民地下の学校教育では古い社会の影響から脱する上でフランス語が強制されたため、人びとの間ではますます漢字がなじみのないものになっていたから。

問題 6

問4　空欄［X］にはどのような表現が入るか。最も適切なものを次の中から一つ選びなさい。

① 幸いにして、日本には西洋的な概念に近い漢字の言葉がたくさんありました
② しかしながら、そのときに障害となったのが日本に古くから伝わる漢語でした
③ やはり、その際に問題になったのは日本と西洋との間の概念的定義の違いでした
④ ただ、日本には西洋語の観念をそのまま表現できる言葉がありませんでした
⑤ それほどの人たちでも、西洋的な理論を実用化するまでには大変苦労しました

問5　傍線部C「今わたしたちが使っている二字熟語を江戸時代の人に対して使っても何も伝わらないでしょう」とあるが、それはなぜか。最も適切なものを次の中から一つ選びなさい。

① 現在わたしたちが使っている漢字二字の熟語の多くは、西洋的な考え方の基礎部分を日本語化したものだが、なまじそれが成功したために、新しい言葉だけで思考し、古くからの日本語を使う人びとに配慮することをやめてしまったから。
② 現在わたしたちが使っている漢字二字の熟語の多くは、アルファベットで表記される西洋語を、表意文字である漢字に移し替えるという方法で作られたものだが、その結果、明治時代以降の日本語は非常に複雑になってしまったから。
③ 現在わたしたちが使っている漢字二字の熟語の多くは、西洋的な抽象概念を日本語に翻訳したものだが、それは表音文字であるアルファベットにより表記されている西洋語を、表意文字である漢字に置き換えたものであり、それまでの日本語にはない言葉であったから。

④　現在わたしたちが使っている漢字二字の熟語の多くは、西洋由来の概念を漢字の意味に強引に当てはめて作ったものであるため、漢字のもともとの意味と新しく作られた熟語の意味の間には、少なからぬ食い違いが生じることになったから。

⑤　現在わたしたちが使っている漢字二字の熟語の多くは、明治時代に表意機能のある漢字を使って西洋語を日本語化したものだが、その言葉の意味が一般の人にも理解され、広く使われるようになるまでには長い時間がかかるから。

問題
6

次の文章を読んで、後の問いに答えなさい。

1 人間のように二本の足で立ち上がり、もの言う［ X ］された動物は、古くから動物寓話《ぐうわ》や民話につきもので、それらの伝統的な物語をもとにした児童書にも必ず登場する。しかし、おもにその挿絵に現れる擬人化動物表現を詳しく見てみると、今日の多くの児童書にも欠かすことのできないあいきょうのある、かわいい動物たちは必ずしもいつの時代にも共通して描かれた普遍的なものではないことがわかる。

2 ペロー童話「長靴をはいた猫」の挿絵では、この猫は人間の身長で、ときには人間の顔をして、後ろ足に長靴をはいて人間のように二本足で立っている。しかも、その両掌には、農夫を脅すに十分な、大きな鉤《かぎ》爪が見られる。空いた二本の前足は、その鉤爪で、農夫を脅かすことに用いられているのである。人間よりも大きく、力あるものとして描かれていることは、たとえば、この時代の人々の獣に対する畏怖や恐怖の念と対応しているのであり、そうした姿勢を端的に表すのが、この猫の鉤爪であると言えよう。ペローの初版以降、十八世紀中葉までのフランスの多くの版に共通するのは、この鉤爪の表現である。しかし英語版の挿絵では、この鉤爪の表現は曖昧になっているのである。

3 イギリスにおける児童文芸の興隆期とされる十八世紀から十九世紀への転換期は、動物への虐待が、市《いち》などにおける民衆の残酷な遊びや粗暴な行動を象徴するものとして広く社会問題とされ、それに対する、

問題 7

目安時間 20分

解答・解説は本冊300ページ

社会の階層性を意識した中流諸勢力による批判が社会運動へと発展した時期でもあった。宗教家、社会改革家、児童文学作家などによって、神の秩序のもとの存在の連鎖のなかにあって、動物より上位にある人間には、動物を保護し、虐待から守ることが当然の責務であるとされたのである。この時期の児童書に見られる擬人化された動物は、動物虐待防止の理念と並行して、徐々にA人間との親和関係のなかにとらえられるようになってゆく動物像を示すものとなっているのである。

4 十八世紀の半ば過ぎには、まだ動物愛護の精神は必ずしも広範な共感を得ていたとは言えない。たとえば、一七七二年に動物への虐待に抗議する説教を行った牧師ジョン・グレインジャーは、会衆から反感や嘲笑を買ったとされる。この時期の動物虐待防止についての言説の特徴は、動物に対する人間的愛の必要を説いていることである。動物への慈愛は人間としての義務であり、虐待は罪なのである。

5 そもそも、動物虐待防止運動にかぎらず、十八世紀後半からさかんとなるさまざまな人道的な社会改革運動の根本にあるのは、歴史家ローレンス・ストーンによれば、十七世紀のピューリタニズムを源流とする、生きとし生けるものへの「残虐さ」に対する嫌悪感であるという。また、「人権」思想をもたらした啓蒙《けいもう》主義のヨーロッパ的な広がりとも連動しているとされる。十九世紀に入って力強い社会運動としてのかたちをとるようになる動物虐待防止論は、ジョン・ロックの『教育に関する考察』に見られる次のような考えに基づいているのである。

6 しばしばわたくしが子供たちに見かける一つのことは、子供たちが、なにか非力な生物を手に入れた場合、それを虐待する傾向のあることです。小鳥のひな、蝶《ちょう》、その他の非力な動物が手に入ると、しばしばいじめ、非常に乱暴に扱って、しかも一種の喜びを感じているようです。これは、子供たちにおいては充分気をつけねばならぬことと思います。B もし彼らがこのような残酷さの傾向をなにか持っているなら、その反対の取扱い方を教えてやるべきです。というのは、動物をいじめたり殺したりする習慣は、次第に彼らの心を人間に対してすら冷酷にさせるからですし、また人間より劣った生物を苦しめ、殺して喜ぶ者は、自分と同種族〔人間〕の中の劣った者に対して、非常に情愛深く、優しいことは、あまりないことですから。

7 動物虐待防止への訴えは、おりからの児童書出版の隆盛のなかで、たちどころに子供向けの読み物の中心的な主題の一つとなる。自然についての知識の本、教訓的な寓話集や詩集、子供たちの日常生活を描く物語など、さまざまな児童書に、動物愛護の必要や動物に対するやさしい扱いの重要性が主題としてもり込まれた。これらの児童書に共通して見られるのは、生き物に対する虐待が、やがて非人道的な態度や、人間に対する慈悲心の欠如に結びついてゆくとする認識である。

8 動物虐待防止は、すでに一七八〇年代後半には子供の読書の世界において流行の主題となっており、やがて一八二〇年代にいたって上中流階級の人々にとっての言わば規範的な思想となるために、児童書の果たした役割は、決して小さくはなかったと言える。アンドルー・オマリーがその著書『近代的児童の形成』で言うように、先のロックの引用末尾に見られるような思想にしたがって「動物を下層階級と象徴的に等価のものとして描くことは、ある種の社会構造や経済モデルの正当性を立証することにだけでなく、中流階級の子供たちに社会構造のなかでの彼らの役割を教えることにも役立ったのである。」ジョージ王朝期の児童文芸は、C寓話や民話における古い動物観を離れ、言わば人間と動物との新しい関わりを通して、D社会秩序についての規範を問いなおすことから出発したと言うこともできる。

9 イギリスの擬人的な動物の表現の歴史は、さまざまなものの伝統のなかにあることは言うまでもない。そのため、子供の本における擬人化された動物の存在は、いずれも、言わば普遍的な性格を持つと考えられがちである。しかし、寓話や民話そのものと擬人的動物との関係に比べ、児童書とあいきょうのある擬人化動物の固有の結びつきは、はるかに新しい。それは寓話や民話が子供のための読み物としてさかんに出版されるようになる十八世紀半ば以降のものなのである。

10 民話をもとに文学的な脚色をほどこしたペロー童話をはじめとする妖精物語の動物像には、動物を畏怖する古い異教的な世界観が残存していた。やがて十八世紀を通して、愛護を要請する新しい動物観が定着するとともに、新たな擬人化動物が登場する。妖精物語が子供向けの本の格好の素材としてあらためて本格的に取り上げられるようになる十八世紀後半から十九世紀初頭にかけての時期には、古典時代からの寓話の伝統や民話の世界観を含む動物像は、動物虐待防止や動物愛護の理念による先入観のなかに置かれていた。動物は、人間との親和関係のもとに表象されるようになるのである。

（鶴見良次『マザー・グースとイギリス近代』による）

問1 X に入る三字の語を本文中から抜き出して記しなさい。

問2 傍線部A「人間との親和関係のなかにとらえられるようになってゆく動物像」について、このような動物像を具体的に述べた部分を本文中より十五字以内（句読点を含む）で抜き出して、解答欄の形式に合わせて記しなさい。

［　　　　　　　　　　］動物像

問3 傍線部B「もし彼らがこのような残酷さの傾向をなにか持っているなら、その反対の取扱い方を教えてやるべきです」について、このような意見はどのような考え方から出たものなのか。引用部分をのぞく本文中より該当する部分を五十字以内（句読点を含む）で抜き出し、その始めと終わりの三字を記しなさい。

問4 傍線部C「寓話や民話における古い動物観」が具体的に述べられている段落の始めの三字を記しなさい。

問5 傍線部D「社会秩序についての規範を問いなおす」とあるが、その結果どのような規範へと変わっていったのか。説明として最も適当なものを次の中から一つ選びなさい。

1　ごく少数の支配者による被支配者の虐待を是認する階層社会は古いものであり、人間愛を基盤とした平等な新しい社会の仕組みを築いていかねばならない。

2　中流階級の子供たちは児童書を読んで、この社会が動物愛護の精神を基盤として成り立っていることを学ぶようにしなければならない。

3　身分制度という社会構造や、それによって成り立つ経済構造が絶対的に正しいことを上中流の者は下の者に教えるようにしなければならない。

4　階級制度を基盤として成り立つ社会においては、階級の高い者同士だけではなく下層の者に対してもやさしく接するようにしなければならない。

5　この社会に存在する規範は、神が定めた絶対的なものであり、すべての生きとし生けるものが受け入れていかなければならない。

問題 8

目安時間 20分

解答・解説は本冊337ページ

次の文章を読んで、後の問いに答えなさい。

1 パリのトロカデロには、モニュマン・フランセ（フランス記念建造物）の美術館と称するものがあって、そこには、中世やルネサンスの壁画、彫刻などの文字通り「寸分違わぬ」コピーが収められている。ロマネスク時代の壁画など、本物は薄暗い不便な場所にあって、たとえ現地に出かけて行っても、普通では充分に鑑賞することの出来ないものが少なくないが、この美術館に行けば、良好な条件でゆっくり眺めることが出来る。そのうちのいくつかのものは、もとの教会堂が荒廃して亡失の危機が伝えられているが、もし実際にもとの建物が失われてしまったら、この美術館に収められたコピーが、過去の有様を伝える唯一の貴重な証言となってしまう。したがって、その記録的、資料的、教育的価値はきわめて大きいと言ってよいのだが、たとえいかにそれが貴重なものであっても、失われたもとの壁画と同じ価値を持つことは出来ない。それはあくまでも「二十世紀のコピー」として、永遠に伝えられていくのである。

2 ところが、伊勢神宮においては、コピーが本物にとって代わる――というか、コピーこそが本物である――という、西欧の論理ではあり得ないはずのことが、現実に行なわれている。神殿が二十年ごとに建て直されるというのは、もともとは建物が古くなって損傷が激しくなったから新しいものに代えるという理由から始められたものであろうが、それは、本物がいたんできたからコピーで間に合わせるというものではない。新しく出来上がった瞬間に、それは「本物」となるのである。

3 パリのモニュマン・フランセ美術館の考え方は、ダイヤの首飾りを金庫の奥深くしまいこんで、平素は精巧な模造品を身につけるという西欧の金持ちの夫人の思考法と同じものである。模造品は精巧に出来ていなければならないが、しかしいかに精巧であっても、宝石屋に持って行けば、模造品としての価値しかない。不幸にして本物が失われたからと言って、だから模造品が本物にとって代わったと主張するわけにはいかない。

4 しかし、実に驚くべきことに、伊勢神宮は、表面的に見れば、模造品——という言葉がこの場合に適当かどうかは大きな問題だが——こそが本物だという西欧では不可解な論理を、千数百年間にわたって主張し続けているのである。それは、ものの本質、ないしは価値の本質についての西欧的考え方に対する重大な挑戦であるとも言える。

5 問題は、もちろん伊勢神宮だけにあるのではない。日本古代のこの神殿が、西欧の論理を戸惑わせるようなやり方で今日まで生き続けているということは、とりも直さず、それが日本人の心性、価値観、ものの見方と、深いところでつながっているからであろう。

6 差し当《あた》りまずはっきりしていることは、日本人は西欧人ほどものそのものに価値を置いていないということである。あるいは、ものそのもののなかに本質はないと考えている、と言ってもよいかもしれない。伊勢神宮で大事なのは、建物そのものではない。いや、建物はむろん大事ではあるが、その大事だということが、建物の材料であるものとは、必ずしもそのまま結びついていない。現実には二十世紀に建てられたものであっても、あるいは途中で何回も壊され、建て直されたものであっても、現在の伊勢神宮は、わ

れわれにとって、やはり千数百年前とまったく同じ価値を持っている。（中略）

7 伊勢神宮の場合は、B西欧の論理で言えば「まがいもの」であるはずのものを二十年ごとに繰り返し作り出していながら、それはつねに日本人によって「本物」と受け取られている。とすれば、それを「本物」たらしめているのは、物質的存在である建物ではなく――あるいは少なくともそれだけではなく――それを越えた何か別の存在であろう。それが何であるか、ひと言で言うことは難しいが、強いてふさわしい言葉を探すなら「精神」「心」「霊」とでも言うべきものである。（中略）

8 「形見」という言葉は、もともと「かた」（型、形）に由来するものであろうが、とすれば、そのこと自体、きわめて意味深い。事実、西欧に「ものの思想」というものがあるとすれば、日本には「かたの思想」とでも呼ぶべきものがあって、ものそのものよりもかたないしはかたちの方を重要視する傾向が強いからである。伊勢神宮が六十回も建て直され、そのたびにものとしてはまったく新しい別の存在になりながら、一貫して同じ価値を保ち続けた理由は、それが同じ「かたち」を受け継いでいるからなのである。

9 日本人のこのような価値観は、宗教の世界を離れて日常の世界においても、その現われを見出《みいだ》すことが出来る。さしずめ、歌舞伎の名跡《みょうせき》などというものはその代表例であろう。

10 かつては、※梨園《りえん》においてのみならず、武家でも商家でも似たようなことが行なわれていたが、団十郎とか歌右衛門《うたえもん》という名前は、それを名乗る人が何回入れ代《かわ》っても、一貫してある一定の価値を示している。ちょうど伊勢神宮が、何回建て直されてもつねに伊勢神宮であるのと同じである。西欧でも、例えば王様など、アンリ四世とか、ルイ十六世とか、同じ名前に順番を示す数字をつけて呼ぶことがあるが、これは、たまたま同じ名前の人を区別するために番号をつけただけであって、アンリとかルイという名前に特別の意味や価値はない。だが団十郎は、それ自体がある種の性格と価値を持った名前であって、ほとんどひとつの人格に近い。だからこそ、襲名ということが行なわれる。団十郎という名前が、ルイやアンリのように単なる符号だとすれば、なにもわざわざ襲名する必要はないであろう。もちろん、一人一人の団十郎役者はそれぞれに別人であるが、襲名することによっていずれも同じ「団十郎」になり、その結果、個人を越えたひとつの価値が、次つぎに交代する個人によって、一貫して受け継がれていくことになる。つまり、襲名ということは、伊勢神宮の遷宮ときわめてよく似ているのである。

11 このことは、個人の方から言えば、襲名によっていわば別の人格になることを意味する。団十郎になった以上、昨日までの海老蔵《えびぞう》と変わりがないというのでは困るのである。少なくとも、周囲は彼が海老蔵ではなくて団十郎になることを期待し、本人もそうなるよう努めるというところに襲名の意義がある。とすれば「団十郎」は、あたかも個人が演じなければならない役柄のようなものだと言ってよいであろう。日本のことをよく知っている西欧人が、日本人の特性のひとつとしてよく指摘する「役割意識」というもののおそらくは原型がここにはある。役割というのもひとつの「かた」なのである。

12 事実、日本人はしばしば、自分は個人としては別の意見だが、立場上こう言わざるを得ないという言い方をよくする。これはきわめて日本的な言い方で、西欧人にとっては、良く言って不可解、悪く言えば狡《ずる》いと受け取られる。それは、C自分個人に対しては不誠実で、役目に対しては不忠実だと考えられるからである。

13 しかし一般的に日本人は、立場によって意見が（本音はともかく、少なくとも建前が）変わることを、さして不思議とは思わない。立場はいわば与えられた役割であり、そうである以上、その役割にふさわしいせりふを喋《しゃべ》るのは当然だと考えられているからである。おそらくは、そのような考え方と表裏一体の関係にあることだが、日本人は一般に会社を変えることは好まないし、また好ましいこととも思われていないが、同じ会社のなかで役割が変わることには、それほど大きな抵抗を示さない。昨日まで人事担当だったのが、今日から急に工場の現場に廻《まわ》されたり、はなはだしい場合には、労働組合の委員長が一転して労務担当重役になったりする。そしてその場合、昨日まで賃上げの必要性を訴えていた同じ人間が、今日から賃上げ抑制を論じても、「立場上」当然だとして、人はそれほど怪しまない。彼は、労務担当重役をいわば「襲名」したのであるから、そこで別の人間になっても不思議はないのである。

14 だが、前に述べた建築の比喩を使うなら、建物の素材と価値とが分《わか》ち難く結びついているように、個人と役割とがストレートにつながっていると考える西欧人にとって、このような考え方は容易に理解し難いところであろう。そこから、日本人は狭いとか、信用できないという評価さえ出てくるのである。

（高階秀爾『日本美術を見る眼 東と西の出会い』による）

（語注）

※梨園＝歌舞伎界のこと。

問1　傍線部Ａ「新しく出来上がった瞬間に、それは『本物』となるのである」について、伊勢神宮が新しく出来上がった瞬間に、「本物」となるのはなぜか。本文から、その理由を的確に示す十五字以内の箇所を抜き出し、次の文の空欄を埋める形で答えなさい。

（十五字以内）から。

問2　傍線部Ｂ「西欧の論理で言えば『まがいもの』である」について、伊勢神宮を「まがいもの」とみなす「西欧の論理」の背景にある考え方とはどのようなものか。次の文の空欄を、二十五字以内で埋める形で説明しなさい。

（二十五字以内）という考え方。

問3　傍線部Ｃ「自分個人に対しては不誠実で、役目に対しては不忠実だと考えられる」について、立場によって意見を変える日本人の特性を、西欧人が「自分個人に対しては不誠実で、役目に対しては不忠実」と考えるのはなぜか。本文から二十五字以内の箇所を抜き出し、次の文の空欄を埋める形で答えなさい。

（二十五字以内）から。

問4 著者は、歌舞伎役者が襲名することの意義を二つ挙げている。それはどのようなところか。次の文の空欄を、それぞれ十五字以内で埋める形で説明しなさい。

（十五字以内）というところ。

（十五字以内）というところ。

問5 この文章の内容に合致するものを、次の中から二つ選びなさい。

ア　西欧人は個人と役割とを分けて考えるので、立場によって意見が変わることに違和感を覚える。

イ　日本人は、物質的存在を越えたところで伊勢神宮に価値を見出すので、建物そのものは必要としない。

ウ　西欧と異なり日本においては、一般的に、精巧に作られた模造品が本物と同等の価値を持つ。

エ　歌舞伎役者の襲名は、芸を次世代に継承することに意味があるのであり、名を継ぐことに本質はない。

オ　模造品を展示するフランスの美術館は、良好な条件で作品を鑑賞することを目的のひとつとする。

カ　西欧人が会社を移ることをためらわないのは、自身を役割に当てはめつつ、個の信条を優先させるからである。

キ　伊勢神宮の建て直しも、日本人の役割意識も、共通してその背景には「かたの思想」を見出すことができる。